本书由廊坊师范学院资助出版

中国中外关系史论丛第24辑

丝绸之路的互动与共生

学术研讨会论文集

万明◎主编
赵现海◎执行主编

中国社会科学出版社

图书在版编目（CIP）数据

丝绸之路的互动与共生学术研讨会论文集/万明主编. —北京：中国社会科学出版社，2018.7
ISBN 978-7-5203-1971-3

Ⅰ.①丝… Ⅱ.①万… Ⅲ.①丝绸之路—研究 Ⅳ.①K928.6

中国版本图书馆 CIP 数据核字 (2018) 第 015727 号

出 版 人	赵剑英
责任编辑	宋燕鹏　巴　哲
责任校对	周　昊
责任印制	李寡寡

出　　版	中国社会科学出版社
社　　址	北京鼓楼西大街甲158号
邮　　编	100720
网　　址	http://www.csspw.cn
发 行 部	010-84083685
门 市 部	010-84029450
经　　销	新华书店及其他书店
印　　刷	北京明恒达印务有限公司
装　　订	廊坊市广阳区广增装订厂
版　　次	2018年7月第1版
印　　次	2018年7月第1次印刷
开　　本	710×1000　1/16
印　　张	17.5
插　　页	2
字　　数	240千字
定　　价	75.00元

凡购买中国社会科学出版社图书，如有质量问题请与本社营销中心联系调换
电话：010-84083683
版权所有　侵权必究

丝绸之路的互动与共生学术研讨会致辞（代前言）

万 明

在国家"一带一路"倡议全面实施的新形势下，全国各地纷纷召开关于陆上丝绸之路、海上丝绸之路、草原丝绸之路、南方丝绸之路的会议，而整合各条丝路全面关系的会议却未见召开，中国中外关系史学会的会员涵盖了各条丝路的专家学者，为阐释丝绸之路精神，弘扬中华文明，2016年10月27—30日中国中外关系史学会与大连大学中国东北史研究中心联合举办"丝绸之路的互动与共生学术研讨会"。这是我们学会组织举办的第46次学术研讨会。此次会议在大连举行，在此我谨代表中国中外关系史学会，对会议的召开表示热烈的祝贺；对出席会议的各位嘉宾、专家与学者表示热烈欢迎和诚挚的感谢。

此次会议在大连召开，大连在"一带一路"上有着重要地位。众所周知，2015年3月28日，国家发改委、外交部、商务部联合发布《推动共建丝绸之路经济带和21世纪海上丝绸之路的愿景与行动》，明确了各省在"一带一路"中的定位及对外合作重点方向，重点涉及新疆、陕西、内蒙古、黑龙江、吉林、辽宁等18个省份。东北三省的定位是建设向北开放的重要窗口。21世纪海上丝绸之路力图将贸易从中国沿海港口经南海向印度洋，并延伸至欧洲；从中国沿海港口过南海到南太平洋。要实现这一目标，建设通畅安全高效的运输大通道。愿景重点提及加强15个沿海城市港口建设，大连港位列其中，成为海上丝绸之路的重要节点。作为东北对外开放的重要口岸，东北地区90%以上的外贸货物通过大连港进出口，拥有100多条国际国内航线，覆盖全球300多个港口和地区。不仅如此，大连处于陆上丝绸之路东北区域和海上丝绸之路东海航线重要位置，还是一个海陆交会的重要节点城市。

有感于近年有关"一带一路"会议的繁盛召开，古代丝绸之路研究的蓬勃发展，我们中国中外关系史学会的会员涵盖了各条丝绸之路研究的专家学者，在去年的西安会议上，我提出应该有一个整体视野下丝绸之路的研究出发点，所以将今年大连会议主题定为"丝绸之路的互动与共生"。依托学会跨学科研究的综合优势，在全国率先开展整体丝绸之路的讨论与研究。会议的主题包括六个方面：一是丝绸之路与中外关系史研究；二是历史上的丝绸之路；三是一带一路与历史上的东北亚丝绸之路；四是海上丝绸之路与中外经济文化交流；五是丝绸之路与区域合作；六是其他有关中外关系史研究。

百年来，从中西交通史至中外关系史，形成了诸多专门研究领域，诸如"陆上丝绸之路""草原丝绸之路""海上丝绸之路""南方丝绸之路"（也称西南丝绸之路）等。此外，还有不少是没有带"丝绸"二字的中外交往通道，如"陶瓷之路""茶叶之路""茶马古道""瓷银之路"等。实际上，今天的丝绸之路早已超出了字面含义，成为后世对中国与西方所有往来通道的统称：不仅是一两条交通道路，而是四通八达、辐射广远的中国与世界各国之间的交通网络；不仅是丝绸西传，西物东来，而且沉淀了东西方文明相互交往几千年的轨迹；不仅是一个地理概念，而且已扩展为一种历史文化的象征符号，构建的是一个多元共生互动的中外文明开放系统，凸显了古代诸文明之交流对人类的巨大贡献。

丝绸之路，一端连着历史，一端指向未来；一端连着中国，一端通往全球。古老丝绸之路的历史纽带，镌刻着沿线各国人民风雨同舟、和平友好交往的不朽记忆。古老的丝绸之路，既是外交往来、经贸互惠之路，也是文化交流、文明对话之路。今天，建设21

世纪丝绸之路，需要我们讲好中国的故事，把"和平合作、开放包容、互学互鉴、互利共赢"的丝路精神传承下去，使古老的丝绸之路再现辉煌。

为了深入发掘古代丝绸之路深厚的历史价值与文化底蕴，我们举办这次学术研讨会，目的是开展丝绸之路的基础性、综合性、前瞻性研究，是一次智慧对接、认识对接的有益研讨。希望大家畅所欲言，分享观点，贡献智慧。衷心希望各位专家与学者踊跃对话、深入交流。

祝研讨会圆满成功！谢谢大家。

（附：我在这里将会议致辞作为代前言。本会议论文集的结集出版，在此我要感谢本学会名誉会长耿昇、印度尼西亚学者许金聪的特别赐稿；对中国中外关系史学会副秘书长赵现海、中国社会科学出版社编审宋燕鹏两位的编辑表示诚挚的感谢；并对廊坊师范学院的资助出版，致以衷心的谢忱。）

目　录

全球视野下的丝绸之路

从西方发现中国茶叶到海上茶叶之路的繁荣 ………… 耿　昇（3）
明代白银货币化：中国500年白银时代的开端 ……… 万　明（37）
全球视野下的16—18世纪海上丝绸之路
　　——以漳州月港为例 ……………………………… 陆　芸（59）

东北亚与丝绸之路

东北亚走廊与丝绸之路研究论纲 …………………… 崔向东（71）
渤海针经《黄中海程》作者及出处略辨 …………… 陈佳荣（94）
从辽东半岛汉墓及出土文物看古代东西方文化
　　交流 ………………… 王禹浪　王天姿　王俊铮（107）
明清时期朝鲜士人的长城印象与观念
　　——一项长城文化史的考察 …………………… 赵现海（138）

中亚与丝绸之路

鄯善国与丝绸之路研究的回顾与展望 …… 杨富学　刘　源（161）
唐代吐蕃铁器制造及其对丝绸之路的影响 ………… 朱悦梅（194）
丝绸之路对塔里木地区宗教的影响 ……… 张安福　王玉平（212）
中外交流互动的一次完整记录
　　——陈诚《陈竹山文集》与盖耶速丁
　　《沙哈鲁遣使中国记》 ………………………… 李建武（224）

帕提亚和汉代中国的交往与丝绸之路的延伸 ……… 王三三（233）

南亚与丝绸之路

唐诗中海上丝绸之路行旅 ………………………… 石云涛（247）
"一带一路"背景下中巴经济走廊的建设和发展 …… 朱安文（259）

"丝绸之路的互动与共生"学术研讨会综述 ………… 翟少芳（266）
2016年中外关系史大连年会总结 ………………… 马建春（273）

全球视野下的丝绸之路

从西方发现中国茶叶到海上茶叶之路的繁荣

耿 昇

(北京师范大学历史文化学院)

茶叶原产地是中国,茶文化也是在中华大地上形成的。茶叶在中华文化中形成了一种特殊形象并占据着重要地位。大约从唐代起,茶叶与茶文化便开始向中亚地区传播,从17—18世纪起,茶叶分别经广州港向西方,通过恰克图之路向俄罗斯传播,于18—19世纪形成了丝绸之路的分支茶叶之路的鼎盛时期。中国茶叶为世界文明的进程,为人类命运共同体做出了贡献。

茶叶是中国的一种药食饮三体同源的特产。茶叶原产于中国,逐渐风靡世界五大洲。茶叶不仅是中国最早的药材和食材,而且在历史的长河中又变成了现今世界畅行的饮料。它从一种饮料逐渐进化成了一种改变世界饮食业结构和民生习俗的重要文化。现今,茶叶文化远播全世界,茶文明是形成人类文明共同体的一大要素,进而又形成了人类命运共同体的一大物质基础。

外国对于中国茶叶的发现,主要应分成三个阶段。第一个阶段是从公元9世纪起,由经过古老的丝绸之路去朝觐、经商和旅游而走遍世界的大食人实施的,如公元852年的大食商人苏莱曼;第二个阶段是由自16世纪以来入华传教士们完成的,如利玛窦、达克鲁斯、罗历山等人。第三个阶段便是自16世纪之后,以广州港为中心的海上丝绸之路的重要组成部分海上茶叶之路实现的。

自16世纪之后,茶叶就是世界的三大饮品之一,后来又逐渐发展成世界四大饮品(咖啡、红酒、茶叶、碳酸饮料)之一。饮茶已在世界范围内形成了一种广为流传的健康文化。茶文化促进了中华文化在全世界的传播，也为世界文化的发展做出了不可磨灭的贡献。茶叶自古就是在中国产生的古老文明之一，中国至今仍是茶叶的主要生产国和世界茶叶商品市场的主要输出国，更是茶叶消费市场的主要供应国。在历史上的一带一路中，茶叶、茶叶生产、茶叶交易、茶叶消费和茶叶之路这五大因素，始终占据着举足轻重的地位。中国无可辩驳的是这五大要素的发祥之地，也就是名副其实的"始发港"。中俄之间通过恰克图之路、"库（库仑）张（张家口）大道"或"万里茶道"，使茶叶交易维持了近两个世纪的繁荣。这条茶道上交易的茶叶，基本上都是来自中国浙、闽、皖、苏这四大省的产品；中国清代通过广州港的海上丝绸之路的分支海上茶叶之路而销往西方的茶叶，也绝大部分来自这四大省。如在1828年至1833年，中国通过广州港共出口86055吨茶叶，其中也有85%来自这4省，只有少量来自广东省的清远和广西的梧州地区。广州港出口的中国茶叶品种也基本上是浙、皖、苏的绿茶以及闽地的黑茶和白茶，其具体品种主要有武夷茶、工夫茶、拣焙茶、小种茶、松子茶、宝种茶、白毫茶、松萝茶、东溪茶、熙春茶、皮茶、珠茶、珠兰茶、三味茶和条枝茶15种茶叶。它们分别供应阿姆斯特丹、哥本哈根、巴黎、汉堡和伦敦市场。中国茶叶的出口促进和繁荣了历史上"一带一路"的发展，活跃了国际商品市场，最终导致西方于18—19世纪产生了一股强大的"中国热"风潮，从而凸显了茶叶在世界人类命运共同体的形成与维系中的作用。

中国统一的多民族国家的形成和稳定，其中也有茶叶和茶文化的巨大功劳。特别是在以肉食为主而又喜欢饮茶，却又不生产茶叶的地区，如历史上的吐蕃或藏族居民，蒙古地区以及新疆地区。这些地区和民族，是中国中央政权在地域与民族之间的联系纽带，也包括茶叶和茶文化，由此而产生了历史上著名的"茶马互市"与"茶马古道"。茶叶的供需关系，加强了这些民族和地区之间密不可分和互相依存的友好关系，从而增加了他们对于中原王朝和人民的向心力，使中国在几千年间，稳定地维持着统一的多民族国家的基本体制。所以，茶叶为缔造中华各民族间的文明共同体和人类命运共同体及其延续，功不可没。

文化的传播，主要是在寻求、开发和利用商品资源的过程中，有意或无意地传播开的，而不仅仅是"传教士"式的直接传播。茶叶正好扮演了这一角色。东西方文明的交流有很大一部分是通过茶叶的贸易交流而实现的。中国茶叶传入欧洲，就如同土豆、番茄、玉米、红薯自拉美传入欧洲一样，都是救世的重大历史事件。它不但是文明发展史上的重大事件，也是改善人类命运和建立人类命运共同体历史上的重大事件。本文不准备详细论述茶叶在中国边疆民族与地区的传播，也不再论述茶叶在汉文化圈国家以及中国周边地区的传播，而重点论述中国茶叶通过海上丝绸之路的重要分支海上茶叶之路，而在西方国家的传播及其影响的问题。

一　早期外国文献中有关中国茶叶的记述

国外最早提到中国茶叶的应属于伪托的大食旅行家苏莱曼（Sulayman）的《中国印度见闻录》。据称该书成书于851年。书中提到中国"国王本人的主要收入，是全国的盐税以及泡开水喝的一种干草的税。在各个城市里，这种干草叶售价都很高。中国人称这种草叶为sakh（茶）。此种干草叶比苜蓿的叶子还多，也略比它香，稍有苦味，用开水冲喝，治百病。盐税和这种植物税，就是国王的全部财富"。[①]

这段文字不长，却具有四重意义。其中称中国茶叶为"干草"或"草叶"，这大概就是西方后来称茶叶为"东方小草"或"中国

---

① ［法］让·索瓦热（Jean Sauvaget）编订本：《中国印度见闻录》，巴黎1948年版。穆根来等译，中华书局1983年版，第17页。

小草"的源头，就如同西方人把中国桂皮称为"中国树皮"一样。它指出了中国茶叶的饮品与药品作用，同时认为茶叶和盐是由国家垄断并课以重税，甚至成了"国王的全部财富"，它也揭示出，茶叶当时尚未传至西亚和西方，以至作者对它感到具有全新感；作者自称是大食人或阿拉伯人。在当时的条件下，中国茶叶的西传也只有经由中亚和西亚这条路，而作者在中国境外却对此一无所知。史料证明，在元代之前，尚未见到茶叶通过陆路丝绸之路而传到欧洲的记述。

但经过学者们的研究而证明，《中国印度见闻录》应该是一部佚名著作或伪托著作，这就是说，此书并非是苏莱曼的亲历记，而是由某匿名作家从当时汇聚的中亚与西亚流传的有关中国的资料，做了游记体例的编写①。不过，亲历也罢，道听途说也好，苏莱曼的这段记录与事实还是比较相符的。

欧洲最早提到中国茶叶的著作是意大利（威尼斯共和国）地理学家剌木学（Giovanni Battista Ramusio，1485—1557）。他曾编写和出版过一部马可·波罗游记的版本，在学术界有一定影响。于其死后才出齐的他的世界游记集《航海旅行记》（1550—1559 年分 3 卷先后出版，分非洲、美洲和亚洲卷）第 3 卷中，引用了大食人马合木哈只（Hajji Mahommet）有关中国的记述："中国所到之处，都有人喝茶，空腹时喝一两杯茶，对发烧、头痛、胃疼、胸部疼痛，都有疗效。治疗痛风，更是它的主要疗效之一。吃太饱的时候，只要喝点茶，就可以消化掉了。"②

实际上，剌木学依然是利用了大食人的资料，依然是苏莱曼所说的那种茶叶药饮同源的理论，不过也有发展。他似乎将茶叶功效的重点，放在了其药效方面。

有关中国茶叶的记述："大秦国有一种植物，仅有叶片可以饮

---

① ［法］布罗斯（Brosse）：《西方发现中国》，耿昇译，山东画报出版社 2002 年版，第 11 页。

② ［意］剌木学：《航海旅行记·亚洲卷》，1559 年版。

用，人们都叫它中国茶。中国茶被看作是非常珍贵的食品，这种植物生长在中国四川的嘉州府。它的鲜叶或干叶，用水煎沸，空腹饮服，煎汁一二杯，可以去身热、头痛、胃痛、腰痛或关节痛。但这种汤汁是越热效果越好。还有某些疾病，用茶来治疗，也应具有效果。如果暴饮暴食，胃中难受，喝一点茶水，不久就能消化。"① 所以茶一向被人们珍视，是旅行家们的必备之物。当时，有人愿意用一袋大黄米交换一两茶叶。所以，大秦国的人们说："如果波斯和法国等国家知道了茶叶，商人们便自然不会来买茶叶了。"② 剌木学正是在招待马哈木哈只的席间，才首次获知了有关中国的茶叶、饮茶习惯以及茶叶的药食饮功效的问题。由于该哈只（Hadje，朝觐人）有可能会赴中亚和远东旅行，也可能会接触过曾赴这些地区或来自这些地区的旅行家、朝觐人或商客，所以他有关中国茶叶的知识，虽几经周折，也不失有真实之处。

实际上，剌木学依然是利用了大食人的资料，始终是苏莱曼所说的那种茶叶药食饮同源的理论，不过也有发展。他似乎将茶叶功效的重点，放在了其药效方面。

继此之后，西域或大食人有关中国茶叶的多种记述，都应该溯源到苏莱曼的记述。

从 16 世纪起，西欧才对中国茶叶有了真正了解。这首先应归功于入华耶稣会士们。由于他们长期在中国生活，与中国高层和平民都有广泛交往，而且在中国各地从事调查研究，所以他们的记述比较靠谱，但也有许多不实之处。

1582 年入华的意大利耶稣会士利玛窦（Matteo Ricci，1552—1610）于其著名的《利玛窦中国札记》中写道："有一种灌木，它的叶子可以煎成中国人、日本人和他们的邻人叫作'茶'（Gia）的那种著名的饮料。中国人饮用它为期不会很久，因为在他们的古书

---

① 转引自［美］威廉·乌克思《茶叶全书》，侬佳等译，东方出版社 2011 年版。
② ［美］威廉·乌克思：《茶叶全书》，侬佳等译，东方出版社 2011 年版。

中,没有表示这种特殊饮料的名字,尽管中国人的书写符号非常古老了。的确,同样的植物也可能会在我们自己的土地上发现。在这里,他们春天采集这种叶子,放在阴凉处阴干,然后他们用叶子调制饮料,供吃饭时饮用或朋友来访时待客。在这种场合,只要宾主在一起谈着话,就会不停地献茶。这种饮料是要品啜而不要大饮,并且总是趁热喝,它的味道不很好,略带苦涩。但经常饮用,被认为是有益于健康的。"

"这种灌木叶分不同等级,按质量可卖一个、两个,甚至是三个金锭一磅。在日本,最好的可卖到十个,甚至是十二个金锭一磅。日本人用这种叶子调制饮料的方式与中国略有不同。它们把它磨成粉末,然后用二三汤匙的粉末倒到一杯滚开的水里,喝这样冲出来的饮料。中国人则把干叶子放入一壶滚开的水里,当叶子里的精华被泡出来以后,就把叶子滤出,喝剩下的水。"①

利玛窦的这一段文字,表现了当时欧洲人对茶叶的认知度,已经大有进步,知道了中国人冲茶和泡茶的过程、用量、饮用方式及其价格等。但其中仍有许多误解。茶叶的使用在中国已经有悠久历史,从汉代之后,在中国就已经逐渐形成了饮茶的习惯;自魏晋之后,茶叶的不同名称便屡见中文典籍;在元代便有"开门七件事,柴米油盐酱醋茶"之说。可是利玛窦却认为中国人饮茶的历史不算很久,而且中国古书中也没记载其特有的名字。更何况,利玛窦入华时走的是澳门、肇庆、韶关、南昌一条路,而这正是一条茶叶之路。由此可见,天主教中国传教区和海外汉学的鼻祖利玛窦也有失察之处。

葡萄牙多明我会传教士达·克鲁士(Gaspar da Cruz, 1520—1570)于1556年在广州居住数月,其间搜集了有关中国的许多资料,于1569年返回葡萄牙,后因照料瘟疫病人而逝世。他从中国带回的《中国游记》,是自中世纪有关中国的游记之后,出版的首部完

---

① [意]利玛窦:《利玛窦中国札记》,广西师范大学出版社2001年版,第14页。

全关于中国的记述。其书中提到:"凡是上等人家,都以茶敬客。这种饮料以苦叶为主,呈红色,可以治病,是一种药草煎成的汁液。"

葡萄牙入华耶稣会士庞迪我(Diego de Pantoja,1571—1618)曾先后于中国澳门、南京和北京传教。他于其1602年的书简中写道:"在中国,当主客见面寒暄之后,即饮一种用沸水所泡的草汁,名字叫茶,非常名贵,必须喝上两三口。"

现搜集到的法国人有关茶叶的记述,有入华和印度支那的耶稣会士罗历山(Alexandre de Rhodes,1593—1660)先后在澳门、越南、广州和东京湾布道。他的《旅行和传道记》(1653年于巴黎出版)中提到:"中国人的健康与长寿,应归功于茶。茶是中国人经常饮用的饮料。"法国巴黎外方传教会的雅克·布尔热(Jacque Bourges,1630—1714)曾先后赴暹罗、越南和东京弯传教。他于1666年于巴黎出版的《交趾支那传教记》中提到:"我们在暹罗时,每餐之后,都饮少许茶,感到对身体非常有益。茶与红酒的功效,很难断定其优劣。"

其实,在1569到1661年,于伦敦附近就可以普遍买到茶叶了。鲁格(Rugg)于其《日记》中便写道:"1569年11月14日,当时在那里几乎每一条街上,都可以买到一种叫作咖啡的突厥饮料,还有一种叫作茶(tee)的饮料。"[1]

1607年,荷兰商船自爪哇岛到澳门贩运中国绿茶,于1610年运至欧洲。西方最早从东方输入茶叶的记述,应为1657年。荷兰人于这一年将中国红茶运到了英国。

欧洲人饮茶的习俗是从荷兰传入法国、德国与英国的。17世纪,茶叶在西方成为财富和难以抵御的诱惑物,用"喝所有中国茶"来譬喻至高无上的享受。

经过漫长的发展过程,中国的茶叶大量流入西方,茶叶变成了海上丝绸之路上的五大主要商品(丝绸、瓷器、茶叶与中草药、农

---

[1] 转引自马晓俐《多维视角下的英国茶文化研究》,第18页。

作物）之一。从 1697 年开始，英国每年都从中国进口茶叶万磅以上。从 1717 年开始，在英国对华贸易中，"茶叶已开始代替丝绸，成为贸易中的主要商品"。茶叶贸易成了西方列强的东印度公司中，最重要和盈利最大的项目。①

二　广州海上茶叶之路上运输的茶叶的来源

中国茶叶的生产，1760—1770 年，为适应西方需求和中国国内消费量的双重膨胀，而大幅度地加快了。中国茶叶种植在 50 多年间，甚至是在 200 多年间，于华南的土地上蓬勃发展，以至有时要与粮食作物争夺耕田。中国外贸的发展以及日本与西方白银的持续流入中国，又刺激了在食品（诸如水果和油料作物等）、纺织、染料和经济作物生产方面的大发展，从而导致农业的一种专业化。如在 16 世纪或 17 世纪左右，当中国国内和国际市场上对糖的需求量骤然猛增时，福建泉州的大批稻田中已开始长满甘蔗。甘蔗与靛蓝植物的种植促使福建、广东、安徽、浙江、赣南和四川的许多州府的经济发生变化，从而使中国糖在欧洲，某种程度上补充了美洲糖的供不应求。如广西巡抚于 1727 年就抗议广东人于其省内过分采购大米，致使广西农田虽然大幅扩展，依然民不果腹。他认为这与将大批粮田改种商贸经济植物有关，如果树、油料作物、甘蔗、靛青或烟草。烟草于 1600 年前后自菲律宾传入中国澳门，很快就传遍了中国的整个沿海地区，甚至成了许多远离海滨地区的财富之源。福建的浦城或龙岩、甘肃的兰州、四川的成都或从湖南的衡阳到云南一线、陕南的汉中、江西的瑞金和山东的济宁等地，大批肥沃的土地都变成了烟田，中国政府曾颁布过无数次的禁烟令，都无法遏制

---

① ［美］马士：《东印度公司对华贸易编年史》第 1 卷，区宗华译，中山大学出版社 1991 年版，第 156 页。

其强劲的发展势头,因为产品的利润高达200%。茶田的扩展也受同样因素的激励。茶田开始扩展于16世纪,曾经历过多次发展高潮,其中最重要的一次出现在18世纪下半叶。茶叶日益增长的数量,自广东南部,安徽和江苏而向广州集中,而且在中国内地基本上是单一的经陆路运输。只有劣质的安溪茶,才会先用两天时间运至厦门,再从厦门用帆船运至广州,其要穿越200—2000公里的距离。广州港最近的茶源地是广东清远、广西梧州府的茵溪。但最重要但距广州北部最远的茶叶供应地,却是福建中部、浙江、安徽、江西和江苏省的群山中,最著名的茶叶品种均出自那里。茶场的面积一般均在40公亩(每公亩100平方米)到1.6公顷或2公顷(每公顷1万平方米),由许多小业主分别独立经营。他们经过焙茶、挑茶、包装茶叶之后,留下一部分供家庭消费,将多余部分出售给城市中的茶商。茶商们在采茶季节奔波于乡村间,从肩挑扁担的茶农手中收购茶叶后,再经过加工,最后集中发至广州。运茶脚夫们将每担茶叶运100里,也只赚取0.35两白银。他们每人背负40公斤茶叶,每天最多走40—70里的山路。海运每天则能航行50—100里,甚至是100—250里。茶叶之路,从南京出发的丝绸之路、从景德镇出发的瓷器之路,更是中国进口商品和外国使臣从广州进北京的必经之路。中国中部与南部诸省的交通中轴线,是长江下游从九江到南京一段,再延伸到鄱阳湖和赣江流域。

  黑茶或武夷岩茶的主要仓储地在江西河口镇,距福建的最大武夷茶市场星村,只有115公里,再从那里经锦江而输出。茶农首先将茶叶运往272公里之外的南昌,然后再沿赣江顺流而下,渡过十八滩,再经过赣州,直达大余或南安府。那里是自南昌开始的628公里的茶叶之路上江河航运的终点。再从那里出发,茶叶箱由脚夫们人背肩挑,跋涉最远66公里,也就是到达该水系分界线的另一端。他们必须要翻越高达300米的梅岭关及其群山。在始兴,人们将茶箱装上体积较小的内河运输货船,从北江的源头之一,顺流而下,一直到达曲河;再从那里换大船,直接驶往距离梅岭山脚下

507 公里的广州。在此期间，共有 3—4 次的运输转换，全程 1588 公里。这就是武夷茶到达广州十三行的过程和路线。这也是中国内地茶叶之路上的"南道"。这条路比中国北方的茶叶仓储地苏州（江苏）的道路稍短一些。苏州之路长达 1973 公里。但由于长江与大运河，使得这条路的航行反而要畅通得多。这就是中国国内茶叶之路上的"北道"。北道只持续 6—7 个星期。这条路要比荷兰德胜（Isaac Titsingh）与范罢览（Van Braam）率领的使团于 1794 年走过 18—19 天的时间，多了近一倍距离。其东部陆路—海路相结合的行程，既迅速又廉价，而且损耗较少，水路比渡过十八滩的危险性还小。从武夷黑茶生产中心建安（建宁）到福建大港福州之间的距离，只有 385 公里，可能需要 5 日航程。这就是说，西方茶叶贸易在福州有更多利润赚取。[①]

绿茶松萝茶的运途更加遥远。绿茶主要生产在松萝山西北端的徽州以及婺源，由此而产生了绿茶的名称"松萝茶"，而松萝山正是将安徽与浙江两省分隔开的山脉。绿茶的主要市场是小城钱塘，距杭州 36 公里。它们那里再沿桐江向西南方向运去，经过 396 公里的航程之后，便到达了江西省边境上的常山。茶叶被从那里卸船之后，又由脚夫们搬运而翻过群山，然后到达玉山；再经水路航行 66 公里的短程之后，便到达河口镇。绿茶与黑茶在那里汇合，再分别取道山路和江河航路，直达广州。这样算来，茶路全程就为 1971 公里，从而使从杭州或上海用帆船南运就显得是下策了。

茶叶市场的条件大致就是这样确定的。学术界尚需研究茶叶价格的演变以及在收益方面的影响。大家并不企求获得真正利润的一种确切的数据，因为这种合理的奢望，确是很难获得满足的。大家也只能做冒险猜测，而唯一可以做的事，便是将购价与售价做一番比较，见表 1 武夷茶与南京丝绸的毛利润比较[②]：

---

① ［法］路易·德尔米尼（Louis Dermigny）：《18 世纪广州对外贸易史》第 2 卷，第 527 页以下。

② 同上书，第 561 页。

表1　　　　　　　武夷茶与南京丝绸的毛利润比较

年代	阿姆斯特丹(茶,担)	%	汉堡(茶,担)	%	哥本哈根(茶,担)	%	伦敦(茶,担)	%	丝绸(担)	%
1719—1725	1947	249.29							274	72.67
1726—1733	1929	385						·	3	80
1734—1740	970	282.79	2492	485.77						
1741—1748	808	231.52	2532	346			2752	394.26		
1749—1755	472	115.68	1615	190.22			2043	250	530	114.72
1756—1762	649	164.72	1818	221.43	3442	209.75	2331	295.43	833	171.04
1763—1769	705	169.88	1477	165.39	2385	133.47	1831	213.15	672	102.28
1770—1777	584	168.78	1204	166.99			1716	2472.6	635	93.79
1778—1784	765	228.37	1501	215.20			1790	67.16	631	88
1785—1791	304	96.20	648	98.48			0947	149.60	668	87.66

阿姆斯特丹的最早数字并没有实际意义。因为直到1728年，在那里出售的所有茶叶均来自巴达维亚，或者是经巴达维亚转销的广州茶，其价格与广州茶叶的价格没有任何可比之处。但除此之外，其中也有两点显得很明确。首先是毛利润增减的态势。茶叶交易在1755年之前，其价格始终呈跌势。特别是在1741—1748年与1749—1755年，茶叶价格在阿姆斯特丹下跌近半，在汉堡的情况也基本如此。这恰恰正是欧洲进口茶叶从61000担猛增到88000担的时期。茶叶价格于此后的1755—1784年，特别是在1778—1784年，又大幅地上扬，此后又下跌到最低点。丝绸的行情却反向而动，于1756—1762年持续上涨。与1726—1733年间相比，其涨幅几乎增加一倍。此后，1770—1791年，又经历了幅度大小不均的下降。但茶叶在阿姆斯特丹市场上与丝绸相比，最多的差价达385%和最低为96.20%，在汉堡市场上分别为458.77%和149.60%。这就是说，茶叶量分别减少4倍、4.5倍、2倍和2.5倍。丝绸交易的降幅却不太大，仅达两倍（171.04%—87.66%）。

黑茶（即红茶）系和安徽松萝绿茶系，实际上是黄山—祁门茶。当然，其他地区和其他品种的中国茶叶，也不乏被合法或不合法地纳入了这两大茶系茶叶的例证,以利于出口和赚取尽可能丰厚的利润,由此而造成了欧洲市场上的中国茶叶的混乱。

广州是中国于18世纪向西方出口茶叶的主要港口,甚至在某些时期是唯一港口。"天子南库"中的一大项收益,便来自茶叶。广州港不仅对于海上丝绸之路,而且对于海上茶叶之路,都做出了不可磨灭的贡献。我们可以将广州作为海上茶叶之路的主要始发港。

广州经营出口茶叶,又依靠中国方面的十三行或外国人的夷馆。十三行在广州的对外贸易,特别是中国丝绸与茶叶的出口中,扮演着无可代替的经纪人的角色。广州十三行在当时并不是一个如同西方那样自由贸易的机构,而是统制贸易的产物。西方夷馆也大肆向中国出售鸦片毒品类"商品",具有严重的负面作用。但研究广州茶叶出口,离不开十三行。

欧洲诸国经广州港进口中国茶叶的品种,在很大程度上是由他们各自的口味爱好决定的;进口茶叶的数量与价格,则与欧洲的政治和经济形势密切相关。欧洲在战争与经济萧条期间,进口的中国茶叶数量既少,价格也低廉。中国出口茶叶的数量和价格,也受中国国内形势的限制和政府政策变化的掣肘,并不完全受经济规律的支配,明显有人为因素的干预。

18世纪,在欧洲市场上销售的所谓"巴达维亚茶""马来茶""印度茶"和"锡兰茶"中,实际上有一大部分也是由广州转港运去的中国茶叶。

中国也通过"恰克图之路"向俄罗斯出口部分茶叶,通过西南丝绸之路(四川、云南、广西)向南亚和东南亚国家出口茶叶,其规模和数量均无法与广州港同日而语,其兴旺期也应在19世纪之后,而且主要是供亚洲居民消费的,流入西方市场者甚少。

广州茶叶贸易所造成的效应,不仅仅是中国茶叶被运销西方,它导致了西方消费习惯的变化,促使中国茶叶文化与西方咖啡文化的交流、竞争与共存,甚至是取代。西方的许多近代先进技术和理念、全新的植物品种、近代机器设备和文化,也都在丝绸与茶叶的运销中，传入了中国，使中国加快了迈入近代社会的步伐。

三　广州海上茶叶之路输往西方的茶叶数量、品种和价格

中国茶叶实际上成为了欧洲船舱中的真正商品。当然，船舱中还有南京生丝、丝绸、瓷器和漆器，但所有这后一些产品汇聚在一起，也只勉强占全部使用资金的五分之一。茶叶的采购则耗费了剩余的全部资金。任何希望赴华从事贸易的人，都执着于采购这种已经变得珍贵而又著名的中国小草。但商人们则必须经过多次考验，才能获得大量有质量的茶叶，并对它们进行分析与比较。许多到过一次中国的人，就可以获得选择中国茶叶的某些基本原则，经过几次磨炼之后，这些人便自信可以胜任大班（Supercargues），返欧之后，便可以找到一份职业了。但中国的商客们，却不正当地利用了这种有利于推销其低端质量商品的形势。

茶叶贸易的最大不便之处，那就是即使船舶满舱，在欧洲也从不缺乏资金。那么船东们都将会知道，同一产地的小种茶（Saotchaon）茶叶箱本来价值32两白银，他们却要支付36两。这一品种的茶叶根据其质量不同，其价格也徘徊在30—55两白银。他们也会猜测到，被抬高到30两白银的工夫茶（Camphou），本来可用28两白银就能购到。

此外，当时还存在另外一块绊脚石或障碍，即迫使那些近期升任或长期缺席的大班们，都不了解茶叶运输过程的贸易变化。当时已经在广州周围加工各种质量的茶叶了。这些伪造的茶叶很难与真正的茶叶分辨清楚，这种混淆是很残酷的。因为实践证明，广州茶叶运到欧洲时，几乎都成了渣滓，或者至少是无法销售了。英国东印度公司就曾向其大班们退回过一批2400箱的松罗茶，因为它们在欧洲被检验出是假茶。这样的事实曾多次出现，尤其是在1784—

1785 年，东印度公司将 1000—1100 吨"碎屑茶"（Rubbish）销毁①。甚至有一支 16 名的警察队于此案中受骗。

"茶在福建语言中读作 thé，在中国的其他省份则读作 tcha，指茶叶干叶和茶树灌木的名称。它一般均以灌木丛的状态生长，3 年后可以采叶。其叶酷似桃叶，其花排序成玫瑰花状，其籽酷似大胡椒粒。欧洲人当时所了解的主要是闽皖浙茶叶，尚完全不知道中国西南的大树古茶。所以他们对茶叶的描述便落入陈臼。但这些灌木丛也有许多品种。而且种植茶叶的土质也会对茶叶的质量产生巨大影响。这就是当时的欧洲人根据当地人向他们提供的描述，以及对他们在广州所获得的茶树标本所作的研究，而留下的记述。"②

法国东印度公司驻广州的大班贡斯当于其《18 世纪广州对外贸易回忆录》中，对于当时闽、皖、宁浙地区的茶叶采摘的情况做了详细记述。茶叶每年采摘三次。第一次采摘在 4 月间，可获头等茶叶，枝杈顶端的茶叶名列其首。二等茶叶采摘于夏季，其茶叶质量比于秋季中期第三次采摘的叶子要稍好一些。这些鲜叶都必须放在铁盘中焙炒。当它们开始干瘪时，再把它们倾倒在席子上，女人们用手翻卷它们。人们再把它们放在大盘子中，并用力搅动，直到它们显得干枯为止。人们将茶叶放在席子上晾干之后，再第三次用焙制。任何茶农都很熟悉的这一套程序，它也出现在许多论述茶叶的著作中。但这些资料远不会使研究这种商品的人感到满意。不可否认，人们现知的所有茶叶都可分成互有区别的两大类，这就是分别出自福建的"黑茶"（红茶或乌龙茶）和出自江南（主要是安徽）的绿茶。它们之间的差异主要在于烘焙的方式，而不在于茶叶的品质本身。"白毫茶"（Pekao）以其白色幼芽及其柔和的香味，而有别于其他所有的"黑茶"。

---

① ［美］马士（H. B. Morse）：《东印度公司对华贸易编年史》，区宗华译，中山大学 1991 年版，第 96、111 页。

② ［法］贡斯当：《中国 18 世纪广州对外贸易回忆录》，巴黎 1964 年版，第 215—216 页。

表2　　　　　广州外国茶业商船中所载茶叶种类统计①

黑茶（红茶）	绿茶
武夷茶（Boui）	没有任何对应者
工夫茶（Camphou）	松罗茶（Songlo）
检焙茶（Campoui）	东溪（Tonkaye）
普通小种茶（Samtchaon Ordinaire）	皮茶（Hayssuen Skine）
神父小种茶（Samtchaun Padre）	熙春茶（Hayssuen）
宝种茶（Paotchaon）	小珠茶或炮珠茶（Hayssuen, Poudre ā Canon）
白毫茶（Pekao）	珠兰茶（Tchulan）
松子（滋）茶（Sonchay）	

因此，所有茶叶都涉及了这两栏中的任何一种。大家只要略作审视，便可证明，在绿茶和黑茶之间，确实存在着制作方面的差异，但其差异却主要存在于茶叶的品质问题上。但贡斯当却认为："茶树有两类：一类产黑茶；另一类产红茶。但这些茶树分别生长在相距很远的地区。"当时在欧洲还流传说，绿茶是在铜盘上晾干的，呈铜绿色，饮这种茶水肯定对人体健康有害；而所有黑茶都是在太阳下晒干的，从而使它较其他茶叶都更有利于身体健康，但它却失了所有绿茶中以其香味而自豪的汁液。

表3　　　　　1766年在英国销售的中国茶叶统计②

（在最后一批中国船到来之前，英国库存的中国茶叶数量）

茶叶品质（名称）	数量（磅）	每磅价格（镑）	金额（镑）	总数
白花茶（Bohea）	55757601	2先令，11便士	813131镑，13先令，便士	1672600，6，8
工夫茶（Congou）	433300	4—6	97492，10	
皮茶（Hyson）	164750	11	90513，10	
白毫茶（Pekoe）	4800	6—8	1600	
松罗茶（Singlo）	2018800	6—4	639镑286先令13，4便士	
树松茶或毛尖红茶	94080	6镑6先令	30576	

---

① ［法］贡斯当：《中国18世纪广州对外贸易回忆录》，巴黎1964年版，第320页。

② 威尔斯·威廉姆（Wills Williams）：《Chinese Popository》，1893年，第8卷，第132—164页。

表4　　　　欧洲从来自中国的 15 艘船上收到的茶叶①

茶叶品质（名称）	数量（磅）	每磅价格（镑）	金额（镑）	总数
白花茶（Bohea）	6698100	2、11	976806，5	
工夫茶（Congou）	946500	4、6	212962，10	
皮茶（Hyson）	97500	11	53625	1823，80084
白毫茶（Pekoe）	9500	6、8	3166，134	
松罗茶（Singlo）	1699500	6、4	538175	
树松茶或毛尖红茶	120000	6、6	39065	
库存总价值				349640015

表5　　　　　　　　1765 年出售的茶叶②

茶叶品质（名称）	数量（磅）	每磅价格（镑）	金额（镑）
松罗茶（Singlo）	566170	de 4 先令，2 便士，8 先令	158662
皮茶（Hyson）	53800	11	29590
Souchong	59358	6，6	19291
白花茶（Bohea）	2063059	3，2 1/2	330949
工夫茶（Congou）	95765	4，6	21547
白毫茶（Pekoe）	4302	6，8	1434
松罗茶（Singlo）	706580	de 4 先令，102 便士，8 先令，3	227589
皮茶（Hyson）	64630	à 11	35546
Souchong	51669	6，6	16792
白花茶（Bohea）	101464	4，	20292
工夫茶（Congou）	3310	6，10	1130
白毫茶（Pekoe）	1953101	3，3	317378
两次出售的全部产品			1104434

中国茶叶的产量，在 1741—1748 年和 1785—1791 年这两个年

---

① ［法］贡斯当：《Le Commerce ā Conton au》，第 234 页。
② 同上书，第 240 页。

代段，增加了近3倍。但是，茶叶消耗的下降几乎呈常态趋势，仅在1770—1784年略有上升。在1763—1769年和1785—1791年，武夷茶（Boui）的价格在广州下降36%，在伦敦下降41%，在阿姆斯特丹下降44%，在汉堡下降45%。特别是松罗茶和普通绿茶的价格，在伦敦下降45%，在汉堡下降39%。但随着黑茶等级的提高，这种差价也就逐渐减少了。如对于小种毛尖红茶（Souchong）来说，在阿姆斯特丹下降34%，在伦敦下降33%；对于工夫茶（Congou）来说，在伦敦仅仅减少14%；但对白毫茶（Pekoe），在阿姆斯特丹则增长了27%。这些差异反映了西方对于中国茶叶需求质量的变化，在1780年，欧洲消费者们越来越追求更好的和更昂贵的茶叶品种。

在1741—1748年和1785—1791年这两段时间点，中国茶叶的价格共下降40%，从每磅4.68荷盾降至每磅2.77荷盾。武夷茶在1740—1769年的价格，在开始时曾有过与其销售量成比例的增长。其外销数量增长372%，价格仅增长25%。但从1770年起，广州港茶叶的外销量却下降23%，价格下降22%从每磅17.2荷盾下降到13.4荷盾。因为，广州武夷茶外销量的减少，与西方人口味的变化有关。西方文献档案中经常出现的Bou-i茶，实为Wou-i（武夷）之音变，是一种名声很好的生茶，以福建建宁府的崇安与建安之的丘陵山脉武夷山而著名。它以"精质茶"而闻名。在阿姆斯特丹市场上，其声誉远胜于松罗绿茶①。

表6　欧洲于1766年来华运茶商船和消费中国茶叶统计②

英国人	15船	共运回9571300（磅）	L（磅）
法国人	4船	250万	
荷兰人	3船	300万	

---

① ［法］贡斯当：《18世纪广州对外贸易史回忆录》，第216页以下。
② ［荷］N. W. 波斯图姆（Posthumus）：《荷兰物价史的调查》，莱顿，1946年，第191—195页。

续表

瑞典人	2 船	240 万	
丹麦人	2 船	240 万	
总计	26 船	19871300	L（磅）

我们必须针对此表而指出，英国人习惯上每年只向中国派出 8 艘运茶商船。但在 1766 年，由于特殊的形势，他们共向中国派出 15 艘茶叶商船，英国茶船每艘只能运载 50 万磅茶叶。法国人于同年派往中国的 4 艘商船的情况也应属特例，因为法国人一般均于每年向中国派出 3 艘茶叶商船。

表7　　　　　在普通年份，欧洲派往中国进口茶叶
的商船及其进口茶叶的数量

法国人	3 船	共进口茶叶 200 万（磅）
丹麦人	2 船	240 万
瑞典人	2 船	240 万
英国人	8/18×50 万	400 万
每艘船		1380 万

但在 1776 年，丹麦人却派出 3 艘商船入华运销茶叶船。他们的船既很大，又制造粗糙，几乎始终都会有一艘船中途抛锚。我们根据这些表格便可以推算出，如果说 2000 万磅的进口茶叶量超过了欧洲通常的消费量，那么 1380 万磅茶叶却又显得不足。如果欧洲人的茶叶需要不超过 1380 万磅这个数目，那么英国人就必须找到办法推销他们库存的茶叶数量。他们已经不再如同平常那样每年销售 400 万磅，而是必须销售 500 万磅以上，而且其条件是欧洲其他大国不增加他们派出运茶商船的数量，也不能出售得比英国人更便宜。

当时最普通的计算，是英国及其殖民地的茶叶消费，占据了进入全欧洲茶叶的三分之二。我们从这种假设中便可以计算到，他们

于 1766 年共从中国运回 2000 万磅茶叶,而英国人共消费 1400 万磅。但就在同一年,法国人多派出了一艘船,英国人则将其赴华茶叶商船增加一倍。这样就使欧洲有了一大批茶叶库存,价格也大大下降。1766 年,欧洲进口茶叶的总数超过了其消费额。这一年,欧洲进口的中国茶叶总数不再是 2000 万磅,而更应该是 1500 万磅,其中有 1000 万磅是英国消费的。

原状茶叶在英国的价格为每磅 1.18 镑,其 1000 万磅茶叶应赚取 5800 万镑,英国只赚 25%。人们估计其进口茶叶价值为 1100 万镑。因此,总共会产生 4400 万镑的价值,有 1400 万镑的差价。这项差价款是通过法国人、荷兰人和瑞典人于该国走私茶的手段,而进入英国。另外一种计算也与上述统计相当吻合。那就是人们假设英国及其殖民地有 300 万人饮茶。如果他们每人从两种茶叶中各取走重 6 磅的价值 3 英镑的茶,那就共需要 5400 万镑采购价,而不是上面提到的 5800 万镑。另外一种计算认为,如果欧洲共消费 1800 万磅茶叶,那么英国及其殖民地就要销售 1400 万磅。

西方商船从中国进口茶叶主要有武夷茶、工夫茶、小种茶、松子茶、宝种茶、白毫茶、松罗茶、东溪茶、熙春茶、皮茶、珠茶、珠兰茶、三味茶等品种,其中数量最大和价值最高的是武夷茶。

(1)武夷茶

在清末,广州出口的武夷茶共有两个品种,即真正的武夷茶和安溪茶(Ankay)。巴尔盖里指出:"优质安溪茶由一种带浅红黑色的大叶组成。其中掺有一种大绿叶,但数量很少。它很重,在手压下有弹性,具有一种令人不太讨厌的青草味。它可以泡出一种浅红色的茶水,其辛香味不太强烈……茶叶的颜色取决于采摘的时间与烘焙。"[①] 贡斯当则认为,大叶武夷茶(Boui)为棕褐色,用手压下去不至于破碎,略掺黄栌,似乎有弹性,具有一种不太难闻的青草味。其漂亮的金黄色的茶水,具有一种强烈的甜味。但当时在西

---

① 巴尔盖特:《日记和回忆录》(档案),第 246 页。

方,并不将"武夷茶"视为单一种产品,而是不加区别地采摘的各种叶子的一种粗糙的混合茶叶,只要这些叶子能够弯曲起来并具有一种类似茶叶的颜色即可。贡斯当指出,在福建的奥边,还出产一种与欧洲人交易的两种武夷茶几乎完全不同的茶叶。它既不是真正的绿茶,也不是黑茶(乌龙茶),无性系之别,其叶子呈黄色,唯有中国人消费它。茶农采摘它们,既不粉碎叶子,也不掺杂碎末,甚至还要在干燥后使用簸箕清理,其价值为每担70两白银左右。由此而产生各种细茶叶末的废物,它很廉价,但绝不会被丢弃掉,而是被运到广州,再混入武夷茶,必须在交付给欧洲人之前混入其中。奥边茶末被商客们收益甚丰地利用了,因为他们为每担茶末只支付1—2两白银。欧洲商人在武夷茶中发现的大量浅黄色的叶子,正是出自这种混合物,而这种茶却并不是很坏的茶叶。实际上,欧洲人当时已经对真正的武夷茶倒胃口了。他们在1785—1786年的广州发货量中,武夷茶的出口量比前几年大为减少,从而使茶叶价格在普通一年间下降到每担12两白银。还有另外一种武夷茶的造假品种,出自广东省广州市西南30公里处的佛坪,也叫奥边茶。这种茶最不受中国人看好。

  茶农采摘奥边茶叶是很匆忙地完成的,然后按一定比例与近期采摘的叶子相混合,或者与西洋船开走后留下的陈年茶相混合,人们再将这种混合物塞进竹筐或其他具有一担容量的容器中。茶农再将它们装入仓库中,以在被置于这些建筑物中心的几个火炉的作用下,而使它们再发酵和结块。人们过去将武夷茶区别分一等、二等和三等叶,其分别是以前文提到的三季采摘为基础的。茶农们还注意在合同中约定要供应一等茶叶。这种精挑细选逐渐地毫无意义了,因为三级武夷茶的叶子并不比其他等级的叶子更不受人好评,被欧洲人称为"过冬茶"。它们占据了当时欧洲茶叶船舱的近三分之一。①

---

  ① [法] 贡斯当: Les Mémoires de Charle Constant Surle Commerce à Canton au dix-huitième Siècle, 第218—220页。

武夷茶采摘自中国福建省，主要是武夷山（Bouis = Moui = Woui），并由此山而获名。武夷山位于福建省的建宁府。它在福建方言中作 Boui-i，而在广东方言中作 Mou-i。它后来变成了专指一种高质量茶叶的名称。它们一般均于每年 11 月初用带有很薄铅箔的竹箱运往广州。这种外包装制作得非常认真仔细，因为人们首先用数层纸张而尽力避免茶叶与铅箔相接触。

他们选用多张双层纸包裹装满茶叶的茶叶箱，再用铅箔密封焊接，此前还需要在铅箔与纸叶之间填充大片干透的竹叶。尽管采取了这些防范措施，中国商人们还是声称运往广州的武夷茶，仍然无法处于适宜外销状态，还必须再焙烤，以去除旅途中沾染的湿度。人们经常提到的那种混合，就发生在这最后一次去湿过程中。这种焙烤又激活了一种酵素或酶，其作用是加强了茶叶的香味。但这种习惯性的操作法，显得令人质疑。一名训练有素的大班不会不知道，在火的作用下产生的浓烈香味，非常容易吸引人。但这种香味随着加热而从茶叶中飘逸出来；但随着冷却，茶叶又变得无香味，或者是又恢复了被加热掩饰起来的难闻气味。但我们不应该断然地指责这种作假，因为它有利于优质茶叶的保护。这种处置方法，一般都是在出售茶叶之前的四五日内完成，以给茶叶留下充分的冷却时间，甚至有时要等到很晚的季节，因为收购者明确提出要采购只具有微温的茶叶。这种湿度不但无害于商品，而且会对之更加有利。实际上，一直到 1720 年，武夷茶在荷兰和英国，一直比其他品种的茶叶更受好评，其价格也更占优势一些，被称为"优质茶"。它在阿姆斯特丹每磅价值 38—44 荷兰盾（银币），而普通绿茶只值 29—32 旧荷兰盾；在伦敦，其价格分别为 46.3 荷兰盾和 37.5 荷兰盾（stuivers）。[1]

后来，西方市场上甚至用"武夷茶"统称来自中国的茶叶。它

---

[1] 请参阅格拉曼（K. Glamann），*Commerce alman-Asian*，海牙，1958 年，第 247、274 页。

在欧洲外贸市场上与绿茶价格的颠倒，主要是发生在 1720—1730 年。

欧洲茶叶商人一般都是把 3 筐茶叶作为一个普通大箱，至少是中国茶商在交货时是根据这样的数字计算的，而西方茶商们在一般情况下都是每次接受 200 大箱茶叶。在接受茶叶的前夕，茶商们抢先赶到，称茶叶箱的皮重，而且是连同铅箔和箱子盖同时一一地称重，然后再依次而登记，并标上它们要被装上商船的印记，然后将其编号用剪刀剪成孔状，以便在遇潮的情况下，也能在于欧洲出售时找到各自的茶叶箱。此外，公司职员们负责仔细地查验茶叶箱上的铅封，因为其中经常出现铅封断裂或焊接不牢的情况。次日清晨五点钟时，大班们来到茶叶供应商们的商行，经常会在那里发现有排列整齐的 600—700 筐茶叶，以供查验。他们随机提取检查 200 多筐茶叶。当他们确信其质量完全一样时，便着手倒箱装船。

在这些主要是用于接收茶叶的商行中心，有一间用护壁板装饰得非常漂亮的房间，通过使用两个滑轮的方法而用横向排列木板封闭其宽敞的大门。对于那些被认为可以接受的商品，大班们站在进口处查验，那些苦力或脚夫们搬出茶箱放在自己脚下，从每个茶叶箱中抓出两三撮茶叶。如果没有遭损货物，那么整个流程仍会不停顿地继续。这种抽检过程要持续两三个时辰，他们经常会被茶叶埋到腰部。既具腐蚀性又细微的茶沫灰尘使人睁不开眼睛。人们沿茶叶箱堆攀缘而上，当到达茶箱堆顶时，便不再传递茶叶箱了。这种工作会使人累得掉头发、眼睛受到伤害，甚至被累得吐血。

一旦商船被装满茶叶箱，供货商的装卸工便将茶叶筐排列在同一空间，使人能够在各行茶叶箱之间自由行走，以便自由地从事检查工作。当时在习惯上是委托某个人去检验铅封，当确信他们都很完整时，便让人在每个茶叶箱中装进两个大茶筐，约占整个茶箱的四分之一容量。这是清理茶叶保持警惕的最佳时刻。人们必须从茶叶中检出木片、纸屑、竹篾等。如果不把这些杂物剔除，它们会使出售的茶叶严重掉价。如此细心的工作应由海员们来完成，因为他们只需要提醒那些中国人能够发现自己的漫不经心。在8时许，商行的大门便被打开了，它们便被200多名脚夫包围，每个人用脚搓揉一个茶叶箱中的茶叶。这些人如同一批苦难贫穷之士，衣衫褴褛，浑身沾满污泥，有的人是瞎子，有的人带有令人恶心的伤口，甚至还有人出现了麻风病斑点。这些临时招来的苦力杂乱无章地跳入茶叶箱中，同时又大声地争吵。

对茶叶箱的踩压是以一种强有力的粉碎而开始的，通过脚踵的搓揉，使茶叶碰撞茶叶箱木壁而被打碎。工人们如同疯狂般地蹦跳，很快就会大汗自全身流下，粉末变得比在倒箱时更加浓厚。欧洲的茶叶消费者们对于一种小草如此处置的场景，永远也不会看到，而且也不会产生任何想法。但负责接货的大班或商船文书们必以其厌恶情绪或反感，义务要求他们留在茶箱群中间以监视那些装卸工们。其中有的人借助于武装以钉子尖的鞋后跟而将茶叶几乎踩踏成碎末，另外一些人则由于踩踏用力过大而使茶叶箱两侧框架破裂，那些不愿意整理茶叶箱的人便将它们原封不动地装船，还有人撕碎铅箔而毫不顾忌可能会出现的事故。这些混乱只能以使人疲劳的小心而预防，所以人们一般是委托船员们来完成那些具体工作。一旦当发现茶箱中的茶已被充分踩碎，而且使每箱的平均重量不超过毛重385磅，等到使经过那里的所有茶叶箱被倒空。装卸工们有时便会使每箱茶叶的重量增至400磅，但其中有许多粉末。人们还发现，茶叶最好是在寒冷的气候下被压碎和装船。

当茶叶箱被装满时，苦力们便展开几张包装纸和几张铅箔叶子，以便与四侧的铅箔焊接，再加上一个盖子，再于角落和接口处用几条纸封起来。中国人为完成这后一道工序而使用一种粗糙的涂料，系用牛油和石灰制成，叫作"篆"（chuan）。由此而形成了一种强力胶，而它很容易干燥，而且蛀虫也不蠹。几个时辰之后，人们再于茶叶箱的上部涂一薄层植物油。其主要的特性是阻止其标记不因被磨损而消失，而且只有在过秤之后才涂这种油。待一整套手续完成之后，茶农便与商家约定交货时间，最谨慎的做法是让商人签订下面这样一张明细账：

本日收到商人 A 某 200 大箱武夷茶，已经按照如下程序过秤。即：1—200 号，200 大箱，称重

毛重	00000L
皮重	0000L
每箱钉子和纸张 1 磅	000L
净重	00000L
共计 10 万磅，确定为 000 担 000 箱	
广州	本日

在这里，人们很注意用汉语向欧洲茶商们表示同样的质量，以至结算账目时，使人不会感到有任何困难；当人们并未很好地按规则办事时，困难必然会不失时机地显现。每箱减去一磅的铁钉和纸张的重量，则是完全合情合理的。一箱武夷茶一般称重如下：

毛重	380—390 磅
皮重	56—60 磅
净重	324—330 磅

当时只接受其中的四个大木桶。中国供货商必须在商船的滑轮下交清所有货款和税款。①

欧洲商人在接收普通武夷茶时，肯定比对其他细茶要付出更多的辛苦并保持更大的谨慎。因为当人们从一个样品茶叶箱中采购精细茶叶时，都会随机在一批 1000—1200 箱茶叶取出的七八撮茶叶进行比较。但商人们并不是要打开所有的茶叶箱，而是偶然性地从中取出一打左右，倒空它们，以查验它们是否符合现行规则。欧洲商

---

① ［法］贡斯当：《18 世纪广州贸易回忆录》，第 218 页。

人们坚持让人尽快将武夷茶装箱。实际上，这种方法具有一种有害的轻率，是否存在着一种接收所有品种茶叶的方式。但如果向一名欧洲商人提供一定数量的处于装船状态的茶叶，那么武夷茶就不一定是最纯洁和最优质的茶叶。如果有近一打装茶叶的箱子未经选择而应该被打开，如果他们从中发现了几箱茶叶与陈列样品的质量不一致时，那应该保留拒绝接受权。由此可见，出售茶叶应该遵守某些条件，有关的中国供应商应最好地满足这些条件。由于每个采茶的个人，都会于茶筐上标注其名字或一种区别符号，由此而出现了一个指同一批来源的茶叶（80—400 箱）的名称 chappe（标签）。所有这些标签都带有不同的名字，以用来辨认茶叶，明确地指出了茶叶的来源地。此外，标签还被用来区别武夷茶和工夫茶。从事这种贸易的人也被人指责忽视了质量。所有从事贸易的公司，都应该在经办过程中有改革的想法。

（2）工夫茶

"工夫茶"的字面意义是"精选茶"或"用功选茶"，中国人称为 Congo 或 Congou。它是由武夷茶中的最佳叶子组成。这就是说，当青叶一旦采摘下来之后，人们便选择其中最鲜嫩、最肥壮和最健康的叶子，以制成工夫茶。因此，制成武夷茶的茶叶应具有各种品质。味道比较强烈，而同时又比较甘美，茶水呈清澈的金黄或略显淡绿色，叶子要完整而又大小适中。如果这些品质同时聚于一叶，那就是小种茶。所以，我们在寻求工夫茶时，不应过分苛求。在这种工夫茶中，实际上有许多安溪工夫茶（Camphou Ankay）。由于世人很容易在此问题上搞错，所以欧洲人为了防止中国茶商的欺骗，他们更喜欢寻找具有这方面知识的人去指导采购。

有的茶农将安溪茶作为工夫茶出售，由于质量的原因，工夫茶的价格是安溪茶的一倍。但武夷茶与安溪茶之间的差异很难发现。因为武夷茶的一个造假品种便是安溪茶，它们是经过厦门的帆船被运往广州的。生产安溪茶的灌木也生长于现在的福建省（安徽）安溪市，此地与生产优质茶叶的地区完全不同，只有很熟悉真相和专业人员，才能区别它们。这么多年以来，我们甚至可以说，法国人和葡萄牙人是唯一毫无怀疑地经营这种他们所喜欢的混杂茶叶的国家，并且合理地付款。其实，人们只要查验一下装这些茶叶的箱子，便可以辨认出其中所藏的安溪茶来，它一般比真正的工夫茶更现出一种浅墨绿色，少灰末。其标签上写满了文字，特别是其铅箔薄如纸，而真正的工夫茶的铅箔则要结实得多。武夷茶显得透着一种棕灰色，而安溪茶则透着一种橄榄绿色。武夷茶的叶子大而饱满，而安溪茶的叶子卷得很紧而又很圆实，包装得很好。其浓烈气味也差异明显。安溪茶则具有一股强烈的青草味，酷似以猪油和水银为基础的汞软膏的味道。武夷茶在比重方向略胜一筹。人们通过浸泡是揭露作假的最佳手段。

工夫茶大部分由嫩细茶叶组成，由驶往北方的船舶运载。英国人和法国人为了谋求在英国和北美消费的绿叶茶费尽了心思。德国、瑞典、丹麦与荷兰更喜欢黑茶（不再含水的茶叶）。我们可以从工夫茶中区别出多种品质的茶叶，它们均出自产地的土质或采茶人的精心程度。其质量有时会影响商品价值的 25%—30%，商客们可以用 18 两白银收购一担普通工夫茶，而其他最好的茶则要每担出售 24—26 两白银。这些茶叶每次分 500—600 箱运到，带有清楚的标签，上面写着采茶地的名称。中国人非常注意在茶箱中保持整体上的同等质量。这些批次的茶叶在欧洲人中称为 Chappes（标签）。因此，当一个批次的茶叶从陆地上运来后，需要获得茶叶的行商们，或者是为市场商人工作的经纪人，便为每个商行发送一箱陈列品。人们对它们做了检验之后，便开始交易。当一个批次的茶叶以此方式售罄时，便从各种行中撤回了样品。装入船舱的优质工夫茶，一般都是以 60 净长提（Catis），二毛重、98.1 卡提，皮重 24，净重 74。人们有时也会发现 25 和 10 长提的茶叶箱。由于载重量和关税的问题，茶箱越小，茶叶越贵。每箱 25 长提的工夫茶，一般都被称为捡焙茶。

表8　　　　　　　1783年广州商行出售的大宗茶叶统计

行号	出售工夫茶（箱）	交易对象
同孚行（Tcheuong Fhat）	2030	由潘官（Pinkoa）出售给丹麦人
永升行（Yune Cheng）	1283	由京官（Kioukoa）出售给荷兰人
东兴行（Tgung heng）	466	
茂行（Maow heng）	1126	由潘溪官（Pan Keykoa）出售给瑞典人
开记（Kay Ky）	1195	由溪官（Sykoa）出售给瑞典人
梅记（Mane Ky）	606	由新官（Sinkoa）出售给帝国群岛

巴尔格利还曾指出，工夫茶是一种经产地土壤性质改进的武夷茶。产工夫茶的同一棵茶树，也产检焙茶，后者实际上是一种高级工夫茶。

（3）检焙茶

中国广州向西方出口的第2种茶叶是检焙茶（Campouy，Canphoui，Camp'houi）是指经过选择和反复加热的茶，或者是更加精心制作的茶，其本意是经挑拣出来再焙炒的茶叶。它呈现出一种介于工夫茶（Camphou）和小种茶（Saotchaon）之间的色调。这就是中国人对它所下的定义。因此，人们称呼一种比工夫茶更精细的茶叶为检焙茶。其茶水比工夫茶水更加呈浅绿色，其叶子更为完整，也更小一些。人称它们是在更柔软和更娇嫩的茶叶中挑选出来的。比尔格利指出："工夫茶是一种由其土质特征所钟爱的武夷茶。生产工夫茶的同一种茶树也生产检焙茶，它仅仅是一种高级工夫茶"茶商。其他外国人可能并不像法国人那样钟情于这种茶叶，他们可能要偏爱味道更强烈和更为滋养的工夫茶，外国人将工夫茶和检焙茶认为是一种茶，他们称为Cong。

（4）小种茶（Saotchaon，Sia Tchong tcha）

西方茶商认为，"小种茶"出自汉文字，意为"小心制作的茶"。英国人称之为Souchong茶。这种茶叶仅仅采摘自当年生的枝条，而且人们还特别关注恰到好处的卷叶和晒叶。巴尔格利指出：

"小种茶是一种工夫茶，出产于一种风调雨顺的土壤中。这种茶叶出自一棵树，生长在一片满是岩石的山崖地。在不同的小种茶中，也存在着不同的精选度。爱喝茶的中国人对于拥有武夷最好茶叶而感到得意扬扬。每个人都在宴庆的日子里都带在身上的小袋子中，装有这种茶叶。大家都述说其茶的高等级，就如同在人群中争夺自己烟草的好名声一样。这在中国人中是一件很重要的事情。"

西方商人确实是成舱地采购小种茶。他们要求小种茶呈一种浅棕或略显紫色的漂亮颜色，卷得很好的大叶，具有弹性。其味道是可口的，与一种熟透了的甜瓜的味道具有很多相似性。其茶水呈金黄色。小种茶那略呈红色的干叶子还有另外一种缺陷。因为这种茶叶是由鲜嫩和新鲜的叶子组成。最佳小种茶叶在手中掂量时很重，其颜色不太深，但既不能是暗灰色，又不能是灰绿色。安溪小种茶则以其略显绿色的色泽、郁烈的香气和茶水的色泽而别具一格，尤以在浸泡时留在茶碗盖上的余香而引人注目。如果茶水蒸气没有任何香味、甜味和美味，而只有强烈的香料味，那么它就是安溪茶，虽然其辛香味道远不如武夷茶与安溪茶的混合品。法国人一般均采购低质量的小种茶，而丹麦人、荷兰人与瑞典人则抢购走了该品种中的上乘茶叶。从此之后，有的小种茶每担价值30—55两白银。质量决定价格，大班能公正地确定商品的质量，尽管中国供应商也极善于夸大其茶叶的质量与价格。一个人必须非常熟悉情况，才能确定每担分别为2两、4两、6两和10两白银的茶叶的质量。这类茶叶每箱净重60—65卡提。经过外国经销公司的研究比较，以下几个批次的捡焙茶质量最好（见表9）。

（5）松子茶（Sonchay，Song tze tcha）

这是一种小种茶，其子卷成了小球状，中国人在对它做干燥处理过程中，加入了相当数量的黄栌，这是一种酷似梨树的灌木开的花朵。这些花朵以很小的串状挂在叶子的根部，比木樨草花大不了多少。由于它还可以以其香味而使人联想到松子的香味，因而它比普通小种茶更具有香味。这是欧洲大班们在所有茶叶中的最钟爱者，而且它也比其他所有茶叶都更容易保存。由于这种茶叶的收获往往在雨季，所以它只有在店铺中被彻底晾干，人们又把它们搓成球而放在阳光下晒干。制好的松子茶只需放在阳光下暴晒几个小时就够了。但如若缺少阳光，那么其质量就会受影响了。在此情况下，只有从中掺入劣质茶来解决问题。中国茶商很少会成箱地出口这种茶叶，它们都以 20—25 卡提重的小筐首先运往广州，再远销欧洲。

表 9　　　　　　　1783 年广州港出售如下茶叶批次①：

行号	数量（箱）	出售方	购入方
鸿宇（Hung·yu）	406	潘官（Pinkoa）	荷兰人
顺茂（Tshune Maob）	198	溪官（Kioukoa）	丹麦人
茂行（Maow Cun）	400	潘启官（Pankeykoa）	瑞典人
义中（Yi Tcheune）	250	谢京官（Chiékinkoa）	丹麦人
福顺（Fhong Tcheune）	200	潘启官（Pankeykoa）	法国人
永记（Yune Ky）	160	铭官（MonKoa）	小王国

（6）宝种茶（Paotchong）

宝种茶又叫普种茶，它一般是在小种茶中逐叶精挑细选的，在 200 箱的一个批次的小种茶中，只能挑出一箱宝种茶来。中国人对宝种茶的偏爱超过了其他所有茶叶，它是以 3 两重的小包被装箱运往广州的，而且要非常精心地装舱。人称每只茶筐都是以不同的木枝编成的。茶叶的叶子要大，略加卷曲，不带任何灰尘，呈略带绿色的棕色，其甘美的味道不太强烈，其沏水清亮而呈碧绿色。有许多不法茶商用小种茶经鲜花熏香后，冒充宝种茶出售给欧洲商业经销商。

---

① ［法］贡斯当：《广州贸易回忆录》，第 228 页。

（7）白毫茶（Pekao，Pehrao tcha）

白毫茶（Pekao，Pehrao）在英文中有时也叫作 Peko 或 Pecco。它包括许多个亚种，如"上香""君眉"和"红梅"等。"白毫"（Pehrao）在汉文中意为"白色茶尖"。有人颇有理由地认为，生产这种茶叶的茶树，正是产小种茶或通称武夷茶的茶树的一种特殊品种；其他人却反称，它们是春天发出的第一批嫩芽，尚无时间发育长大，这些长长的叶子上长满了白色的绒毛，是枝条的幼嫩毛尖。人们成舱地贩运这种茶叶，很少会有不混杂其他茶叶的情况。白毫茶叶应该有些很长的叶子，上面布满了一种白色绒毛。这种茶叶很脆嫩。其味甘美，其水清澈透亮；呈略显绿色的草黄色，其叶子较小，呈卷状和具白色。它很难保持其香味，从而使其出口量并不太大。它被以装小种茶那种箱子运往广州，但其价格较贵，每担40—60两白银。

表10　　　1873年，中国广州共售出两个批次的这种茶叶①

行号	数量（箱）	出售方	购入方
Hrope Tcheune	126	张官（TSankoa）	荷兰人
永茂行（Yune Maow）	276	潘启官（Pamkeykoa）	瑞典人

（8）松罗茶（Songlo）

这种茶叶是所有绿茶中最普通和最劣质的茶叶。其大叶子未被精心地卷起来，其颜色是夹杂着淡黄的绿色。茶农们必须抛弃那些混杂有许多老黄叶的茶叶。因为它们往往是在茶树上枯萎了，因而很少有香味。这种茶叶是茶农们最后采摘的茶叶，从而往往又造成了对茶叶装船的延误，船商们必须耐心地等待这些茶叶到港。松罗茶出自松罗山，那里是最早种植这种劣质绿茶的地方。欧洲商人们非常谨慎地提前签订这种茶叶的合同，以便能使他们最早供应自

---

① ［法］贡斯当：《广州贸易回忆录》，第231页。

己。这种茶叶质量低劣，也可能是由于它于晚期采摘的恶劣季节之原因所致。欧洲茶叶商们还十分注意，不接受在广州附近制造的这种伪茶叶。第一种区别其质量优劣的方法是把茶叶浸在水中4个小时，劣质茶的茶水变成黑色；第二种方法则是将茶叶放在空气下晒一段时间，叶子也变成了其自然色——黑色。茶农们必须选择已经卷好的叶子，要灰绿色的，其沏水要绿而清澈。最后，茶商们最多的是将它与熙春茶（Hayssuen）相比较。人们必须致力于研究旧绿茶，因为它们随着岁月而会失去其味道和颜色。

表11　　被以长方形的箱子运送往广州的松罗茶统计表①

重量种类	重量	商行	出售行	数量（箱）
毛重	102	茶行（Tsha Heng）	亚贸（Yatte Maow）	705
皮重	22	陈记（Chen Ky）	大春（Tae Tcheune）	200
净重	80	富春（Fouktcheune）	大瑶（Tae Yaow）	216

（9）东溪茶（Tonkay）

对于这个品种的茶叶，西方茶商了解甚少。它与松罗茶基本上属于同一类，仅仅是头等的松罗茶。茶农们应该从最接近熙春的茶叶中选择它，其价格每担徘徊在24—28两白银。

这种茶叶非常适宜栽种于江南的山坡中。出产在湖南山区的这种茶，其质量一般要优质于该省其他地区所产的同类茶叶。栽种在一片合适土地上的茶树会产珠兰茶（Chu Lane，Schulane），其二等叶子是皮茶（Haissuen Skine）。生长在贫瘠土地上的茶树生产的头等茶叶为东溪茶，二等叶子为松罗茶。法国称这些茶叶为"优等绿茶"，而它们在中国则是劣等茶。在湖南的深山中，也出产一种叫作明沙的绿茶，在法国被称为"帝王茶"。这里实际上是指"毛

---

① ［法］贡斯当：《广州贸易回忆录》，第230页。

茶"。"东溪"出自安徽一座小城的名称，位于徽州的西南。

（10）熙春茶（Hayssuen）

熙春茶是装舱绿茶中的最精品，也可能是最容易辨认的茶品。采购商们很注意茶叶的颜色、叶片的大小和茶香气味，还可以在水中反复进行这种试验。熙春茶的叶子很大，卷得很好，完整而又无灰尘，其味道甘美，有一点青草味和芳香味。在挑拣茶叶时，必须抛弃那些具有火烧味的叶子，其正常叶子为浅灰紫色，如同一种见到空气就消失的李子花气味。其沏水应为清澈和浅绿色，味道适口而略显辛苦。旧茶一般味道强烈、刺激而辛苦。这种茶在空气中容易消散气味。它自产地用仔细包装的箱子运往广东，其毛重80公斤，包装皮重20公斤，净重60公斤。

表12　　　　　　　　广州出口熙春茶统计表①

品牌	数量（箱）	出售者	购入者
忠利（Tcheuong Ly）	200	Pinkoa	瑞典人
红毛（Hong Maow）	100	Kioukoa	瑞典人
永喜（Yune hyi）	118	Pinkoa	丹麦人
永春（Yeuong tcheng）	115	Monkoa	荷兰人

（11）皮茶（Hayssuen Skine）

"皮茶"在汉语中实指垃圾茶。人们很难知道欧洲茶商是从什么时候起，才从广州进口这种茶叶的，看来其历史不会太悠久，最早采购这种茶叶的人，可能上当了。中国人从来不饮用这种茶叶，他们的售价很低。因此，所有绿茶的这些垃圾都被投入了市场。其叶子与熙春茶的叶子稍有相似，颜色并不均匀。其气味强烈而又令人不适。这种茶每担售价为28—30两白银。

---

① ［法］贡斯当：《广州贸易回忆录》，第232页。

表 13　　　　　广州港于 1783 年出口的最佳两批次茶叶①

品牌	数量（箱）	出售方	收购人
友记（Youk Ki）	53	Pinkoa（潘官）	丹麦人
长记（Chane Ki）	64	Pinkoa（潘官）	荷兰人

除了这些茶叶因其质量合格而被装舱之外，还有许多不大有名的茶叶，其价格高低不等。甚至有些茶叶是每卡提或每磅价值 200 两白银。但只有最底层的人才饮用这种茶，甚至这些人也很少饮用它们。

（12）珠茶（炮弹茶，Tchu tcha）

珠茶的得名，是由于它酷似炮珠大小。它被很精心地卷成了标准圆形。这种茶叶的质量要高于熙春茶，因为它们是在熙春茶中逐叶地挑选出来的。其味道可口、甘美，其叶小而鲜嫩，其茶水呈非常清澈的绿色。这是一种蹩脚货，很少会装舱外销。它只按茶箱出售，每箱可以售至 70 两白银。

（13）珠兰茶（Tchulan）

珠兰茶基本上就是珠茶，它仅仅是被更精心地挑选出来的，而且折叠和弯曲的方式也不相同。它是被用"兰花"熏制和香化的，由此而获名"珠兰茶"。它比"珠茶"更稀少和更珍贵，而且也只以小批量出口。

（14）三味茶（San ouï tcha）

"三味茶"确实是开始时呈苦涩味，其后稍微好一些，最后在口中留下了某种爽口的甘味。它每磅售 6 个玛斯（mas），而且很少为欧洲人所熟知，属黑茶一类。

（15）条枝茶

这是一种特殊的茶，基本上具有鼠尾草的颜色。人们连同其枝条一并采摘，然后在太阳下晒干。这种茶叶很罕见，中国人也可能

---

① ［法］贡斯当：《广州贸易回忆录》，第 232 页。

根本未曾向欧洲出口过。

结束语

　　茶叶是中国的特产，号称"国饮"。茶叶在中国已经有 2000 多年的历史了。茶叶自隋唐时代起，开始向西域和阿拉伯世界传播，西域人有不少记载。自 16 世纪之后，由于入华传教士们的媒介作用，茶叶才逐渐为西方人所熟悉。18 世纪之后，形成了海上茶叶之路的最兴旺发达的时代。茶叶在国外传播过程中，也使中华文化传向了全世界，茶饮、咖啡、红酒和碳酸饮料形成了世界的四大饮料，为人类命运共同体做出了重要贡献。

明代白银货币化：中国500年白银时代的开端

万 明

（中国社会科学院历史研究所，廊坊师范学院明史与明代文献研究中心）

16世纪是全球化的开端。明代白银货币化作为一个典型个案，是全球史的一部分，同时也标志着传统丝绸之路向全球的极大扩展。从中国本土出发，以明代白银货币化作为切入点，突破传统制度史的框架，考察明代中国国家与社会的转型、全球化开端时期中国与全球的互动关系，这无疑是一个关乎中国乃至全球史发展进程的重要课题。

在中国历史上，秦在统一全国后推行了外圆内方的铜钱，铜钱自此成为中国古代通行2000多年的货币，而中国又是世界上首先发明和使用纸币的国家。这样的状况持续到明朝。彭信威先生《中国货币史》是货币史的经典论著，其中云："一直到元末，白银还算不成十足的货币"。[①] 白银从贵重商品最终走向完全的货币形态，是在明朝。这一点在中外学界已经形成共识。然而，明初朝廷禁用金银交易，白银不是合法货币，当我们翻开明代史籍《大明会典》的时候，明朝典章制度中唯见"钞法""钱法"，却不见"银法"，这说明白银原本不是明朝的法定货币，也就没有制度可言。[②] 发展到了明后期，大规模使用白银，是一个重要的社会现象，白银通行于

[①] 彭信威：《中国货币史》，上海人民出版社2007年版，第514页。
[②] （明）申时行等：《明会典》卷三一，中华书局1988年影印本，第224—225页。

全社会,从非法货币到合法货币,又发展为流通领域的主币,占据了货币流通领域的主导地位,成为一个客观的历史事实。白银在明代 277 年统治期间,经历了不同寻常的货币化过程。

明代白银作为主要货币,在中国社会经济生活中起了重要作用,以至于我们将之称为中国白银时代的开端也不为过。中国白银时代由明代开端,白银作为中国主币使用直至 1935 年废除银本位制,长达 500 年之久。重要的是,沿着一条白银货币化——市场扩大发展——与全球连接的道路,明代中国以社会自身发展需求为依托,依靠社会内部的驱动力,拉动了外银的大量流入,并深刻影响了社会变迁、国家转型和全球化开端时期中国与全球互动的历史进程。

明代白银货币化是中国货币经济化的过程,同时也是中国参与经济全球化建构的过程。

考察明代白银货币化的趋势与进程,是笔者近 20 年来一直追寻探讨的问题所在。笔者注意到以往中外史学界白银研究中有一个缺环,那就是白银是怎么成为明代主币的呢?这一明代白银货币化的过程是怎样完成的?突破制度史研究的传统框架,着力于前贤没有研究过的白银货币化过程的考察,可见 14 世纪末从市场萌发开始崛起的白银,经历了自下而上至自上而下的货币化发展历程,在 16 世纪初奠定了白银在流通领域的主币地位,产生了巨大的社会需求。这本来只有中国本土的意义,而这一意义由于 16 世纪日本、美洲白银矿产资源的发现、开采和进入全球贸易,而呈现出了新的含义。16 世纪 40 年代至七八十年代是中国与全球互动的关键节点,由此开始,不仅日本白银大量输入中国,而且美洲白银经西班牙拥有的马尼拉海上国际贸易航线大量输入中国,中国丝瓷商品远播全球;与此同时,在张居正改革的重要文献《万历会计录》——迄今中国古代唯一传世的国家财政会计总册,[①] 见证了以白银货币作为计量

[①] (明)张学颜等:《万历会计录》卷一,书目文献出版社 1989 年版,据万历刻本影印,第 21—22 页。

单位的部分财政收入总额。伴随财政改革的全面推进，中国古代两千年以实物与力役为主的财政体系向以白银货币为主的货币财政体系转型，这一划时代的变革，标志着中国古代赋役国家向近代赋税国家转型的开端。①

经过探索，笔者将明代白银货币化的概念，归纳界定为以下 5 点：其一，白银从贵重商品最终走向了完全的货币形态；其二，白银从非法货币到合法货币，再到整个社会流通领域主币；其三，白银成为国家财政统一计量单位和征收形态；其四，白银形成主币，中国开始建立起实际上的白银本位制；其五，白银成为世界货币，中国与全球发生互动关系。

一 明代白银货币化过程的考察

从明初的禁用金银交易，到白银成为社会流通领域的主币，存在一个白银货币化的过程。彭信威的《中国货币史》是货币史的经典论著，其中提到："一直到元末，白银还算不成十足的货币"。那么白银是怎么成为"十足的货币"的呢？很明显，这里缺乏一个过程的考察。

从时间上看，全球贸易的开始，已在 16 世纪以后。对于白银货币的实证研究，我们的出发点是对中国本土历史事实的探求，白银问题必须上溯到全球贸易以前更早的时期。

明代白银经历了不同寻常的货币化过程：白银货币化是自民间开始，到成（化）、弘（治）以后才为官方认可，自上而下地全面展开，最重要的展开方式是赋役折银。以成化、弘治为界，白银从官方非法货币向事实上的合法货币过渡。伴随白银在赋役改革中渗

---

① 万明、徐英凯：《明代〈万历会计录〉整理与研究》，万明《绪论》，中国社会科学出版社 2015 年版，第一册，第 92 页。

透到整个社会,深入人们的日常生活中,使得市场前所未有的更加活跃起来。明后期商品经济的繁荣、商帮的形成、市镇的兴起,特别是大量外销丝绸和青花瓷,换回大量外银,都可以从这里得到根据。由此带来了一系列制度变革、社会变迁,直至国家财政体系转型,也即国家转型。

下面就按时间顺序来考察分析一下白银货币化的过程。

(一) 白银货币化自下而上的崛起:427 件徽州土地契约文书的证明

考察自明初开始。明初禁用金银交易,白银不是合法货币。

迄今为止,明代白银所发生的巨大变化,一般中外学术界均以清修《明史》中正统初年明英宗"弛用银之禁","朝野率皆用银"为据,以为是朝廷法令推行的结果。[①] 然而,《明史》的高度概括是有问题的。

通过对明初洪武至成化年间徽州地区土地买卖交易中 427 件契约文书使用通货情况的分析,可以发现明代白银不同寻常的自下而上崛起的货币化过程,按时间顺序归纳如下。

第一,明初禁用金银交易,白银不是合法货币。从收集到的洪武末年到成化年间 119 年间的 427 件徽州土地买卖契约文书中,我们可以看到民间使用白银的真实记载。分析证明,白银货币化是自下而上开始崛起,是市场的萌发。洪武到建文时期的宝钞,已经显示了迅速的衰落,白银货币化的趋势已经出现了。

第二,永乐到宣德时期的宝钞经历了一个巅峰,当时永乐皇帝派遣郑和下西洋,宣德时全国设立了钞关,这些措施都是为了挽救当时宝钞的危机。在这一时期,宝钞经历了它的巅峰以后开始衰落,到了宣德年间,契约文书中有许多实物交易出现,这说明过渡出现了。

第三,到了正统至成化年间,宝钞就逐渐地绝迹于民间土地和

---

① (清)张廷玉等:《明史》卷八一,中华书局 1974 年版,第 1464 页。

大宗交易，至成化年间，白银成为清一色土地和大宗交易的货币。由此可以得出如下结论：一是明代白银货币化是自民间自下而上崛起，来自市场的萌发；二是白银货币化不是国家法令推行的结果。

接着我们考察明英宗初年没有"弛用银之禁"的法令。根据《明实录》，明英宗初年不仅没有"弛用银之禁"的法令，而且正统初年的明朝仍在想方设法挽救宝钞，更没有"朝野率皆用银"的社会现象出现。明初没有保证金、储蓄金等制度，而大明宝钞发行无度，很快就出现了贬值。白银作为一种比较稳定的货币出现在市场上。从土地买卖大宗交易来看，白银成为主币经历了一个民间社会自下而上，再与官方认可自上而下二者合流的发展历程，标志着中国货币经济化的进程。①

（二）白银货币化的发展路径之一：一系列赋役改革

白银货币化过程实际上是与一系列官方赋役改革过程重合在一起的，明代白银货币化的过程即一系列赋役改革推而广之的过程。进一步说，白银货币化过程和中国近代化的进程，也是完全重叠在一起的。

1. 过程与特征的考察

白银货币化与经历一个半世纪的赋役改革是重合的过程，通过一系列的赋役改革，发展到清丈田亩——一条鞭法水到渠成，统一征银。明代赋役改革不同于历朝历代改革的特征是统一折银——征银，史无前例。

从全球贸易出发，有学者认为是海外白银拯救了中国市场，促成了明代一条鞭法推行全国。实际上这里存在一种自后向前的推演，而不是按照历史发展顺序进行实证研究的结果。考诸史实，明代的赋役改革并不始自"一条鞭法"，我们不能忽视在万历初年所谓一条鞭法推行全国之前，已经历了长达一个半世纪的一系列赋役改革。虽然改革名称多样，内容也不完全一致，但是几乎无例外地

---

① 参见万明《明代白银货币化的初步考察》，《中国经济史研究》2003年第2期。

都把折银征收作为最主要的一项改革内容,"一条鞭法"是此前明代一系列赋役改革的延伸与总结。事实上折银成为明代赋役改革的一条主线,说明赋役改革与白银货币化是同步的,赋役折银是明代白银货币化的重要表现形式。外在的表现,说明了内在的巨大需求。

追溯以往,赋税折征并不特别,是历朝常有的举措。在唐代建中年间杨炎施行两税法的时候,已经开始采用折钱。由此看来,明代的折征似乎也没有什么特别之处。然而,之所以说明代的折征又是特别的,就在于明代赋役折征的是贵金属白银,而且最终导向统一征收白银,这是中国历史上从未有过的。赋役的均平和合并简化以减轻负担,是历史上数不清的赋役改革的一个共同特征。根据这个共同特征,有学者提出"黄宗羲定律"之说,揭示出事实上"一条鞭法"改革以后,也反复出现同样的问题,不断需要酝酿新的改革。① 从主要特征的不可逆转性出发,可以认为均平赋役是历史上数不清的赋役改革的共同特征,而统一折银至征银则是明代赋役改革有别于历朝历代的根本特征。② 这在中国历史上是亘古未有的变化,具有划时代的意义。

2. 广阔而深刻的社会意义:走向近代化的历史进程

明代赋役改革——白银货币化过程,具有广阔而深刻的社会意义,是推动中国走向近代化的历史进程,这里让我们从"三农"展开论述。

进程一:从农民来看,赋役折银——农民从纳粮当差到纳银不当差——从身份到契约——农民与土地分离——雇工人和商帮群体形成——市场化进程。

古代中国是一个农业立国的国家,农民是社会的主体。农民给

---

① 秦晖:《农民"减赋"要防止"黄宗羲定律"的陷阱》,《中国经济时报》2000年11月3日。
② 参见万明《白银货币化视角下的赋役改革》,《学术月刊》2007年第5期、第6期。

国家缴赋税、服徭役，为国家服务，天经地义。从纳粮当差到纳银不当差的过程，实际上就是从身份到契约的发展过程。① 农民与土地就此开始分离，开始了非农民化的过程。这样的过程最终导致了雇工和商帮群体的形成，导致了劳动力市场形成，也就是今天我们所说的市场化进程，解放生产力作用本身涵盖了更为广阔的社会意义。

进程二：从农业来看，赋役折银——农业从单一到多元——经营权与所有权分离——农业商品化——商业化进程。农业开始了从单一到多元的发展过程。经营权和所有权开始分离，导致了农产品商业化。这一变化是不可避免的，因为农产品必须交给市场，农民通过交易才能够换取白银，再拿去纳税。当时很多士大夫提出，地本不产银，现在要征银，这不就是逼迫农民没有生路了吗？可是实际上这一过程正是农村、农业走向商业化的过程，一个走向商品货币经济发展的商业化过程。

进程三：从农村来看，赋役折银—农村从封闭、半封闭到开放—市镇兴起—城市化进程。农村从封闭、半封闭走向了开放。明初明太祖用户帖、黄册把农民都固定在土地上，农民如果出行的话，需要领取通行证，农村基本上是一种半封闭的状态。但是，在正统至成化年间的劳动力市场商帮开始兴起，另外市镇在晚明时期的发展非常迅速，远远超过了宋元时代。这就是中国近代城市化的进程。

以上三大进程，总括起来是一个农民、农业、农村的大分化的过程，明帝国是一个农业帝国，晚明社会所谓"天崩地解"就由此开始。白银货币化实际上影响到整个社会的变迁，推动中国走向近代化的进程。因此我们可以说明代是中国从传统社会向近代社会转型的开端。

---

① ［英］梅因：《古代法》，沈景一译，商务印书馆1996年版，第97页。

3. 白银货币化的发展路径之二：制度和社会变迁

经历了白银货币化过程，发展到成化、弘治年间，也就是 15 世纪末，来自市场萌发，自下而上的白银货币化趋势，促使朝廷的白银需求不断增大，推动了明朝官方对白银的认可，大量赋役折银现象出现，凸显了明朝货币体制的问题。成化二十三年（1487），明孝宗即位后，丘濬上《大学衍义补》，其中对货币问题的专门论述，反映了当时人对货币现实的思考，折射出的是民间社会白银货币化的现实。丘濬提出"以银为上币，钞为中币，钱为下币，以中下二币为公私通用之币……而一权之以银"。[①] 说明他看到了"朝野率皆用银"的趋势，因此主张以银为上币，以银作为价值尺度，建立银本位制。这是符合当时货币流通现实的观点。

重要的是，伴随白银长时段的货币化过程，是一系列明朝制度变迁与整体社会的巨变。让我们从国计与民生两个层面考察。就国计层面讲，明代白银货币化与一系列制度变迁并行：一是田赋货币化、徭役货币化等，国家财政收入的货币化；二是皇室、官俸、军费、政府开支等，国家财政支出的货币化；三是从国家财政与白银货币化的空间分布看，赋役改革与财政改革紧密联系在一起，改革向全国铺开，折银—征银遍及全国。由此看来，对于明朝初年农业帝国治理的一系列田赋、徭役制度设计，都将是一个崩解的过程。从民生层面讲，白银货币化与社会变迁同步：一是白银将社会各阶层卷入市场之中；二是白银货币化与新的经济成分增长是一种成正比的关系；三是社会各阶层的商业行为；四是社会价值观的巨大变迁，这方面关于晚明思想解放的研究已经相当多了。

发展至明后期，白银成为流通领域的主币，在社会经济与生活中占据了重要地位，以至我们将晚明称为白银时代也不为过。白银的货币化，一方面促成了一系列改革的发生和发展，引发了明朝初

---

① （明）丘濬：《大学衍义补》卷二七《铜楮之币》下，万历刻本。

年制定的各项制度的崩坏与演变;① 另一方面，正如马克思所说"货币不是东西，是一种社会关系"。② 伴随着贵金属白银成为社会上流通的主币，白银货币体系将社会各阶层无一例外地全部包容了进去，白银货币的极大发展，改变了人们的价值观念，推动了人们的社会关系从对人的依附关系向对物的依赖关系转变，中国传统社会从自然经济向货币经济转变，小农经济向市场经济转变，因此，明代前后期呈现出迥然不同的社会面貌。自古以来，"普天之下，莫非王土"，皇帝富有天下，拥有全国土地与人民。但是此时白银货币将整个社会各阶层都卷入了市场之中，明朝皇帝史无前例地开设了皇店，正德皇帝开创了开设皇店的先例，万历皇帝更是派出矿监税使四处搜刮白银，表面上看是明朝皇帝史无前例的贪欲，实质上充分说明白银是称量货币，来自社会的储藏和来自海外贸易的白银货币并不掌控在皇家手里，由此来看，表明明朝中央的货币垄断权被前所未有地削弱了。以白银货币化为主线索，晚明出现了消费社会，出现了全国性的市场，与国际市场相连接，整个社会发生了重要的变迁和转型迹象，可见货币经济对于自给自足的农业经济已经形成广泛而深刻的破坏现象。与此同时，正是王朝统治的失控和解纽的过程。就此意义而言，经济繁荣与政治腐败有着直接的关联，新经济因素与结构的崛起，推动旧的政治、经济结构走向衰亡，这无疑是一条历史发展的规律。③

4. 白银货币化的发展路径之三：张居正改革与国家转型

(1)《万历会计录》的性质

《万历会计录》是张居正改革时代的重要文献，与《清丈条例》组成张居正改革遗存于世的两部重要文献。该书43卷，是张居正改

---

① 参见万明《明代白银货币化与制度变迁》，《暨南史学》第2辑，广西师范大学出版社2004年版。
② 《马克思恩格斯全集》第4卷，人民出版社1958年版，第119页。
③ 参见万明《白银货币化与中外变革》"民生：白银货币化与社会变迁同步"部分，载万明主编《晚明社会变迁：问题与研究》，商务印书馆2005年版，第187—216页。

革攻坚阶段的直接产物。也是迄今存留于世的中国古代唯一一部国家财政会计总册。全书约一百万字，包括4.5万条以上数据，是在全国各省直呈报档案簿册和条例、事例基础上，编制而成的一部明代财政大型数据文献。

《万历会计录》的编纂，无疑有着张居正改革的大背景。最初，由户部尚书王国光与侍郎李幼滋等于隆庆六年（1572）七月编辑，万历四年（1576）二月进呈；万历六年（1578），由新任户部尚书张学颜主持订正，万历九年（1581）四月进呈，名《万历会计录》。其后重加磨算增订，计43卷，于万历十年（1582）二月进呈。经万历帝批准刊行，颁发全国，一体遵守。户部编纂的目的主要是改革需要所作的国家财政会计现状报告及其分析。

（2）《万历会计录》的整理与研究

《明代〈万历会计录〉整理与研究》一书由笔者与数学教授徐英凯，即由史学与数学学者首次合作十余年完成。主要采用了现代统计列表的形式，对《万历会计录》进行了系统整理，并以白银货币化研究的学术理路进行了全面研究。

全书首为绪论，下分三篇。第一篇整理篇，尝试创新性整理大型历史数据文献，以统计表格形式，全面系统地整理了原书数据，编制表格133个；第二篇统计篇，在整理《会计录》全书基础上，根据整理篇原始统计表所记录的数据，编制了134个统计表格，进行比较、归类等比较简单的统计分析；第三篇研究篇，分为十章，以白银作为统一的计量标准，将原书中财政收支数据全部货币化，对全国财政状况进行统计分析；应用数理统计多元分析中的系统聚类分析模型，补充了原书卷六山东田赋数据的全部缺失，总编制表格288个，以统计表格形式基本复原了16世纪末户部管理的明代财政全貌，包括财政总量、结构与货币化比例，并进行了部分省份的个案研究。三个部分具体处理数据20万项以上，完成统计表格555

个，图28个，共401.8万字。①

(3) 明代财政体系转型：标志国家向近代的转型

张居正改革明确把解决国家"财用大匮"作为治国目标，核心是财政改革。这场改革是此前一个半世纪赋役改革的延续，也是一个半世纪赋役改革由渐进到突进的关节点，说明地方赋役改革集中到了中央财政改革的层面。深入考察，张居正没有在全国推行一条鞭法的法令，清修《明史》的高度概括又一次出现了错误。②《万历会计录》和《清丈条例》是张居正改革遗存于世的两部重要文献。

《万历会计录》之中，清楚可见折银—征银，曲折反复，统一以白银为计量单位的部分会计总数出现，印证了处于财政体系转型的过渡形态。根据统计，我们计算出晚明全国财政收入总额共计白银18100167.73两，全国财政支出总额共计白银18544545.37两的结果。这样一看，明显收不抵支，两者相差444377.60两。其中，实银的收入为7589182.91两，实银的支出为9163098.67两，在实银收支上有高达1573915.76两的赤字。因此，我们的结论是：16世纪70—80年代，当时明代国家财政明显处于危机之中，这无疑意味着明朝的财政改革向以白银货币为主的财政体系转型必须加速进行。清丈田亩是财政体系转型的根基，清丈田亩后，一条鞭法"计亩征银"可以落到实处，所谓水到渠成。从《万历会计录》到《赋役全书》，明朝实现了从实物税到货币税的财政体系的转型。

通过《会计录》的大量数据资料，清楚地展现了货币与财政的紧密联系，白银货币化参与了新的财政体系的建构，以白银货币化

---

① 万明、徐英凯：《明代〈万历会计录〉整理与研究》，中国社会科学出版社2015年版。

② 关于张居正改革，长期以来有一个重大研究误区，就是清修《明史》所谓在全国推行一条鞭法。其实，普遍认为的张居正改革推行一条鞭法之说，并没有史料依据，日本学者清水泰次早就对万历初年张居正推行一条鞭法提出了质疑（《中国近世社会经济史》，西野书店，1950年）。而一条鞭法相关资料的零散、阙失、矛盾和不成系统，也已为梁方仲先生卓越的研究所证明。从张居正的文集中，我们也找不到将一条鞭法推行全国的言论和举措，这都说明万历初年并没有全国推行一条鞭法的法令颁行。

为重要取向的财政改革，对社会发展的正面作用也是极为明显的，直接导向了现代货币财政的开端。在明代，白银一方面加速了传统社会的解体，另一方面也促进了国家与社会向近代社会的转型。破与立，相辅相成，白银货币化的二重性凸显于此。还应该说明的是，晚明财政的改革与财政体系的转型，是中国历史上 2000 年亘古未有的划时代变革，与晚明传统社会的转型和全球化的开端紧密联系，具有所谓唐宋变革所不具备的全新内涵。①

研究表明，明代财政体系的转型，即中国古代 2000 年以实物与力役为主的财政体系，向以白银货币为主的财政体系的全面转型，标志了中国从古代赋役国家向近代赋税国家的转型。② 明代中国与 16 世纪全球史发展进程与方向是趋同的：走向近代。

综合上述研究，明代白银货币化过程可分为 4 个发展阶段。第一，始自洪武末年（14 世纪末）白银从民间自下而上崛起的起始阶段；第二，以成化、弘治（15 世纪下半叶）为标志，为国家官方所接受认可，随即自上而下全面铺开的迅速发展阶段；第三，以嘉靖初年（16 世纪初）为标志，白银形成社会流通领域主币，成为国家实际认可的主币的定型阶段，标志进入社会变迁—转型阶段；第四，以万历初年（16 世纪末）张居正改革为标志，白银货币全面渗透到国家财政结构之中，进入国家财政体系转型的新阶段，也即国家转型的新阶段。由此可以得出白银货币化自中国本土崛起、是与全球产生互动的重要推力的结论。

---

① 这是一个对以往的研究深化过程。在以往 1999 年开始的晚明社会变迁研究中，笔者指出白银货币化开启了一个对传统社会解构的过程，从国计与民生两条线索考察，探讨了白银货币化与一系列制度变迁，与晚明整体社会变迁的关系，指出是自然经济解体的催化剂，促使晚明社会整体变迁，走向货币经济化与市场化，这无疑是一种近代化的趋向，并以整体世界—多元社会的研究取向进行考察，提出晚明是中国传统社会向近代社会转型开端和全球化开端的观点。参见《晚明社会变迁：问题与研究》，《绪论》，第 17—29 页。

② 经过《万历会计录》的整理与研究，笔者首次提出了明朝财政体系的转型，即国家转型的观点：中国从传统赋役国家向近代赋税国家的转型，从而在理论上得到升华，从社会转型到提出明代国家与社会转型的新观点。

二 白银货币化：明朝中国与全球的互动

（一）白银货币化与日本、美洲银矿的开发

白银货币化与中国走向世界紧密相关。明代后期，中国社会有对白银的巨大需求，但国内矿产资源又明显不足，故白银需求使市场超出国界成为必然，从海外输入便成为白银的一个重要来源。

海外输入的白银主要有两个源头，一是日本，一是美洲。

日本是中国外来白银最早的重要来源。值得注意的是，日本出产金银，虽然在16世纪中叶以前，就有向外出口的记载，但是零散、少量的。在与中国的朝贡贸易中，日本输出的货物主要是刀剑、扇子、屏风、硫黄等，并不以银为主。这种情况发生转变，是自16世纪40年代开始。当时来自中国福建漳州、泉州的商船和来自广东、浙江的船只航行到日本九州，他们的主要目的，不再是以往贸易中的那些以物易物，而是以物易银。关于这一点，不仅在中国史料中有中国船只前往日本贸易的大量记载，而且在朝鲜李朝实录中也有确切记录。有需求就有开发和供给，与此同时，日本银矿的开发生产，也正是在这一时期得到了迅速发展。

日本学者小叶田淳是研究日本金银贸易史的专家，他认为，日本金银矿山开发在16世纪中叶出现激增，从那时开始，到17世纪前半期的一个世纪，是明治以前日本金银产额最多的时代，金银在那个时代出现了大增产，其中以银的增产最为显著。1596—1623年的50年间是最盛期，当时是日本的石见大森、但马生野、佐渡相川、羽后院内等银矿最繁荣的时期。他还指出，在16世纪后半叶日本的输出品中，白银据有独占的地位。[①] 尤为值得注意的是，日本白银的大量开采和出口，是在16世纪40年代以后，也就是晚明嘉

---

① ［日］小叶田淳：《金银贸易史の研究》，法政大学出版局1976年版，第1、36页。

靖年间。这正是中国白银货币化加剧进行，对白银的需求急速扩大，国内开采已经远远不能满足需要，而开始向海外寻求的时期。因此，日本银矿出产的突然急剧增长，应该说不是孤立存在的，是在中国巨大需求的刺激下促发的。而日本对中国丝与丝织品的巨大需求，则构成了银产激增的日本方面的原因。就这样，在供求关系的作用下，日本成为以中国为轴心的世界白银贸易中的重要一翼。

谈到美洲白银，以往大多忽略了一个重要事实，那就是西方探寻新航路的一个重要原因，是对于黄金的需求，而不是白银。或者可以说黄金是他们的首选。当时黄金的开采是西班牙在美洲的主要矿产。在美洲发现和开发的早期，这条航线上运回欧洲的货物首先是黄金。尤为值得注意的是，从寻求黄金到白银的转换，也是从16世纪40年代以后开始的。美洲白银开采数量的激增，正是在阿卡普尔科和马尼拉建立起联系以后。西班牙到达菲律宾的棉兰老和宿务等岛，时间是在16世纪60年代，到达东方的西班牙人几乎立刻了解到中国商品对他们的意义，于是几乎立即开始鼓励中国海商前往贸易。为此，西班牙舰队司令黎牙实比曾命令舰队在海上遇到中国商船时要加以善待。[1] 因为中国商人在贸易中只要白银，与中国的贸易需要大量的白银才能进行。西班牙人需要交换中国的商品，却没有比白银更能吸引中国商人的商品，当时在欧洲，实际上也存在同样的情况。如此说来，美洲白银在16世纪后半被大量开采出来，与对中国贸易的需求有着紧密联系。

此后美洲白银源源不断地流向了中国，就渠道而言，存在着多条。美洲白银不仅从马尼拉流向中国，带动了整个东南亚贸易，也在运至塞维利亚后通过欧洲的途径运至印度果阿，再流入中国；更由后来到东方来的荷兰人、英国人直接运往中国，以换取中国的商品。即使是从美洲运到欧洲的白银，也辗转输入亚洲，大部分进入

---

[1] E. H. Blair and J. A. Robertson eds.: *The Philippine Islands*, 1493～1898, Vol. 2, Cleveland, 1903, p. 116.

了中国。

以上的考察说明了一个事实,那就是无论是日本银矿的开采,还是美洲银矿的开发,在时间上都与中国白银货币化产生的巨大白银需求、中国市场迅速扩张的时间相衔接,而大量白银流向中国也是清楚的。明代中国白银货币化直接或间接地促发并推动了日本、美洲白银矿产的大开发。①

(二) 白银货币化与全球经济体系的初步建构

16世纪,海上成为时代的主题。全球化从海上拉开帷幕,一个整体世界从海上连接了起来。白银是促使全球贸易诞生的重要因素。法国学者布罗代尔曾说:"贵金属涉及全球,使我们登上交换的最高层。"② 中国是当时世界上最大的经济体,也是最大的白银需求国之一,直接影响了白银作为国际通用结算方式用于世界贸易。这种国际交换关系,一端联系的是中国商品,另一端联系的是白银,中国市场网络的延伸,主要特征就是将世界各处的白银吸纳进来。与此同时,中国商品走向世界,市场扩大到了全球范围,形成了市场网络的全球性链接。

中国白银货币化促使中国与全球联结起来,在中国与全球之间建立了一种互动关系。当海上活动成为最为令人瞩目的国际现象时,世界格局发生了重大变动,葡萄牙人率先东来,东西方大规模直接接触交往的时代到来。处于全球化开端之时的明代海上贸易,史无前例地经历了从区域到全球的过程,这一过程伴随着中外私人海上贸易萌芽、成长、成熟和最终合法化,官方海上朝贡贸易为主体向民间私人海上贸易为主体的转变过程。简言之,白银需求促使明后期明朝海外政策与海外贸易模式转变,进而推动了传统丝绸之路的极大扩展。

---

① 参见万明《明代白银货币化:中国与世界连接的新视角》,《河北学刊》2004年第3期。

② [法]费尔南·布罗代尔:《15至18世纪的物质文明、经济和资本主义》第二卷,顾良译,生活·读书·新知三联书店1993年版,第192页。

一是福建漳州月港开海：隆庆元年（1567）福建巡抚涂泽民上疏请求开放海禁"准贩东、西二洋"，得到朝廷允准。标志民间私人海上贸易的合法化，促使民间海商集团的崛起与海外贸易的繁盛发展，至万历末年，"海舶千计，漳泉颇称富饶"，商税全面走向货币化。明清之际约60年时间里，郑氏海商集团雄踞东亚海上，建立了繁盛的海上贸易网，成为17世纪世界市场中最为活跃的海商力量之一。

二是广东澳门的开埠：广东允许葡萄牙人入居澳门，标志明朝引进外商经营海上贸易的合法化，促进了广州外港澳门的兴起与海上丝瓷—白银之路的极大发展。①

16世纪70年代，西班牙占据了菲律宾马尼拉，开辟了从中国港口—马尼拉（菲律宾）—阿卡普尔科（墨西哥）—利马（秘鲁），形成著名的"马尼拉大帆船贸易"，即跨越三大洲的所谓"大三角贸易"。主要是白银和中国商品的贸易，贩运的中国商品，以丝绸、瓷器为主，输往美洲，再运往欧洲。

概言之，围绕中国的海上三条主干线，跨越三大洲，形成了三个大小不等的贸易圈，从而构建了一个全球贸易网络。这三条主干线是：中国—东南亚—日本；中国—马尼拉—美洲；中国—果阿—欧洲。

作为三条航线终端的日本、美洲和欧洲，均为输入中国白银的来源地。其中，日本和美洲是白银的出产地，而欧洲主要是美洲白银的中转地。建立在这种供求关系上的市场中，确立了白银的世界货币地位。伴随白银货币的极大发展，市场超越了国界，实现了全球性的扩展。中国白银货币化促使白银的世界货币职能得到了全面实现，于是，一个首先建立在白银世界性运动基础之上，以白银为国际贸易结算方式的全球经济体系雏形产生了。这正是全球化的

---

① 参见万明《中国融入世界的步履：明与清前期海外政策比较研究》修订版，故宫出版社2004年版，第236—283页；万明《中葡早期关系史》，社会科学文献出版社2001年版。

开端。

现藏于中国国家博物馆的《南都繁会图卷》又被称为"明代的清明上河图",全图纵44厘米、横350厘米,图绘人物1200余个,其中"东西两洋货物俱全"的招牌幡,反映了晚明南京城市消费生活连接海外市场的真实面貌。

(三) 白银货币化:中国与全球互动的影响

第一,白银货币化推动海上丝绸之路发展到鼎盛时期,中国对于全球做出了历史性贡献。置于全球史发展进程中看,16世纪,人类大规模海洋活动的帷幕揭开,世界性新航路的开通,代表了全球融为一体的历史发展总趋势。16—17世纪,在总量上,日本白银产量的绝大部分和占美洲产量一半的世界白银流入了中国,总数极为庞大。葡萄牙学者马加良斯·戈迪尼奥因此将中国形容为一个"吸泵",形象而具体地说明了中国吸纳了全球的白银。然而,这只是问题的一个方面,另一方面也是我们切不可忘记的,那就是这么多的白银,都是用中国商品交换而来的。此时期的全球贸易,依赖于极大地扩展了海上丝绸之路,赋予了古代海上丝绸之路以新的内涵,将之称为白银之路也不为过。学界对于晚明社会经济的发展,特别是海外贸易的发展,过去显然是低估了。一个全球贸易体系的初步建构,相对此前区域性海上贸易市场的规模、结构与实际贸易的繁盛程度,都是不可同日而语的。

以瓷银为例,明代青花瓷的崛起与展开作为典型个案,是全球史的一部分。当全球史开端的时候,海上贸易联结起一个全球市场和整体世界,中国白银货币化过程最终完成,中国的变革与世界的变革联系在一起,以白银为中心的贸易网络,作为一种历史的存在,从整体上初步建构了全球经济体系。青花瓷的全球传播,与中国全国市场初步形成是同步的,青花瓷在此时成为中国瓷器的主流,参与了全球的时空巨变。16世纪以后海上丝绸之路极大扩展,中国丝绸与瓷器是海上贸易主要商品。由于此前西方早已可以织造出精美的丝绸制品,海上贸易中有大量中国生丝的输出,所以中国当时独步世界的商品中最重要的是瓷器。青花瓷器成为全球国际商船贸易经营的主要商品之一，数量之大，地区之广，贩运之多，都是前所未有的。可以说哪里有白银，哪里就有青花瓷器。青花瓷从传播范围来说，达于亚、非、欧、美各地；就从事贸易的商船而言，包括中国船、葡萄牙船、西班牙船、荷兰船、日本船和东南亚各国船舶。青花瓷从中国本土，从亚太区域走向了世界，推动了全球融为一个整体的人类发展进程，在瓷银之路上青花瓷传播到世界各地，引领了全球时尚潮流，构成了新的技术与知识融通的过程，展现了新的全球文化景观。①

当16世纪全球化开端之时，明代白银形成社会流通领域的主币，并成为国家财政的主体，标志着明代中国白银经济或者说白银时代的形成，中国由此走向了全球，成为全球史的一部分。重要的是，白银促使全球贸易网络形成，直接影响了东亚政治经济格局演变，东亚货币体系的变化；17世纪海上丝绸之路极大扩展，郑氏海商集团崛起并收复台湾，标志中国海上力量在与西方博弈中的胜出。

丹尼斯·弗莱恩和阿拉图罗·热拉尔德兹提出全球贸易在1571年诞生的观点。② 1571年即明隆庆五年。笔者认为，如以活跃的白银国际贸易为起点，时间至少应该提前到16世纪40年代，也就是中国对于白银产生大量需求，并且向海外寻求的时代。正是从那时起，一个全球贸易网络开始形成，一个全球市场雏形开始运作；白银成为世界货币，对古代海上丝绸之路发展到鼎盛时期的全球贸易，对全球形成一个整体的历史发展进程，都起到了极为重要的作用。

---

① 参见万明《万里同风：明代青花瓷崛起的历程》，《逐波泛海：16至17世纪中国陶瓷外销与物质文明扩散》（香港城市大学中国文化中心国际学术研讨会论文集），2012年；《明代青花瓷的展开：以时空为视点》，《历史研究》2013年第5期；《异军突起：16—17世纪的漳州青花瓷》，《社会科学辑刊》2014年第3期；《青花瓷的参与：16—18世纪中欧景观文化的交融》，《安徽师范大学学报》2014年第6期。

② Dennis O. Flynn and Arturo Giraldez：" Born with a 'Silver Spoon'：the Origin of World Trade in 1571"，*Journal of World History*，Vol. 6：201—221，No. 2，1995.

第二，明朝在全球危机中倾覆。明代白银货币化，白银不仅在社会流通领域成为主币，而且在国家财政体系中形成主要征收形态，标志中国白银经济或者说白银时代的形成，晚明中国与全球有着重要的互动关系，也从明末的历史事实明地显表现了出来。

就本质而言，白银货币化是一种社会经济货币化的趋势，也即市场经济萌发的产物。随着国内市场的极大扩展，中国商品走向世界，国内市场与全球市场联系起来。在市场供求关系规律作用下，全球白银源源不断地流入中国。这一方面推动了晚明中国国家与社会的重大变迁——由古代国家与社会向近代国家与社会的转型；另一方面，却也加速了转型期的社会动荡和治理难度。

最为重要的是，明代白银货币化标志着君主垄断货币一统天下的结束。中国古代货币起源于殷商，自春秋战国以后就开始了铸币的历史，秦统一中国，铸圆形方孔的半两钱颁行天下，统一了钱币的形制与重量，铸币权收归国家所有。汉武帝统一铸五铢钱，确定了中央铸造钱币的统一管理制度，此后一脉相传，由王朝代表的国家全面控制货币的铸造或发行，造币权一直掌握在君主手里，为此历朝历代都严禁民间私铸。到了明朝，白银货币化之后白银成为主要货币。由于白银是贵金属，取之于天然矿藏，在明朝处于称量阶段，而国内银矿出产有限。① 在白银货币化以后，国家将再也不能像以往那样，为所欲为地垄断控制货币，也就是垄断和控制所有社会资源，与此同时，国家、市场与社会的作用也存在一种此消彼长的错综复杂的过程。钱即权也，经历白银货币化这一重大改变，不仅具有货币史上的重要意义，还意味着国家垄断货币权的丧失殆尽。史学界曾经认为，明朝是专制主义皇权达到了高峰的时代，但是从白银货币化视角来看，我们认为明朝实际上是比历朝历代的专制主义皇权都远被削弱了的时期，由此引发了国家权力的削弱以及

---

① 参见梁方仲《明代银矿考》，《梁方仲经济史论文集》，中华书局1989年版；全汉昇《明代的银课与银产额》，《中国经济史研究》下册，稻乡出版社1991年版。

这种至关重要的削弱所导致的社会失控。① 其主要表现形式,即国家财政危机,几乎伴随明朝始终,并最终成为王朝倾覆的最重要的因素。当17世纪全球货币危机来临时,不可避免地对于中国也产生了影响:明朝亡于内外综合因素,但白银货币紧缩是重要因素之一;更重要的,是中国与世界同步的近代化趋向性发展,遭遇到首次挫折。②

三 结语

明代白银货币化研究,试图突破传统的制度史研究框架,以白银货币化为主线,对于中国国家与社会、中国与全球两大关系进行研究,进而探索明朝在中国历史发展进程中的地位,以及明朝中国在全球史进程中的地位与作用。这一研究,印证了凯恩斯的论断:"如果以货币的角度发掘历史,整个历史将要被颠覆"。③

明代是中国历史上货币发展最为复杂、变动最大的时期。以贵金属白银为象征,明代中国与两个重要历史拐点的开端相联系:一是中国古代国家与社会向近代国家与社会的转型开端,二是世界一体化或称全球化的开端,这使明代成为中国史上一个令人瞩目的重要时期。通过与全球的互动,明代中国白银货币化最终奠定,整个国家与社会加速走向货币经济化,处于转型之中,与全球走向近代的历史发展方向趋同,形成了晚明中国最为鲜明的时代特征。

结论一:明代白银货币化:近代的开启

作为近代开启的标志,明代白银货币化具有六大转型意义:一

---

① 参见万明《明代白银货币化与明朝兴衰》,中国社会科学院明史研究室《明史研究论丛》第6辑,黄山书社2004年版,第395—413页。
② 万明:《晚明社会变迁:问题与研究》第3章《白银货币化与中外变革·结语》,商务印书馆2005版,第242—246页。
③ 王巍:《金融可以颠覆历史·前言》,中国友谊出版公司2013年版。

是中国货币体系从贱金属铜钱向贵金属白银本位制转型；二是中国财政体系从实物财政向货币财政转型；三是中国传统农业经济向货币经济，即经济货币化转型；四是中国社会从传统社会向近代社会转型；五是中国国家从古代赋役国家向近代赋税国家转型。六是基于本土国家与社会的转型，中国主动参与了全球化的转型。总之，中国与世界同步走向全球化，走向近代化。

结论二：明代白银货币化：中国与全球化接轨

明朝白银货币化的出现，首先是中国社会内部蕴藏国家与社会向近代转型趋向的产物；它的奠定，是转型变革中的中国与正在形成中的整体世界——全球相联系，也即中外变革互动的产物。

明朝白银货币化的过程，表明中国并非是西方东来以后被动的与全球衔接起来。在16世纪全球化开端之前，中国自身内部发生变革趋向，白银货币化，市场经济萌发，以前所未有的发展趋势极大地扩展，通过一系列改革，中国主动走向了世界。

明朝白银货币化的展开，极大地扩展了古代海上丝绸之路，印证了一个全球经济体系不是西方创造的，明代中国曾积极参与了第一个全球经济体系的初步建构，为一个全球新时代的出现，做出了重要的历史性贡献。

历史的启示与研究新议题：

首先，明代白银货币化来自市场的萌发，经历了民间社会自下而上发展，至国家事实上认可自上而下与自下而上结合推行全国的过程，是国家、市场、社会互动的过程，也是近代化的启动。在走向近代的历史发展进程中，国家与社会转型之间的互动关系，需要我们进一步关注与研究。[①]

[①] 林甘泉先生在《明代〈万历会计录〉整理与研究》序言《发掘式创新性整理与研究的硕果》中，指出："对《会计录》的整理与研究，让她明确了一个观点：晚明中国不仅出现了社会的转型，而且出现了国家的转型。这是一个很重要的学术观点"，并提出："对这两种转型的关系能做出比较具体详尽的论证"的新要求，让笔者继续研究。《明代〈万历会计录〉整理与研究》，中国社会科学出版社2015版，第4页。

其次，明代白银货币化，通过一系列改革而实现。说明中国国家与社会的近代转型，依赖于改革，改革是实现中国从传统到近代的近代化进程的必经之路。改革与治理紧密相连，从旧的治理模式向新的治理模式的转型势在必行。关于国家治理模式的转变及其运行实践，是研究的新议题。

再次，与明代中国历史发展的趋向，全球化开端的发展趋向是一致的——走向近代化。中国通过白银货币化——自身的改革走向了世界，成为全球化的一部分。但是还应该看到，白银货币化是一把双刃剑，在国家与社会转型中产生了巨大的社会震荡，最终明朝对于全球贸易和外银流入的依赖性，成为"最后一根稻草"，导致王朝倾覆的重要因素之一。关于全球危机与明朝消亡，仍然是一个研究课题。

与之相关的，是对于清朝的影响问题。清朝是明朝改革的最大受惠者，清初全面继承了明朝万历年间的财政税额，特别是万历以后至明末所编制的《赋役全书》，作为确定田赋和劳役的依据，并汲取明朝的教训，抓住了云南铜矿与日本铜矿开发的机遇，从而建立了以白银为主，铜钱为辅的货币体系，稳定了王朝统治。①

最后，明代白银货币化，但是我们还应该注意到，白银作为称量货币，在国内矿产资源不足、外银大量流入的状况下，白银货币经济极大地扩展，遂使国家丧失了对货币的绝对控制和垄断权，从此中国进入一种自由银制度。② 而以自由银作为主币，直至1935年中国在国际压力下废止银本位制，白银才退出中国历史舞台。中国的白银时代存在了近500年，是中国近代化进程独特的发展路径和特殊的国情，对中国历史进程产生过极为重大的影响，未来也是一个值得进一步深入研究的课题。

---

① 在2015年召开的第22届国际历史科学大会，第一主题会议"全球视野下的中国"上，笔者以《白银货币化：明朝中国与全球的互动》为题发言，得到美国彭慕兰教授评论提示白银对于清朝建立的作用问题，在此表示衷心感谢。笔者今后研究将另文处理。

② 关于自由银制度，笔者得到中国社会科学院金融所周子衡先生启示，在此深致谢忱。

全球视野下的 16—18 世纪海上丝绸之路
——以漳州月港为例

陆　芸

（福建社会科学院）

　　海上丝绸之路是指古代中国与世界其他地区进行经济文化交流交往的海上通道，它的形成和发展与人类的航海事业密切相关，也与海外贸易的发展和繁荣有着紧密的联系。公元前 2 世纪—公元 2 世纪是海上丝绸之路的初步形成期，公元 7—13 世纪，是海上丝绸之路的重要发展时期，15—16 世纪是海上丝绸之路的繁盛期。1405—1433 年以郑和为首的中国船队七下西洋，到达了东南亚、南亚、西亚、非洲的一些国家，带去了陶瓷、丝绸、钱币等，输入了香料、宝石、珍奇异兽等。半个世纪后，葡萄牙、西班牙开展了大规模的航海探险活动，1487 年，葡萄牙人迪亚士的探险队到达非洲南端，发现好望角，并进入印度洋；1497 年，以达迦马为首的船队沿迪亚士航线继续向前，于 1498 年到达印度西南部的卡利卡特，开辟了从大西洋绕非洲南端到达印度的航线。哥伦布在 15 世纪发现了美洲，1519—1522 年麦哲伦率领船队，完成环球旅行。新航路的开辟使葡萄牙人、西班牙人、荷兰人等陆续来到亚洲，在亚洲建立了贸易基地。海上丝绸之路的航线从亚洲延伸到了美洲。

　　漳州月港在明初只是一个小港口，它"外通海潮，内接淡水，其形如月，故名。"[①] 由于"僻处海隅，俗如化外"[②] 而不为明朝官

[①]　（明）罗青霄：《漳州府志》，下册，厦门大学出版社 2010 年版，第 1185 页。
[②]　《明经世文编》卷二八三，第 4 册，中华书局 1962 年影印版，第 2294 页。

员注意。在明成化、弘治年间就是走私贸易商人集中的地方。月港猖獗的走私活动引起了明朝统治者的注意，采取了一些措施禁止走私活动，但收效不大。明政府后来改变了策略，在隆庆元年（1567）宣布在月港部分开禁，准许私人申请文引，缴纳税饷出海贸易。明政府之所以选择月港，是因为月港离省城福州较远，不是市舶司所在地，海外贡船一般不从这里驶入中国。

月港部分开禁后，私人海外贸易迅速发展起来。在明万历十七年（1589）前，从月港出发的海外贸易船仅限船数而未定航行地点，万历十七年（1589）福建巡抚周采规定每年限船88艘，东西洋各限44艘。1593年福建巡抚许孚远将出海船数扩大到每年100艘，1597年新的福建巡抚金学曾又把船数增至每年137艘。后来，月港出海的船数增加到200多艘，尽管如此，仍满足不了海商的需要。有些商船未申请到船引，仍然出海。明代以婆罗洲北岸的文莱为界，文莱以西称西洋，文莱以东称东洋。明代张燮撰写的《东西洋考》将交阯、占城、暹罗、下港、柬埔寨、大泥、旧港、麻六甲、哑齐、彭亨、柔佛等国列为西洋，将吕宋、苏禄、猫里务、沙瑶、呐哔啴、美洛居、文莱等列为东洋。东洋贸易相比西洋贸易，路途稍近，利润更加丰厚，所以实际上每年到东洋贸易的船只数目超过了去西洋的船只数目。

东洋中的吕宋（今天菲律宾的吕宋岛）吸引了许多月港海外贸易船只，有些按照规定不是驶往吕宋的船只也偷偷地驶往吕宋。这与葡萄牙人、西班牙人相继来到亚洲有着密切的联系。1487年，葡萄牙人迪亚士的探险队到达非洲南端，发现好望角，并进入印度洋；1497年，以达·迦马为首的船队沿迪亚士开辟的航线继续向前，于1498年到达印度西南部的卡利卡特，开辟了从大西洋绕非洲南端到达印度的航线。此后，葡萄牙人在1510年占领印度果阿，1511年占领马六甲后，中国对马来半岛以西的贸易受到了很大的影响，到马六甲贸易的中国船只数目明显减少。1557年，葡萄牙人在澳门立足后，逐渐建立了三条海上贸易航路，即澳门—果阿—里斯本；澳门—马尼拉—墨西哥；澳门—长崎，将中国大量的生丝、绸缎、茶叶、陶瓷等源源不断地运往世界各地。在澳门—果阿—里斯本航线中，马六甲的地位比较重要，它是葡萄牙人进行贸易活动的中转站，马六甲在明初就与中国往来频繁，郑和率领的船队曾在此建立基地。1581年，西班牙通过欧洲王室继承权的游戏规则，得到葡萄牙国王的桂冠。为了获得葡萄牙贵族阶层的支持，西班牙和葡萄牙贵族们签订了"八项和平条款"，原葡萄牙属地可以自由地与西班牙各属地贸易，西班牙各属地则不拥有对等权利。葡萄牙人经营的澳门—马尼拉—墨西哥航线是"八项和平条款"的主要受益者，澳门到马尼拉的船只装载的货物以中国货为主，生丝、丝织品、棉布等为大宗，其次是日本货、印度货；从马尼拉返回澳门时运载的大多数是来自美洲的白银。

继葡萄牙人之后来到亚洲的是西班牙人。1565年4月，西班牙入侵菲律宾，同年6月"圣·巴布洛"号大帆船满载亚洲的香料运往墨西哥南海岸的阿卡普尔科，开辟了连接亚洲和美洲的太平洋航线。在1572年年初，一些被西班牙人从民都洛海滩营救出来的中国人，带着大量的珍贵商品乘船来到了菲律宾。1573年有2艘马尼拉大帆船驶往墨西哥；1574年有6艘大帆船从墨西哥出发到达马尼拉，翌年有12—15艘。到1576年，菲律宾马尼拉—墨西哥阿卡普尔科之间的贸易关系已经牢固地建立起来。为了保护西班牙的利益，西班牙国王菲利浦二世在1593年规定每年到墨西哥的大帆船不得超过2艘，每艘载重不得超过300吨。但事实上此项规定并未被严格遵守，商船的船数和载重量都有超过。1815年，大帆船贸易停止。

由于大帆船驶往美洲装载的货物大都来自中国，所以马尼拉的首任总督米盖尔·洛佩斯·德·利雅实比（Miguelopez..de Legazpi）和继任者拉未沙礼士（Guido de Lavezares）都积极鼓励中国商船到马尼拉贸易。当时正值明政府在月港部分开放海禁，所以来自月港的中国商船纷纷驶往马尼拉。根据日本学者箭内建次的估计，

16世纪80年代，来自中国的船只每年平均20艘，90年代增至每年30余艘，到17世纪初，达到每年平均四五十艘。① 一些中国船员、商人因为货物没有卖出，或为组织返航货源，或为等候风汛而无法及时返回国内而留在了菲律宾。顾炎武在《天下郡国利病书》中说道："漳泉民贩吕宋者，或折阅破产，及犯压冬禁不得归，流寓夷土，筑庐舍，操佣贾杂作为生活，或娶妇长子孙者有之，人口以数万计。"② 可见，当时漳州、泉州等地的商人逗留在菲律宾的人数众多。如此众多在菲的华人引起西班牙人的恐惧。1582年，西班牙总督强迫华人集中居住在马尼拉东北部巴石河畔。万历三十年（1602）因明神宗误信阎应隆、张嶷的妄言，派人到吕宋"勘金"，引发了在菲律宾的西班牙人更大的恐惧，1603年马尼拉发生屠杀当地华人的恶劣事件，据估计有4000名华人遭到屠杀或被投入监狱。1639年马尼拉的华人因反抗科丘拉（H. de Cornera）总督的命令而遭到屠杀。

历时250年的大帆船贸易促进了中国与菲律宾，乃至中国与美洲国家的经济、文化交流。中国一些先进的生产技术如牛耕、冶炼、麻织、陶瓷制作、采矿、酿酒、制糖等，生产工具如铁犁、水车等随着华人传播到了菲律宾。首先将印刷术介绍到菲律宾是名叫龚容（Keng Yong）的中国人，其教名为胡安·德·维拉（Juan de Vera），他印刷了菲律宾的第一部书《基督教教义》，他还和西班牙神父弗兰西斯科·布兰卡斯·德·圣·何塞（Trancisco Blancas de San Jose）一起制作了菲律宾第一部活版印刷机。③ 此外，在菲律宾

---

① ［日］箭内建次：《菲岛华人之地方发展》，《南方民族》七卷第一、二号。转引自罗荣渠《中国与拉丁美洲的历史文化联系》，《中外文化交流史》，河南人民出版社1987年版，第837页。

② （清）顾炎武：《天下郡国利病书》，《续修四库全书》，上海古籍出版社2002年版，第293页。

③ ［菲］阿利普：《华人在马尼拉》，第20、39页。［菲］泰勒：《菲律宾出版史》，第3、4页，转引自周南京《中国和菲律宾文化交流的历史》，《中外文化交流史》，河南人民出版社1987年版，第453页。

语言中，特别是他加禄语，有许多来自汉语，主要是闽南方言的借词。例如 sangley（华人）、tinghoy（灯火）、tsa（茶）、bihun（米粉）、lumpia（嫩饼春饼）diko（二哥）、sangko（三哥）、kuya（姑爷）等。菲律宾大学的语言学专家埃·阿尔森尼奥·曼努埃尔指出，他加禄语有 2% 的词汇可能来自汉语，他列出了 381 个汉语借词，其中有些汉语借词与食物和烹饪有关，有些汉语借词与农业、商业、娱乐相关。①

当时中国的生丝、丝绸、瓷器等产品通过马尼拉源源不断地进入墨西哥、危地马拉、厄瓜多尔等美洲国家。来自中国的丝绸影响了美洲的装饰风格和衣着，不仅美洲的西班牙殖民者身穿华丽的丝绸衣服，连印第安人也喜欢丝绸衣服；西班牙神父用丝绸来装饰教堂，印第安人的教堂也用丝绸装潢。墨西哥的西班牙贵族以拥有多少中国瓷器作为衡量其财富和文明教养的标志之一，中国输出的瓷器还对墨西哥本地的陶瓷产业产生了影响，墨西哥生产的陶瓷从造型到釉彩都可见到中国瓷器影响的痕迹。

农作物的引进和输出也是中国与美洲交流的重要组成部分。中国的茶树、柑橘、樱桃等传入美洲。以茶树为例，1808 年初葡萄牙王室为了躲避战乱迁往巴西，摄政王若昂六世拟在巴西发展种茶业，在 1810 年和 1812 年从中国引进茶树，同时从澳门招了一批中国技工去里约热内卢郊区的植物园传授茶叶种植技术。傅云龙（1840—1901 年）在《游历巴西图经》中记载："即如种茶一事，自嘉庆十七年中国湖北人至彼创植以来，已寖旺。"巴西是美洲第一个引进中国茶树种植的国家。

原产美洲的玉蜀黍、烟草、花生、西红柿等作物传入中国。相传番薯最早由印第安人培育，后来传入菲律宾。何乔远在《闽书》

---

① ［菲］埃·阿尔森尼奥·曼努埃尔：《他加禄中的汉语成分》《菲律宾语言的起源与发展及其与汉语的关系概要》；［菲］阿利普：《华人在马尼拉》；转引自周南京《中国和菲律宾文化交流的历史》，《中外文化交流史》，河南人民出版社 1987 年版，第 459—460 页。

记载道:"番薯,万历中,闽人得之外国。……闽人多贾吕宋岛焉。其国有朱薯……然吝而不与中国人。中国人截取其蔓呎许,挟小盖中以来。于是,入吾闽十余年矣。"① 有的资料更明确指出,万历二十二年(1594)福建长乐华侨陈振龙从吕宋引进福建。试种成功后,福建巡抚金学曾大力推广番薯种植。今福州乌山有一座"先薯祠",以纪念陈振龙和金学曾的功劳。顺便提一下,广东人陈益将番薯从安南引入广东种植。

福建由于耕地少,随着人口的增长,生产的粮食不能满足人们需要。番薯的引进有效地缓解了福建缺粮的状况。今天我们知道,番薯含有丰富的淀粉、膳食纤维、胡萝卜素、维生素 A、维生素 B、维生素 C、维生素 E 以及钾、铁、铜、硒、钙等十余种微量元素和亚油酸等,营养价值很高。明代李时珍在《本草纲目》记载:番薯能"补虚乏,益气力,健脾胃,强肾阴"。②

烟草大约在 16 世纪末从拉丁美洲传入菲律宾,于明万历年间从吕宋传入福建。据明代姚旅在《露书》中的记载:"吕宋国出一草曰淡巴菰,一名曰醺……有人携漳州种之,今反多于吕宋,载入其国售之。"③ 烟草最初只是一种药物,但吸烟很快变成了嗜好,明代张岱在《陶庵梦忆》曾说道:"余少时不识烟草为何物。十年之内,老壮童稚,妇人女子,无不吃烟;大街小巷,尽摆烟桌,此草妖也。"明代崇祯年间曾禁止吃烟,但没能禁止住,到清初,上至"今世公卿大夫,下逮舆隶妇女,无不嗜烟草者。"④ 随着越来越多的中国人喜欢吸烟,各种烟具的制作成为一种时尚。

白银是美洲向中国输出的最大商品。开始每年约 100 万比索,

---

① (明)何乔远:《闽书》卷一五〇,第五册,福建人民出版社 1995 年版,第 4436—4437 页。

② (明)李时珍:《图解本草纲目》,陕西师范大学出版社 2009 年版,第 432 页。

③ (明)姚旅:《露书》卷一〇,转引自谢国桢编《明代社会经济史料选编》上册,福建人民出版社 1980 年版,第 66 页。

④ (清)王士祯:《香祖笔记》卷三,转引自谢国桢编《明代社会经济史料选编》上册,福建人民出版社 1980 年版,第 68 页。

后来达 200 万—300 万比索，有时甚至超过了 400 万比索。有人估计 1571—1821 年，自西属美洲运抵马尼拉的白银共计约四亿比索，其中的二分之一或四分之一流入中国。白银的大量流入，使银本位制度得以在中国确立，从而加快了中国从传统农业社会向近代社会的转变。

15、16 世纪随着新航路的开辟和新大陆的发现，各国人民对中国丝绸、瓷器、茶叶的需求持续旺盛，直接刺激了中国东南沿海地区经济的发展。明代漳州月港因缘际会，在 1567 年成为中国的海外贸易港，中间明朝政府在月港实行过短暂的海禁，清代月港被地理位置更优越的厦门港取代。100 多年的繁荣促进了漳州地区，乃至更大范围内的商品的生产和流通，当时漳州纺织业的迅猛发展。"丝则取诸浙西""苎则取之江右""棉则取之上海"，加工成漳绒、漳纱、漳绢和土潞绸出口海外。其生产方式也突破家庭副业的格局，漳州出现了作坊和工场。

如果以全球视野来审视这一时期海上丝绸之路的发展，可以发现海上丝绸之路航线从亚洲延伸到了美洲，太平洋环球贸易网的形成和发展对世界市场的最终形成产生了积极的作用。世界各国或主动或被动地参与到世界贸易体系的建设中，通过贸易来谋求本国经济的发展，提高本国的经济实力和政治地位。今天，中国提出 21 世纪海上丝绸之路建设，是扩大开放的重大战略举措和经济外交的顶层设计，它既是中国深度融入世界的需要，也是实现与亚非欧及世界各国联动发展的需要。改革开放以来，中国东部沿海地区就全面参与到经济全球化的产业体系分工中。21 世纪海上丝绸之路将进一步提升中国的对外开放水平，是中国构建复合型对外经济的新机遇，它在产业转型升级、产业结构调整，以及适应国际经贸合作及其机制转型方面都提供了一个重要的平台。

对于众多的海上丝绸之路沿线国家来说，21 世纪海上丝绸之路是发展的重大机遇。东盟由于地处海上丝绸之路的十字路口和必经之地，是 21 世纪海上丝绸之路建设的重点区域和首要发展目标。东盟目前存在着联通不畅的问题。除了马来西亚和新加坡之间有跨境铁路，泰国、缅甸、老挝、柬埔寨、越南之间几乎没有铁路连接。"一带一路"可以和《东盟互联互通总体规划》对接。促进东盟各国经济、贸易、金融的进一步融合。中国参与的雅加达—万隆高铁项目、磨丁—万象工程等是中国助力东盟互联互通的具体表现，将进一步推进中国—东盟的经济合作水平。印度尼西亚作为东盟中面积最大的国家，将自己的"全球海洋支点"与中国的"21世纪海上丝绸之路"全面对接，目的是打造共同发展、共享繁荣的"海洋发展伙伴。"[1]

中东国家拥有重要的战略地位，其中有些国家是陆上丝绸之路和海上丝绸之路的交会点。它们的情况虽有不同，但普遍希望建立健全的工业体系，促进产业结构多元化。中国与中东国家在"一带一路"框架下的合作，不仅要着眼于双方的经济互补性，而且要立足长远，培育在高新技术领域的发力点，从而强化双方的国际竞争力。沙特阿拉伯的石油储量和产量均居世界首位。《中华人民共和国政府与沙特阿拉伯王国政府关于共同推进丝绸之路经济带和21世纪海上丝绸之路以及开展产能合作的谅解备忘录》中提出以产能合作为突破口，两国加强在基础设施、投资、航天、核能、可再生能源领域的合作。伊朗拥有西亚最大的机械工业，相比其他中东国家，工业基础相对比较好，但因为刚解除了核制裁，百废待兴，许多设备、工艺都急需改造、提升。中国将在高铁、卫星、通信、核电等高新技术产业与伊朗展开合作，以"高标准、高技术、高价值"推动中伊共建"一带一路"。[2] 埃及的地理位置得天独厚，苏伊士运河连接了地中海和红海，苏伊士经贸合作区是中埃共建"一带一路"的典范。目前"苏伊士经贸合作区"已经形成了石油装备制造、高低压电器制造、服装、高新建材、农用机械制造五大产业园

---

[1] 《中华人民共和国和印度尼西亚共和国关于加强两国全面战略伙伴关系的联合声明》，新华网，2015年3月26日。

[2] 赵明昊、张志文：《描绘中伊共同繁荣的画卷》，《人民日报》2016年1月21日。

区，正在进行扩张区的建设，预计将吸引150家企业入驻，主要集中在汽车制造、化工、制药、电子等行业，能创造约4万个就业机会。此外，埃及有着众多的名胜古迹，旅游业可以作为中埃共建"一带一路"的突破口。

  21世纪海上丝绸之路是一项宏大系统工程，涉及的国家多，国家之间的差异比较大，利益诉求不一致，出于拓展自己影响力和国家利益的考虑，沿线的某些国家会有自己的考量和计划。例如印度政府推出的"季风：跨印度洋海上航路和文化景观"，此项计划旨在振兴古航道并恢复与印度洋周围国家的文化联系，涉及的国家从东非、阿拉伯半岛、南亚一直延伸到东南亚。印度政府的这项计划无疑会和21世纪海上丝绸之路有重叠的地方，在地缘政治上存在竞争，如何妥善处理类似的问题，不仅需要政治智慧，还需要足够的耐心，我们需要认真聆听对方的需求，仔细研究对方的规划，务实的合作不仅能消除对方的疑虑，而且能给双方带来实实在在的好处。

东北亚与丝绸之路

东北亚走廊与丝绸之路研究论纲[①]

崔向东

(渤海大学)

近年来,民族走廊和丝绸之路研究日益受到人们的重视,尤其是国家确定"一带一路"发展战略,更赋予"民族走廊"和"丝绸之路"以新的内涵和时代意义。同河西走廊与丝绸之路、藏彝走廊与茶马古道相比,"东北亚走廊与丝绸之路"研究则显得十分薄弱。本文试对东北亚走廊与丝绸之路做一初步的整体思考,抛砖引玉,以期引起学术界的重视。

一 问题的提出

在人类文明发展和社会进步过程中,一些特殊的地理区域持续发挥着重要的作用,可谓"历史的地理枢纽"[②]。这种枢纽有时是点、有时是线(廊道)、有时是面(区域),民族走廊和丝绸之路就是典型的"历史的地理枢纽"。

"民族走廊"最早由费孝通先生提出并应用于民族学研究,这

[①] 基金项目:辽宁省教育厅项目"东北亚走廊与丝绸之路研究"(项目编号:WW2016002);辽宁省教育厅重大人文社科研究专项"辽西人文历史与生态变迁研究"(项目编号:ZW2012004)
[②] [英]哈·麦金德在《历史的地理枢纽》(林尔蔚、陈江译,商务印书馆1985年版)中提出了"心脏地带"的论点,并以此来分析世界政治格局变化。此处借用"历史的地理枢纽"来说明交通与历史发展的关系。

一概念很好地诠释了中华民族和中华文化的多元一体格局。随着"民族走廊"研究的深入,"民族走廊"研究逐渐突破民族学、人类学和历史学的视野,从研究对象、研究范围和研究内容等方面进一步拓展到各个学科领域。走廊应该具有两层含义,"其一是地理含义,指该区域在地理上是一个走廊式的地理通道;其二是文化含义,反映该区域是一条民族文化走廊",① 即"历史形成的民族地区"。民族走廊是民族迁徙、文化交流、商贸往来、边疆控制的重要场域。

"丝绸之路"由德国学者李希霍芬于1877年提出,具体指称汉代由长安出发经河西走廊至西域、中亚,远抵罗马帝国的一条中西交通线路,后泛指东西方的经济文化交通线,如"草原丝绸之路""海上丝绸之路"等。丝绸之路的本意是贸易交通道路,但其作用和意义绝不止于道路交通。它被赋予了持续的更为广阔的地域和广泛的意义,是一个独特的民族历史文化区域"系统",在广阔的区域一直发挥着"中西文化交流的大动脉"和"人类文明运河"作用。

民族走廊和丝绸之路是紧密联系在一起的,具有相同的功能和作用。凡是民族走廊,也必然是经贸往来、文化交流之路,二者常常是一体二名。民族走廊联系着中原和边疆,丝绸之路沟通着中国与世界。我国学界一般讲三大民族走廊,即西北走廊、藏彝走廊和南岭走廊。费孝通先生也曾考虑到东北的民族走廊,他说:"一条西北走廊,一条藏彝走廊,一条南岭走廊,还有一个地区包括东北几省。倘若这样来看,中华民族差不多就有一个全面的概念了。"② 费先生没有明确提出东北地区的民族走廊名称,这个问题也一直被忽视。

"东北"是一个区域人文地理学概念,有广义和狭义之分。狭义上东北指今辽宁、吉林、黑龙江三省。广义上东北包括山海关以

---

① 石硕:《藏彝走廊:文明起源与民族交流》,四川人民出版社2009年版,第9页。
② 费孝通:《谈深入开展民族调查问题》,《中南民族学院学报》1982年第3期。

北的辽宁、吉林、黑龙江三省和原为东三省管辖的今内蒙古自治区东部呼伦贝尔市、兴安盟、通辽市、赤峰市、锡林郭勒盟。中国东北的自然地理形势是东为长白山,北有小兴安岭,西为大兴安岭,南有燕山。东、北、西三面与朝鲜、俄罗斯、蒙古接界,与日本、韩国隔海相望。东北亚指亚洲东北部的国家和地区。从国家看,包括中国、朝鲜、韩国、日本、俄罗斯和蒙古。从具体地域看,包括中国东北三省,华北的东部、东北部,内蒙古的东部;俄罗斯的东西伯利亚和远东地区,蒙古东部;日本、朝鲜、韩国全部。

中国东北处于东北亚的中心区位,是一个多民族地区。历史上以中国东北为核心,很早就存在着以玉石、黑貂和丝绸等为符号的民族走廊和贸易之路,这些走廊和丝路成为东北亚民族走廊和丝绸之路的基础。历史上东北亚民族走廊和丝绸之路主要有:连接东北与中原的辽西走廊;连接东北与蒙古乃至中亚、西亚的北方草原丝绸之路(又称黑貂之路);连接中国东北与俄罗斯远东、库页岛及日本北海道的"海西东水陆城站路"(又称"虾夷锦"之路);连接东北与朝鲜半岛的古营州道;连接中国环渤海地区、朝鲜半岛和日本的海上丝绸之路;连接亚洲和北美洲的东北亚洲际陆桥与冰上走廊等。这些走廊与丝路是历史存在的,我们将其统称为"东北亚走廊与丝绸之路"。按照民族走廊和丝绸之路的地理特征和人文特征等要素看,东北亚走廊与丝绸之路作为学术概念无疑是成立的,"反映了历史上东北亚古代交通文化的发展始终以中国东北为龙头的历史实际"[①]。

东北亚走廊与丝路是族群迁徙、文化传播、经贸交流和边疆控制等重要通道和场域,通过这些走廊和丝路,内地与边疆、农耕与游牧、中国与世界实现联系与互动,从而深刻地影响了东北边疆与民族、历史与文化、经济与社会等各个方面。因此,东北亚走廊与丝路这一问题的提出,对重新思考东北和东北亚历史与现实具有重

---

① 王绵厚:《中国东北与东北亚古代交通史》,辽宁人民出版社2016年版,第103页。

要意义。

二 "东北亚走廊与丝绸之路"的形成和路线

历史上,以中国东北为核心,先后形成多条民族走廊和丝绸之路。

1. 辽西走廊

结合考古学文化、自然地理和历代行政区划,人们通常把燕山山地以北,西拉木伦河以南,医巫闾山以西和七老图山以东的区域界定为辽西。辽西地区处于东北与华北的连接地带,多丘陵山地,此区域内有老哈河、大凌河和青龙河等,有东北—西南走向的努鲁尔虎山和松岭两大山系,水系和山脉交错,河谷两侧山脉夹峙,中间一线蜿蜒逶迤,形成多条交通廊道,统称为"辽西走廊"。辽西走廊的南端连接着华北地区,直达中原;北端连接着广袤的东北大地,可进入东北亚腹地,是沟通东北与中原极其重要的民族—文化廊道[1]。辽西古廊道主要有四条,它们分别在不同时期先后形成。一是古北口——平刚——柳城道;二是卢龙——平刚——柳城道。三是无终——平刚——柳城道;四是傍海道。前三条古廊道形成较早,在红山文化时期已见雏形。辽金以前,这三条道路发挥着重要作用。辽西傍海道是由蓟出发,经无终、令支东行到临渝关,出临渝关沿渤海岸向东北行进抵达碣石。从碣石东北行经今兴城、锦州进入辽东。辽、金时期,傍海道(碣石—锦州段)得到进一步开发,地位逐渐提升。明清时期,傍海辽西走廊"扼山海之冲要,为京师之樊篱",成为中原通往东北的咽喉要道。

2. 北方草原丝绸之路

李希霍芬所谓丝绸之路,专指经由河西走廊连接中原与中亚西

---

[1] 崔向东:《辽西走廊变迁与民族迁徙和文化交流》,《广西民族大学学报》2012年第4期。

亚的绿洲丝绸之路。实际上，丝绸之路并非一条，在绿洲丝绸之路北部，还有一条有别于绿洲丝绸之路的草原丝绸之路。

"北方草原丝绸之路"位于北纬40度至50度的欧亚草原地带，是最早的横贯亚欧北部草原的古代文化交通线路。"北方草原丝绸之路"由蒙古高原向西经过南西伯利亚和中亚北部，直达喀尔巴阡山脉的草原地带；向东延伸至中国东北进而深入东北亚腹地。从中亚北部向东，草原丝绸之路分为南北两部分，南部经阿尔泰山南麓进入阴山，沿阴山、燕山北部穿越蒙古高原直达黄、渤海沿岸。"这条从河西经包头、呼和浩特、大同，通过河北北部进入内蒙古赤峰，到达辽宁朝阳的中西交通路线，可以称为草原丝绸之路东南段。……粟特人经常取此道通商。"[1] 北路经阿尔泰山北部进入漠北（蒙古和俄罗斯西伯利亚草原），直至中国东北，并和黑龙江水道相连，通往东北亚腹地。

据考古发现，大约在新石器时代中期，由于农牧业转换，北方草原出现大规模的东西双向族群迁移，奠定了后世"北方草原丝绸之路"之基础。草原丝路由游牧民族的不断迁徙和经贸往来所形成，游牧民族的活动是草原丝路形成和发展的基础[2]，匈奴、鲜卑、柔然、突厥、契丹、蒙古等民族都是这条丝路的主角。"北方草原丝绸之路"向南与中原相连通，中原的丝绸等物品通过"北方草原丝绸之路"传向东西方，尤其是在河西走廊受阻时，其作用更加突出。

从不同民族、地域和物产视角看，"北方草原丝绸之路"北道也被称为"黑貂之路"或"皮毛之路"[3]。自汉代以来，东北亚的"挹娄貂"享有盛誉，是北方草原丝路上极其重要的贸易品。俄国

---

[1] 程越：《入华粟特人在唐代的商业与政治活动》，《西北民族研究》1994年第1期。
[2] 石云涛：《3—6世纪的草原丝绸之路》，《社会科学战线》2011年第9期。
[3] "北方草原丝绸之路"是从汉族视角命名的。对于这条丝绸之路，学界根据其民族区域和贸易特产有不同命名，如日本学者白鸟库吉称之为"毛皮之路"；俄罗斯学者沙弗库若夫称之为"黑貂之路"；中国学者多称之为"北方草原丝绸之路"。结合此路的民族和物品，称之为"北方草原丝貂之路"更为合适。

学者沙弗库若夫认为"黑貂之路"是从中亚七河地区出发，经过阿尔泰山区，南西伯利亚，蒙古西部，到达鄂嫩河、克鲁伦河和额尔古纳河，并进入黑龙江、松花江、乌苏里江乃至东北亚内陆。草原丝绸之路主要沟通北方、东北游牧渔猎民族与中亚、西亚的交往。从不同民族的视角依据不同物品而有不同命名，充分说明这条道路的多民族和国际共用性质。它是不同地区、不同国家和不同民族的共同联系纽带。

3. "海西东水陆城站"路

亦称东北亚水陆丝绸之路。"海西"即元岭北行省以东、日本海以西，包括库页岛在内的广大地区。古代黑龙江流域和库页岛一带民族众多，唐以来与中原一直保持往来。辽金时期通过"鹰路"[①]与黑龙江下游保持联系。元朝为加强对边疆地区的控制，在女真聚居之地设置"海西辽东提刑按察司"，开通驿路，设置驿站，直达黑龙江下游奴儿干"东征元帅府"。明朝为确保东北边疆"使命往来"，在黑龙江下游地区设立"奴儿干都司"，在原有驿站基础上开辟"海西东水陆城站"交通线，"置辽东境外满泾等四十五站"[②]。西南起自底失卜（今黑龙江省双城市西36千米大半拉子古城），沿松花江东北行至与黑龙江交会处，再沿黑龙江东北行至满泾站（俄罗斯亨滚河口北岸莽阿臣屯）[③]。"海西东水陆城站"作为国家所设驿路，穿行于白山黑水之间，它南与辽西古廊道相连，明代大量"丝绸诸物"由辽东"丝关"开原（今辽宁开原）转经"海西东水陆城站"运往东北腹地乃至库页岛、北海道。明永乐年间，亦失哈九上北海，走的就是这条水陆路。

"海西东水陆城站"路从满泾站渡过鞑靼海峡便进入"苦兀"

[①] 辽代通过女真到五国部征索鹰鹘"海东青"的道路称为"鹰路"。（元）脱脱等：《金史》卷一《本纪》，中华书局1975年版，第5页。

[②] 《明太宗实录》卷一三三，永乐十年十月丁卯，台北"中研院"史语所1962年版，第1632页。

[③] 杨旸：《明清东北亚水陆丝绸之路与虾夷锦研究》，辽海出版社2001年版，第45页。

（今库页岛）北端，再南下到达"苦兀"最南端白主。由白主南下越过宗谷海峡抵达北海道。北海道居住着土著虾夷人，他们获得中国的"丝绸诸物"，称为"虾夷锦"①。虾夷锦产自中国，传运到北海道，期间经过数千千米，且"经过黑龙江流域的纳奈、奥罗奇，库页岛地区的尼布赫·尼格本（费·雅客）、乌尔塔等诸多民族之手，最终传入阿夷努社会"。直到清朝中期，内地的丝绸、绢、蟒袍、苎丝袭衣等，通过库页岛进入北海道，再传往日本内地②。上述这两条道路相连，因此也被称为"东北亚水陆丝绸之路"。

4. 海上丝绸之路

一般所谓"海上丝绸之路"，常指从中国东海南下至于印度洋的海上贸易之路。实际上在东北亚也有一条"海上丝绸之路"，即从渤海、黄海到日本海这一航路。东北亚海上丝绸之路由三部分构成：一是从胶东半岛经庙岛群岛到辽东半岛的航路；二是从辽东半岛向东"循海岸水行"的航路；三是环日本海的"沧波织路"③。三段海路在不同历史时期构成东北亚海上丝绸之路。

从考古发现的距今四千年的航海遗物证明，辽东半岛与胶州半岛在新石器时代就有海上交流。辽东半岛与胶州半岛之间的庙岛群岛"陆脊"相连，20余个岛屿呈南北分布，相邻岛屿之间距离不超过20海里，这为远古时期海上航行提供了便利条件。从辽东半岛到朝鲜半岛"循海岸水行"，到达朝鲜半岛南端，《新唐书·地理志》引贾耽《边州入四夷道里》对"登州海行入高丽渤海道"有详细记述。《文献通考》卷三二四载：倭人"初通中国也，实自辽东而来"，亦即"循海岸水行"。朝鲜半岛与日本九州岛之间有巨济岛、对马岛、壹岐岛等，相距数十里，易于航行，这条航线在史前时期

---

① [日] 中村和之：《虾夷锦与北方交易》，杨旸、白文花译，《博物馆研究》2001年第3期。

② [日] 佐佐木史郎：《北方から来た交易民——絹と毛皮とサタン人》，日本放送出版协会1996年版。

③ [日] 古畑澈：《渤海、日本间航线的诸问题——以渤海到日本的航线为中心》，《历史与考古信息·东北亚》1998年第1期。

就已存在①，沿朝鲜西海岸南下，渡过对马海峡进入日本九州。东北亚海上丝绸之路还应包括唐代渤海国与日本之间的龙原日本道，因其为海道，亦以丝绸为主，故称为"沧波织路"。

"东北亚海上丝绸之路"在春秋时期就已经形成②。秦代徐市率领船队远航日本，隋唐时期日本遣唐史走的都是这条海路。隋朝时日本派使者来中国，其船队沿着朝鲜半岛先到辽东半岛，再渡过渤海海峡在登州登陆。渤海国、黑水靺鞨等也常乘船"循海岸水行"，经辽东半岛、庙岛群岛至登州贸易。明朝时，朝鲜朝贡使臣来中国水路主要走这条海上丝路，后一度变更为由菊花岛到宁远登陆③。由于清朝践行传统陆权战略，不时实行海禁政策，东北亚海上丝绸之路逐渐衰落。

5. 东北亚洲际陆桥与冰上走廊

早在旧石器时代，亚洲和北美洲就已经出现交流。考古发现证明，中国、东北亚和北美细石器文化属于同一个传统，以长薄的石叶为明显的区域特征④。细石器文化向北分布的途径是从中国东北部分布到西伯利亚的，最后通过白令海峡传播到北美阿拉斯加的西北部。北美土著文化中具有明显的中国文明因素。

在亚洲和北美洲之间，存在一条最短的洲际海上通道，即俄罗斯楚科奇半岛和北美阿拉斯加之间的"白令海峡"，亦称为"白令陆桥"或"冰上走廊"。"白令海峡"是以丹麦航海家白令而命名，海峡宽度为86多千米，其间分布着三个小岛，岛屿之间最大距离只有40多千米，可以相互眺望。在距今一万年前的第四纪冰期时，海

---

① ［日］藤田元春：《上代日支交通史の研究》，刀江书院，昭和18年版，第237页。

② 刘凤鸣：《山东半岛与东方海上丝绸之路》，人民出版社2007年版，第22—41页。

③ ［日］松浦章：《明清时代东亚海域的文化交流》，郑洁西等译，江苏人民出版社2009年版，第100页。

④ 贾兰坡：《中国细石器的特征和它的传统、起源与分布》，《古脊椎动物与古人类》1978年第2期。

水低于海面100—200米，海峡成为亚洲和北美洲之间的"陆桥"。人类学和考古学的研究成果表明，美洲土著民族的祖先是在1万至3万年前通过白令海峡的陆桥由亚洲迁徙去的，美洲土著民族在人种的分支上属蒙古利亚种①。近一万年以来，白令陆桥才被海水隔断，但由于这里气候寒冷，每年10月至次年3月，几乎半年时间海平面处于"有不释之冰"的结冰状态，架起一座天然的"冰桥"，为人和动物的迁徙提供了便利条件，可谓名副其实的冰上走廊。

商朝灭亡后，一部分商人极可能通过冰上走廊迁徙到北美，北美印第安文化就是殷人后裔创造的。唐朝时，中国人就对居住在鄂霍次克海的流鬼人有所了解，明代已经知道亚尼俺海峡（即今白令海峡）、亚泥俺国等。俄罗斯西伯利亚、远东地区的土著居民很早就通过冰上走廊到达北美洲。史前爱斯基摩文化与东北亚地区萨满文化之间有着密切联系。西伯利亚东北部民族科里亚克人、楚克奇人、尤卡吉尔人、伊捷尔缅人、尼夫赫人等渔猎文化在北美的爱斯基摩居民中流传很广②。白令海峡无疑"是亚洲与美洲的古人类文化交流的大通道"③。

三 "东北亚走廊与丝绸之路"的历史作用和地位

民族走廊与丝绸之路往往是重合的，这是由地理环境、民族分布和历史文化传统所决定的。从交通角度看，民族走廊与丝绸之路

---

① 赤林：《美洲印第安人是土生的还是外来的？》，《世界史研究动态》1980年第6期；刘坤一编译：《欧美学者对古代中国人到美洲问题的研究》，《中国史研究动态》1981年第1期。

② ［俄］I. S. 古尔维奇：《白令海峡两岸民族之联系》，关继红译，《民族译丛》1994年第4期。

③ 张碧波、王绵厚、王禹浪：《东北古族古国古文化研究》（上卷），黑龙江教育出版社2000年版，第399页。

具有相同的功能和作用。"交通为空间发展之首要条件，盖无论政令推行，政情沟通，军事进退，经济开发，物资流通，与夫文化宗教之传播，民族感情之融和，国际关系之亲睦，皆受交通畅阻之影响，故交通发展为一切政治经济文化发展之基础，交通建设亦居诸般建设之首位。"[1] 东北亚走廊与丝路是"历史的地理枢纽"，它连接南北、沟通东西，在文明起源、民族迁徙、文化交流、经贸往来、边疆控制、东北亚文化圈的形成等方面发挥重要作用，在中国乃至世界历史发展演进中具有重要地位。

1. 民族走廊与文明起源

古代文明起源无疑由其内部社会发展所决定，但又不是简单的"内生"过程。在人类文明发展史上，不同文明的交流、碰撞是文明发展的外部动力。文明因素的传播与吸收，都依靠交通，交通走廊为文明起源提供了条件，在文明起源和社会发展中起着极其重要的作用。从社会史、文化史的角度来看，交通与文明起源是共生互动关系，彼此促进。

"辽西走廊"所在的辽西地区是中国古代文明起源地之一，最早出现文明曙光。在红山文化时期，辽西古廊道已见雏形。红山文化聚落在原来彼此分散的平等村落基础上，出现了聚落层级化，形成一般聚落、中心聚落和中心聚落群多层级。这种日益密切的社会组织形式，需要在各中心聚落之间有相对发达的交通网络，道路成为社会控制与运行的必要条件，形成"植根于公社，又凌驾于公社之上的高一级社会组织形式"的文明共同体。随着文明共同体范围不断扩大，道路也不断向外延伸。

红山文化时期已经形成以辽西古廊道为骨干的内外交通网络。红山文化与周边地区不同文化通过辽西古廊道相互传播、交流，不断吸收周边和中原地区的先进文化因素。红山文化同大汶口文化、龙山文化在制陶技术和玉器制作上多有交流。红山文化与中原地区

---

[1] 严耕望：《治史三书》，辽宁教育出版社1998年版，第207页。

的仰韶文化之间长期相互影响，以玫瑰花为图腾的仰韶文化与辽西地区以崇龙为主要特征的红山文化在不断拓展过程中相交融、结合，在辽西大凌河上游产生了以龙纹与玫瑰花纹相结合为主要特征的文化—政治群体。"红山文化时期，既是'彩陶之路'的东端，又是'玉石之路'的起点，是沟通东西方的'彩陶之路'与环太平洋'玉石之路'的交汇点，东西方文化因素在这里高度融合。红山文化在中华大地之所以率先跨入文明社会并对中华文化和文明产生持续影响，这也许就是一个重要的推动力。"① 辽西古廊道实现了辽西地域与周边考古学文化之间的交流，加速了辽西地区古代文明起源进程。

2. 族群迁徙、民族融合与多元一体化

民族走廊与丝路在民族迁徙和融合上起着重要作用，这种融合有力地推动了中华民族多元一体进程。东北古代民族众多，从先秦到清，起源或活动于这一广大地区的民族（部族）主要有山戎、东胡、东夷、秽貊、乌桓、鲜卑、高句丽、奚、突厥、契丹、靺鞨、渤海、女真、蒙古、朝鲜、汉族等，分属肃慎、秽貊、东胡和华夏四大族系，这些民族沿东北亚走廊与丝路频繁迁徙流动。以辽西走廊为例，自春秋战国时期开始，游牧、渔猎与农耕文化开始远距离、大规模地交流起来，辽西古廊道成为民族迁徙、文化交流的重要交通孔道和场域，山戎、东胡、乌桓、鲜卑长期活动于此。魏晋南北朝时期，辽西走廊成为多民族聚居之地，汉族、鲜卑、高丽、契丹等聚居辽西，慕容鲜卑在此建立前燕政权。唐代营州是东北亚的中心，北方草原丝路、辽西古廊道在此交会，不同民族会聚于此。粟末靺鞨乞乞仲象与其子大祚荣"率家居徙营州"，很多粟特人通过草原丝绸之路东迁营州。据《旧唐书·地理志》载，营州各地遍布少数民族，杂居着契丹、奚、杂胡、粟特、室韦、靺鞨、高

---

① 郭大顺：《从世界史角度研究红山文化》，田广林、刘国祥主编《红山文化论著粹编》（综合研究卷），辽宁师范大学出版社2015年版，第46页。

丽、突厥等。唐在辽西走廊沿线设置众多羁縻州，安置各少数民族。这些民族与当地汉人杂居通婚，不少胡人后裔称自己是柳城人。辽西走廊所在的辽西地区是名副其实的民族杂居之地。"其实唐代东北的营州也同西北的敦煌一样，是'华戎所交一都会'，是一个多民族杂居，多种文化汇聚，农耕、游牧、渔猎乃至东西、方文明交流的枢纽之地。"①

民族迁徙带来民族杂居与融合，在走廊与丝路地带，民族融合十分普遍。在北方草原丝路东段，历史上活动着游牧民族如匈奴、鲜卑、契丹、柔然、突厥、蒙古等，这些民族沿草原丝路东西往来，不断与其他草原民族相融合。清时，黑龙江下游的赫哲费雅喀、库页费雅喀部族酋长们，带着貂皮等沿"海西东水陆城站"路到清朝求婚。清朝把赐婚的酋长称为"霍集珲"（满语"姑爷"），赐婚的女子称为"萨尔罕锥"（满语"妻子"）。史载博济哩等人向清太祖集体乞婚，太祖许配以六大臣之女，并赏赐大量丝绸衣物等。贡貂纳妇成为定制，促进了民族融合。

纵观古代东北地区民族分布和迁徙的演变历程，东北亚走廊与丝路是民族迁徙、交流与融合的纽带，在这一纽带的连接下，东北地区成为族群迁徙融合的重要场域，在中华民族和中华文化的多元一体化进程中发挥了重要作用。不同民族在文化认同上交集越大，文化的冲突就越小，从而形成文化的一致性，最终由民族心理上"非吾族类，其心必异"而实现"车书一家"。正是民族之间的迁徙、交流和融合，使东北民族不断融入汉族，成为中华民族的一员，东北地区与中原也紧密联系在一起。"中国统一多民族国家形成的一连串问题，似乎最集中地反映在这里，不仅秦以前如此，就是以后，从'五胡乱华'到辽、金、元、明、清，许多'重头戏'都是在这个舞台上演出的。"②

---

① 王小甫：《盛唐时代与东北亚政局》，上海辞书出版社2003年版，第433页。
② 苏秉琦：《中国文明起源新探》，读书·生活·新知三联书店1999年版，第50—51页。

3. 经贸往来与经济联系

东北亚走廊与丝路是一条条对外经济贸易之路。在不同历史时期，东北各民族通过走廊与丝路实现与外界的经济联系。

由于东北亚走廊与丝路连接地区的不同，贸易的物品亦各具特色。辽西走廊沟通东北与中原，中原的物品输出主要有丝绸、铁器、书籍等。辽西走廊也是丝绸之路。养蚕在东北亚很早就已出现，红山文化遗址中多出土有蚕玉器。朝阳魏营子文化墓地 7101 号墓规模很大，墓主头向东，在墓椁底板上遗有大片面积的绢布一类丝织品 20 余层①。这些丝织品可能当地生产或是从中原运到这里的。中原的丝绸及其制品从陆路传入东北亚主要通过辽西走廊，经由辽西走廊的丝绸之路随着汉文化扩张不断向北延伸至白山黑水，远至库页岛。东北输入中原内地的物品主要以皮货、山货等为主，如人参、貂皮、虎皮、兔皮、鲸睛等②。在"海西东水陆城站"路沿线（"虾夷锦"之路），清朝通过"赏乌绫"和民间贸易保持同黑龙江中下游的赫哲、鄂伦春、费雅喀、库伦、绰奇楞、库页、恰喀拉等少数民族的联系。这些少数民族"常至满洲交易"，络绎不绝。他们向中原输送貂皮，而清廷赏赐给他们绢、缎、丝、棉布或以丝织品制作的衣物等。日本北海道的虾夷人与黑龙江下游少数民族进行"山丹"贸易③，虾夷人用海货、毛皮等获得中国丝绸、粮食。

东北通过草原丝绸之路与中亚、西亚进行贸易，中亚、西亚各国的金银器、玉石、琥珀、玛瑙、珊瑚、毛织品、香料、玻璃器等由西而东进入东北，并传到新罗远至日本。在朝阳发现很多中亚物品，如玻璃器等，是通过草原丝绸之路传来的④。"中国北方的草原

---

① 辽宁省博物馆文物工作队：《辽宁朝阳魏营子西周墓和古遗址》，《考古》1977 年第 5 期。

② （宋）欧阳修、宋祁：《新唐书》卷二一九《北狄·黑水靺鞨传》，中华书局 1975 年版，第 6179 页。

③ ［日］间宫林藏：《东鞑纪行》，平凡社 1988 年版。

④ 黎瑶渤：《辽宁北票西官营子北燕冯素弗墓》，《文物》1973 年第 3 期；朝阳北塔考古勘察队：《辽宁朝阳北塔天宫地宫清理简报》，《文物》1992 年第 7 期。

丝绸之路……经额尔济纳、河套、呼和浩特、大同、张北、赤城、宁城、赤峰、朝阳、义县、辽阳，东经朝鲜而至日本。这条路线是连接西亚、中亚与东北亚的国际路线。朝鲜和日本发现的4世纪以来的西方金银器和玻璃器等，有一大部分可能是通过这条横贯中国北方的草原之路输入的。"① 东北输往中亚西亚的物品，据突厥文《鄂尔浑碑》记载，主要有金、洁银、零碎丝绸、黍种、肥马、牡马、黑貂、苍栗鼠等，碎绸和黍种是输自中国的产品，而黑貂和苍栗鼠等则是东北亚森林狩猎民族的特产。

在走廊与丝路的沟通下，通过贸易互通有无，东西南北物产汇聚于东北，实现了农耕、游牧、渔猎民族经济联系和需求互补。"不言而喻，这些商路同时也将来自游牧民与农耕方面的各种商品源源不断地运往森林地带的腹地。由于这种作用，严寒的森林地带很早就开始作为亚洲大陆的不可分割的一部分登上了历史舞台。总之，森林民以他们所产的贵重毛皮紧密地维系着亚洲大动脉的一端。"② 东北亚走廊与丝绸之路建立了区域与世界经济网络，使彼此相互依赖、互补的区域经济建立起内在联系，促进了边疆与内地、中国与国外的经济交流和贸易发展。

4. 文化传播与技术交流

走廊与丝路在文化传播、技术交流过程中发挥着重要作用。荣新江说："其实丝绸之路是一条'丝绸'之路，是'玉石'之路，是'香料'之路，是'佛法'之路，也就是说，丝绸之路说的是一些物品、思想从一个地方走到另一个地方……只要物质文化和精神文化没有停止在丝路上的交流，就表明丝绸之路一直是畅通着的。"③ 随着走廊与丝路上人员的迁移流动和贸易往来，各种文化知

---

① 徐苹芳：《考古学上所见中国境内的丝绸之路》，《燕京学报》新1期，北京大学出版社1995年版，第322页。

② [日] 松田寿男：《东西关系与西伯利亚森林民》，梁景之、宋新潮译，《民族译丛》1990年第4期。

③ 荣新江：《从粟特商人到马可波罗》，《文汇报》2015年11月20日第3版。

识和科学技术也相互传播，反映了走廊与丝路在文化交流中的巨大融会力。

　　文化传播与技术交流是多方面、多层次的，它体现在衣食住行的生活基本层面和宗教、礼仪、娱乐、风俗时尚、音乐舞蹈、文学艺术等精神层面。通过东北亚走廊与丝路，东北地区一直与外界沟通，外来文化与技术在不断构建、重塑东北地域文化，并推动东北社会发展。从考古发现看，史前时期不同氏族就已经通过辽西古廊道进行文化交流，最为典型的就是"玉石之路"。"玉以通神"，玉文化传播实际是信仰观念的传播。辽西走廊是中原人从陆路到东北亚的"第一站"①。商周文化沿辽西古廊道进入东北，改变了土著文化面貌。商周之际箕子率族人"之朝夷""其诗书、礼乐、医巫、阴阳卜筮之流、百工技艺，皆从而往焉"。走的就是辽西古廊道，在此"教其民以礼义""诗书达于礼教"。战国时燕国袭破东胡，向北方拓展，设置五郡，燕文化向东北传播，同时亦深受当地少数民族文化影响，实现一次具有划时代意义的文化整合。秦汉魏晋时期，乌桓、鲜卑不断南迁，中原汉文化通过辽西走廊不断向东北传播扩散，乌桓人从汉人处学会酿酒、锻铁技术，慕容鲜卑学习汉制度，"渐慕华风""三燕"文化体现了鲜卑文化与中原文化的融合。

　　东北亚走廊与丝路也是佛教东传之陆路。前燕慕容皝在朝阳建龙翔佛寺②，这是东北第一座佛寺。后佛教通过营州道传入高句丽，据《三国史记》卷十八《高句丽本纪·小兽林王本纪》载，前秦苻坚"遣使及浮屠顺道，送佛像、经文"。辽代佛塔沿辽西古廊道呈线性分布，沿此廊道佛教传入东北腹地，在俄罗斯远东地区发现渤海国时期靺鞨寺庙遗址。沿北方草原丝绸之路，藏传佛教亦传入东

---

① 张博泉、魏存成：《东北古代民族·考古与疆域》，吉林大学出版社1997年版，第63页。
② （唐）房玄龄等：《晋书》卷一百九《慕容皝载记》，中华书局1974年版，第2826页。

北，远至黑龙江下游地区，明代在黑龙江下游奴儿干都司建有佛教永宁寺即为其证。

东北亚海上丝绸之路的文化传播与技术交流，学界有详论①。山东半岛和辽东半岛史前时期稻作农业通过朝鲜传到日本。战国时期，燕赵、齐鲁地区的冶铁技术、纺织技术通过东北亚海上丝路传播到朝鲜和日本，极大地推动了其社会经济发展。海上丝路又被称为"书籍之路"。求得中国典籍一直是朝鲜、日本使者的重要任务之一。日本使者来中国，"买求书籍""所得锡赉，尽市文籍，浮海而还"②。日本留学僧玄昉一次就曾带回佛教经论5000余卷。通过海上丝绸之路，中国文化、技术传播到朝鲜半岛和日本，对朝鲜、日本产生重大影响。

东北亚洲际陆桥与冰上走廊也是文化传播的纽带。在东北亚普遍存在的船底形刮削器起源于华北地区，"大约在两万多年以前，制造船底形石核的技术方法逐渐向北和东北传播，即由华北的古猎人在追逐野兽的过程中，把他们掌握的这种技术带到贝加尔湖和黑龙江流域，直到库页岛、堪察加半岛、白令海峡和北美洲"③。东北亚和北美阿拉斯加在民间故事、节日仪式、葬俗和艺术风格等最深层的文化内涵上，有着惊人的相似或相同。亚洲北部的装饰物，包括同心圆、半圆、星状玫瑰花饰、卵形，也是美国西部爱斯基摩人和阿留申人、西伯利亚埃文人和多尔甘人的特征。所有这些都证实，"在古代亚洲东北部和美国沿岸附近民族之间有着传统的精神文化的联系"④。

通过东北亚走廊与丝路，实现了文化与技术双向远距离传播

---

① 刘凤鸣：《山东半岛与东方海上丝绸之路》，人民出版社2007年版。
② （后晋）刘昫等：《旧唐书》卷一百九十九上《日本》，中华书局1975年版，第5341页。
③ 吕光天：《贝加尔湖地区和黑龙江流域与中原的文化关系——旧石器晚期至铜石并用时期》，《北方文物》1985年第1期。
④ ［俄］I. S. 古尔维奇：《白令海峡两岸民族之联系》，关继红译，《民族译丛》1994年第4期。

与吸收。不同民族、国家之间相互学习，相互影响。一方面，在不同历史时期，这种双向互动交流强化了东北亚文化的内在联系性；另一方面，在这种双向互动交流中，多民族文化融合与并存，促进了东北地域文化特色的形成和发展，推动了中华文化多元一体化。

5. 国家认同、边疆控制与边疆内地化

一般而言，走廊与丝路的形成有其自然环境基础，但更受政治、经济需要的影响。有些走廊与丝路突出的是民族往来和经贸交流，而有些则突出的是国家控制，体现的是国家意志，其政治意义要远远超过经贸意义。

中国历代王朝采取各种手段进行边疆控制，其中开辟道路、设置驿站，保证交通、信息畅通即是其一。在东北亚走廊与丝路体系中，辽西走廊最为基础，历代中原政权通过辽西古廊道实现边疆控制和国家、疆域一体化。明清时期，辽西走廊向东北与以开原"丝关"为枢纽的丝路连接，进入"海西东水陆城站"路，直达黑龙江下游、库页岛境内。向西进入蒙古"兀良哈"部，与北方草原丝绸之路衔接。向东与朝鲜的"朝贡道"相连，"历辽阳、广宁，入山海关，达京师。"以辽西走廊为核心，构成了支撑古代东北亚藩属朝贡体系的交通网络。

"海西东水陆城站"路即是国家驿道，沿线设置驿站和卫所，体现了国家边疆控制意志，具有鲜明的"国家走廊"性质。沿此道路，黑龙江下游地区的土著民族通过"以时朝贡"方式纳入中国的"藩属"体系。明代亦失哈九次奉命巡抚奴儿干，通过赏赐、任命、纳贡、臣属而抚恤怀柔，宣明政令。"授以官爵印信，赐以衣服，赏以布钞，大赉而还。"当地土著"国人无远近皆来顿首""悉境来附""来朝贡方物"[1]，接受中原政权的赏赐册封，承认政治统辖关

---

[1] 《明太宗实录》卷一三一，永乐十年八月丙寅，台北，"中研院"史语所1962年版，第1618页。

系。其地纳入中国"疆域"版图范围之内,其民则成为统一国家中的一员,"吾子子孙孙,世世臣服,永无异意矣"。实现国家认同,增强了向心力。

内地化即边疆地区在政治、经济与文化上与内地的"同质化",这主要表现在"基层社会自下而上地对王朝政治体系及意识形态在心理认同上的趋同过程,而这往往与汉族移民的大规模流动有密切的关系"[①]。历史上,东北地区的"内地化"进程由内外两个因素推动,内部因素是少数民族对汉文化的歆慕,主动接受汉文化;外部因素是汉族移民的大量持续迁入,进而改变当地生产方式和生活方式。

东北亚走廊与丝路在很大程度上体现着国家意志,强化着"国家"观念,维护着藩属朝贡体系,有利于少数民族的"国家认同"和边疆"内地化"进程,对边疆稳定产生重大影响。

6. 东亚文化圈的形成

东北亚走廊与丝路在东亚文化圈的形成中起着重要作用。东亚文化圈一般认为是以文字、儒教、律令制度和佛教为核心的同质文化。在东亚文化中,具有多种共同根源的原生态文化,如细石器文化、玉文化、萨满教、儒学和佛教等。东亚文化中有许多共同因素,这种共同文化因素与东北亚走廊与丝路密不可分。东北亚地区古代有着共同的原始萨满教信仰。中、日之间在旧石器时代文化有许多共同性和一致性[②]。新石器时代,中国东北和朝鲜半岛、日本列岛、俄罗斯远东地区文化遗存具有共同特点,即均以饰压印纹或刻划纹的筒形罐为主,他们之间联系密切,属于同一个大的文化区系,这使我们看到了东北亚文化一致性的基础。中国的儒学对朝鲜、日本等国产生巨大影响,朝鲜、日本使用中国的文字、历法、制度、礼仪等,如唐代的《宣明历》,在日本沿用了约800

[①] 杨志强:《"国家化"视野下的中国西南地域与民族社会——以"古苗疆走廊"为中心》,《广西民族大学学报》2014年第3期。

[②] 裴文中:《从古文化及古生物上看中日的古交通》,《科学通报》1978年第12期。

年。这些都表现出与中国文化的高度认同和共通性，形成同质文化圈。

在古代东亚文化圈中，无疑汉文化是东北亚区域的主体文化。许倬云先生说："中国文化，若作为一个文化圈，则在每一个时代，都可以超越政治或地缘意义的'中国'。最堪注意的，则是中国文化于中古以来，俨然是东亚许多地区共同参与的一个文化体系。"[①]中国的物质文明、制度文明和精神文明对东亚的影响尤为突出，而东北亚走廊与丝路在这个文化圈的形成过程中起了不可替代的作用。

总之，东北亚走廊与丝路把中原农耕文化区、东北渔猎文化区和北方草原文化区紧密地联系起来，将中国与世界联系起来，因此具有中国和世界两方面意义。东北亚走廊与丝路是边疆控制、族群迁徙融合、文明碰撞传播、经贸交流和经济一体化等重要廊道，中国古代文明的形成和发展，中华民族和中华文化的多元一体化进程等都可以从这些廊道和丝路中显现出来。它使中国东北地区形成一个开放的地理—经济—文化单元，与周边国家相互影响，奠定了中国东北在东北亚的重要地位。

四 "一带一路"视域下东北亚走廊与丝绸之路研究设想

"一带一路"强调"政策沟通、设施联通、贸易畅通、资金融通、民心相通"的区域大合作，它涵盖了政治、经济、贸易、交通、文化等各个领域，体现了联系与发展、开放与互动、合作与共赢的国际视野。2015年，国家多部委联合发布《推动共建丝绸之路

[①] 许倬云：《万古江河——中国历史文化的转折与开展》（序），上海文艺出版社2006年版，第8页。

经济带和 21 世纪海上丝绸之路的愿景与行动》，提出建设中蒙俄国际经济合作走廊，东北被纳入"一带一路"战略中。东北亚走廊与丝路既是历史的也是现实的，在"一带一路"视域下，东北亚走廊与丝路研究既要借鉴其他民族走廊与丝路研究的成熟做法，更要有创新和突破。

1. 以走廊与丝路为视角构建学术框架与体系

东北亚民族走廊与丝绸之路是"历史的地理枢纽"，在东北、东北亚的历史发展中起着重要作用。因此，以民族走廊和丝绸之路为视角探索中国东北、东北亚地区边疆与民族、经济与社会、历史与文化，这是研究"范式"的转换。要改变过去对问题的"点"的研究，由点到面，由静态转变为动态，体现联系、开放、互动的观点。以走廊和丝路为视角，构建新的学术框架和体系，开拓新的研究领域和方向，对民族迁徙与融合、文化传播与融汇、古代文明起源、边疆控制与国家认同、边疆内地化进程、中华民族与中华文化多元一体化、东北亚区域合作与经济一体化、东北亚国际政治与国际关系、民族文化遗产保护、线性文化遗产开发与利用等许多重大问题做出新的解释，从而夯实东北亚走廊与丝路研究理论体系的基础，自主建构该领域的中国学术话语权。

2. 强调问题意识，加强多学科合作

"民族走廊"是民族学的一个重要命题，但它又不是一个单纯的民族学问题，它涉及各个学科和领域。走廊与丝路作为一个特殊的地理—文化系统或人文场域，它包含着地理、生态环境、历史、文化、民族、宗教、交通、经贸、区域合作等丰富内容，尤其在"一带一路"视域下，人们赋予走廊与丝路研究以更丰富的内容和更宽阔的领域，这绝非局部视野可以覆盖，亦非单一学科所能胜任，应当是国际视野下的跨学科的、跨地域、跨国别的综合研究。要把问题意识与学科意识结合起来，学科应当从属于问题，"划分学科的目的在于提高问题研究的专门化程度，而不是将问题研究限定于某一个专门化领域"①。注意以问题意识统领学科，以问题意识带动学科整合，淡化学科边界，强化学科相互渗透、相互交叉，避免研究对象的碎片化，从而实现跨学科、跨区域、跨国别的学术合作和整体性、综合性、联系性思考。

3. 理论与方法的多样化

走廊与丝路所涉及的内容十分丰富，即有历史的又有现实的，它涉及地理学、民族学、人类学、历史学、考古学、社会学、文化遗产学等诸多学科内容。同时，由于各民族走廊与丝路在地理环境、气候类型、历史传统、民族分布、文化传统和国际地缘等方面的差异性，其研究内容也必然有差异，从而体现其独特性。这些都决定了走廊与丝路研究在理论与方法上的多样性。因此，单一的或传统的研究方法已不能满足研究需要，应该吸收、借鉴、融合其他人文社会科学、自然科学的理论与方法，从而将研究推向一个新的高度。

值得强调的是，走廊与丝路连接的是不同的文化或文明共同体（民族或国家），跨界和差异性是其显著特征。差异性主要表现在地理环境的差异、文化的差异、心里的差异、社会结构的差异等多层面。同时，历史上河西走廊、藏彝走廊、南岭走廊和辽西走廊这四大民族走廊在具备共性的同时，又因地理、民族、文化等不同而有其独特性。因此，比较研究方法无疑应是最常用的研究方法之一。通过比较研究可以分析异同，加深对民族走廊与丝路的全面理解，有助于从总体上认识民族走廊与丝路的特点。如辽西走廊与藏彝走廊（茶马古道）、河西走廊（丝绸之路）等相比，通过辽西走廊古廊道所实现的文化传播与交流更为突出，其文化符号可称为"诗书之路"。"诗书之路"强调的是交流物品的文化属性和文化交流结果。"诗书之路"更多承载的是精神文明。历史上，东北少数民族无数次通过辽西走廊运载图书典籍，他们学习汉文化，接受汉文

---

① 刘泽华主编：《中国政治思想通史》（综合卷），中国人民大学出版社2014年版，第87页。

化。朝鲜、日本的使者和遣唐使来中国，其重要任务之一是"尽市书而还"，形成了一条双向互流的"书籍之路"。从文化交流的结果看，东北少数民族不断趋同汉文化，从而实现"车书一家"。而朝鲜、日本则接受中国文化，中华文明通过"诗书之路"远播东北亚，同时亦拓展了自身的生存空间，形成东亚同质文化圈。"诗书之路"对于理解东北少数民族的汉化和东亚文化圈的形成具有启发意义。

4. 扩大视野，以走廊和丝路为视角进一步推动东北区域历史与文化研究

中国东北在东北亚区域处于核心地位，这不仅是在地理位置上，更体现在历史发展进程中。无论是古代还是近代，东北在东北亚地区历史发展进程中都留下深刻的历史印记和影响。从交通角度讲，东北亚走廊与丝路也是东北交通骨干，它联系沟通着周边民族与国家，东北不是一个封闭独立的"历史单元"，它必然受到周边国家和民族的影响。在民族走廊和丝路视域下，将东北历史、文化置于更大的地理空间、文化场域、历史背景和国际环境下去思考，将东北与东北亚历史发展联系起来，突破仅限于国内的狭窄视野，进入一种世界话语的文化表述空间，有助于深刻认识东北历史发展与周边国家的互动性和文化的民族特性。这样的国际视野和背景将会引发更多新的思考，避免静态的孤立分析，进而在互动的脉络中拓展地域研究的新视野，对于重新认识东北边疆与民族、历史与文化、社会与经济和东北亚各国历史发展等都有重要历史意义和现实意义。

5. 开展多领域研究，为东北再振兴提供学术与智力支撑

东北亚走廊与丝绸之路研究具有历史与现实意义，因此历时性研究和共时性研究要兼顾。2002年，东北亚中、俄、韩、日、蒙五国联合提出"东北亚国际运输走廊"。2009年，国家确定"长吉图开发开放先导区"经济带。2015年，国家多部委规划"一带一路"愿景，提出"中蒙俄经济走廊"。东北也纳入国家"一带一路"发展战略中，古代"民族走廊"正向当今"经济发展带"和区域经济一体化转型，东北亚走廊经济带逐渐形成。在这样的背景下，东北亚走廊与丝路研究要和现实结合起来，从现实中发现历史问题，从对历史问题的回答中为现实提供借鉴和启示。要把握时代脉搏，根据时代需要拓展新的领域和空间，展开具体课题研究。不仅要进行传统的历史学、民族学等研究，更要从经济学、管理学、人类学等关注现实问题，如民族走廊地区经济增长方式的转变、社会文化变迁与民族关系、民族走廊线性文化遗产保护与利用、东北亚各国区域合作及经济一体化等，要将学术研究与当前社会经济发展和文化建设迫切需要解决的热点、难点问题结合起来，为东北再振兴和国际区域合作提供智力支撑和文化依据。

6. 以"文化线路"推进民族线性文化遗产保护与利用

"线性文化遗产"（文化线路）是联合国教科文组织提出的文化遗产概念，强调的是特定地域空间内文化遗产的线性分布、内在联系及其相互影响，它反映的是文化多样性和整体的跨文化意义。民族走廊与丝绸之路经过的都是民族地区，拥有类型多样、内容丰富、特色鲜明的民族文化。民族走廊与丝路将沿线及周边地区多样性的文化遗产、"文化景观"联系起来，构建了一个连续的线性"文化载体"。历史上东北亚走廊与丝路是一条极具特色的民族历史文化沉积带，众多民族都在东北亚走廊与丝路上留下了民族文化遗迹和景观，这些遗迹、景观是历史的见证，也是走廊与丝路文化多样性和整体的跨文化体现。由于多种原因，目前很多民族文化遗产被毁坏散失，一些独特的民族文化日渐消失。因此，从"文化线路"视角充分发掘文化遗产的内涵、特点，抢救和传承民族历史文化，推动文化遗产的保护与利用，是东北亚民族走廊与丝路研究的当务之急。同时，为文化遗产旅游开发提供依据，打造跨国线性文化遗产旅游产品，实现文化资源的产业转化，也是走廊与丝路研究中最具现实意义的内容之一。

渤海针经《黄中海程》作者及出处略辨

陈佳荣

（香港现代教育研究社）

在明、清时的诸多海道针经中，目前所见绝大部分出自闽、粤及海南舟子船工所记［详见广东科技出版社 2016 年版《中国历代海路针经》，该书作者及全书目录可参〈《中国历代海路针经》（*A Collection of Maritime Routes and Rutters of Imperial China*）由广东科技出版社出版，2016 年 8 月 22 日在南国书香节暨羊城书展首发〉（http://www.world10k.com/blog/? p = 3227）］，主要航线也多在长江以南，江北至渤海的详细针经较少。近蒙学友刘义杰提示，录得清人所撰《山东海疆图记》卷三·地利部·道里志所保存的一种《黄中海程》，专载江北至华北、东北的航海针路，弥足珍贵，特致谢忱。

所谓"黄中海程"，系在山东为官者黄中编撰的航海记录。《山东海疆图记》及《山东通志》引用其文时，均指其为"闽人"，但别的资料则载为浙人。另刊载该书的《山东海疆图记》通常署为佚名，其实真正主编者亦非无考。下面先将相关原文予以引录，以飨读者；然后就黄中籍贯、任官及《山东海疆图记》作者等若干问题略作辨析，抛砖引玉。

一　清雍正间《黄中海程》内文引录

乾隆《山东海疆图记》［《北京图书馆古籍珍本丛刊》第 22 册

（史部地理类）据佚名清抄本收入（书目文献出版社1987年版）]的卷三地利部·道里志，载有渤海针经《黄中海程》的宝贵资料。其相关原文如下：

> 海洋道里与内地不同，乘潮驶风远近所经讵可拘泥？舟行者不曰几里，而曰几更。更者，每一昼夜分为十更，以焚香枝数为度，以木片投海中，人从船面行船风迅缓定为多寡，可知船至某山洋界，以六十里为一更。按自直隶祈河口以东入东省界，至丁河口一更。船至虎头崖四更（可泊船取薪水）。船至小石岛四更。船至岞屺岛二更（以上三处皆可泊船取薪水）。船至黄河营一更（不可泊船）。船至天桥口一更（可屯战船）。船至八角口三更。船至芝罘岛一更（以上二处皆泊船要道，可取薪水）。船至养马岛一更（所经祭祀台、丁字嘴皆可泊船寄锚）。船至刘公岛四更（可泊战船取薪水）。船至成山头三更（不可泊船）。船折而西南至龙须岛一更（有薪水可泊船）。船至养鱼池一更（可泊战船）。船至青鱼滩一更。船至岞屺岛一更。船至里岛口一更。船至马头嘴一更（以上四处皆可泊船）。船至靖海卫一更。船至海阳所口二更。船至棉花岛一更。船至乳山口一更。船至海阳县一更。船至行村口一更。船至田横岛一更（以上诸口皆可泊船取薪水）。船至劳山下清宫一更（不可泊船）。船至登窑口一更（可泊战船）。船至浮山所一更。船至青岛口一更。船至胶州头营子二更。船至唐岛口二更（以上诸口皆可泊船寄锚取薪水）。船至柴葫荡一更（不可泊船）。船至古镇口一更。船至曹家口一更。船至琅邪台一更（不可泊船）。船至董家口一更（此下诸口水浅，战船皆不能泊），船至宋家口一更。船至夹仓口一更。船至安东卫岚山头一更。又西南入江南莺游山界。盖沿海水程凡五十六更，计三千三百六十里。其至关东旅顺，则取道庙岛。自天桥口东北至庙岛一更。船至鼍矶岛一更。船至大小钦岛一更。船至南北隍城一更。船

至旅顺洋交界所一更半。船九五更半，计三百三十里。

昔闽人黄中宫［官］文登令，于长年三老询悉海道，按程笔记，颇为详密。而《莱志》复有自南而北海程，皆可参考，因并录之，而附以元时运辽开洋快捷方式，用资司疆者之互证云。

《黄中海程》：

自大沽河口开船，向东南巳字行二十余里至大沟河，又行二十里向正东乙辰，约行十余里，向南方未丁过浅沙至套儿河（属沾化县）湾泊，计程五十五里。

自套儿河开船，向北方丑癸出套儿河拦港沙，转甲卯又巳［乙］辰，又巽巳共约十里，过浅沙，向东南巳字约行一百里，转东南辰巽，约行三十里，至大清河湾泊，计程一百四十里。

自大清河口开船，向正东甲卯，约行四里；若值正南风，可折戗向南巳丙约行三十里；值西南风，向东南巳字约行六十里；值正北风，向东南巽巳约行六十里；若西北风大发，不得收入港口，姑就唐渡河海岸浅沙处亦可寄泊，计程一百五十里（唐渡河即弥河口，属寿光县）。

自唐渡河开船，若值西北风，向东南辰巽约行三十里；值正北风，向东方乙辰约行三十里，又向东南巽巳约行六十里；值东北风，向东甲字约行三十里。可泊淮河口栏港沙外，计程一百五十里（淮河属昌邑县）。

自淮河口开船，若值正南风，向正东乙卯，约行五十里，远望隐见虎头崖及芙蓉岛；又向东北艮寅约行七十里至芙蓉岛湾泊，计程一百二十里。

自芙蓉岛开船，若值西南风，向西北干亥，过小石岛，出雕翎嘴，约行五十里，向东方甲寅约行十里，向正东乙卯约行五十里，过三山岛；值正南风，向正东甲卯，约行六十里，向东北艮寅约行一百里，向西北干亥约行四十里，过峿屼岛，向正东甲卯约行六十里，到桑岛湾泊，计程三百四十里。

自桑岛开船，若值西北风，向东北艮字行使至庙岛湾泊，约计程一百里。

自庙岛开船，乘正北向南巳丙，约行三十里，将过长山岛浅沙；若值风急浪涌，难以前进，再行二十里，可泊于登州天桥外，计程五十里。

自天桥口开船，若值西南风，向东北艮寅约行十里，又向正东甲卯约行三十里，到湾子口，水深四丈。又向正东甲卯约行十里，到西凤山；如值东北风，向正东甲卯约行三里，又向东南辰巽约行五里，又向正南丙午，约行三里，向西北干亥至刘家汪口湾泊，计程六十余里。

自刘家汪口开船，若值正东风，向东方乙辰约行六十里到龙门港，其山峻削，玲珑巨石，底水深数丈。向南巳丙约行三十里，左望芝罘岛，右循海岸，进八角海口，水深四丈余，细沙底。复向西北近岸湾泊，计程九十里。

自芝罘岛开船，若值西南风，向正南午字约行四十里，向东方乙辰约行六十里，至养马岛湾泊，计程一百里。

自养马岛开船，若值西南风，向西北干戌出口转东北艮寅，约行二十里，向正东卯字约行一百十里，过咬牙嘴。此处众流迸集，水势湍急，岸旁有杵岛，水道稍险。又向东南巽巳约行二十里，水深六丈，黑泥底，将进刘公岛，北口有二巨石当流，行舟宜避之。向正南丙午约行十里，至岛下，往南湾泊，计程一百六十里。

自刘公岛开船，若值西南风，向东南巽巳约行二十里，又向东方乙辰约行八十里，又向正东乙卯约行五十里，过青矶岛。复向正东乙卯约行五十里，至成山头，为水师南北分汛之地，有骆驼圈海口，可容七八十艘避飓风。如遇紧急，可以宿泊对面。正北有海驴岛，岛北有浅沙，宜避。成山头里许有大卧虎石，有小卧虎石暗礁，沉在水中，时起白浪，最为险恶，宜避过。海驴岛紧近成山头，沿边而行，向东南巽巳历丙午、丁未以至于癸，依山麓行约四十里，至龙口崖湾泊，计程二百四十里。

自龙口崖开船，若值西北风，向西南坤字行三十里，过养鱼池口，可容二百余艘。向正南午字约行八十里，过倭岛。向南方丁未约行三十里，向正南丙午约行四十里，向正西庚酉约行六十里，向西北干戌收入，泊在马头嘴，计程二百四十里。

自马头嘴开船，若值正北风，用坤申出口，向西方辛字行，过苏门岛，至靖海卫湾泊，计程六十里。

自靖海卫开船，若值东北风，向正西庚酉约行一百五十里，过宫家岛、黄岛，至葫芦嘴，水深三丈五尺，石底。又过小竹岛，转正西辛酉，约行三十里，过小青岛。又转正西庚酉，约行六十里，至大嵩卫。其西南有礁石，出水长十余里，行舟宜避之。正南海中百余里外，有千里岛，向西南坤未约行一百里，转向南坤申约行二十里，至田横岛下湾泊，计程三百六十里。

自田横岛开船，若值东北风，向西南坤未约行九十里，过管岛、车门岛、车公岛，过劳山头，巍峨耸翠，巨浪险恶。转正西庚酉约行三十里，过劳公岛，从西南逶迤进福岛湾泊，计程一百二十里。自福岛开船，若无风乘潮顺流而行，向正西庚酉约行七十里，到淮子口转西北干亥，至黄岛湾泊，计程七十里。

自黄岛开船，值西北风，向东南巽巳行，出淮子口转南方巳丙，约行三十里，过小珠山田岛，转西南坤未约行三十里，过薛家岛。复行十里，向东北方进唐岛西口湾泊，计程七十里。

自唐岛开船，若值正北风，向西南坤未约行七十里，过大珠山古镇口，又约行三十里至斋堂岛湾泊，计程一百里。

自斋堂岛南行三百四十里至莺游山，江南海州界矣。

《莱州府志》：

自南而北海程：

第一程自莺游门起，东北远望琅琊山前，投斋堂岛湾泊，约四百里，为一大程。西面有泥滩三里，可容船百余只。如船多，岛东北三十里有龙湾口，可泊船二百余只，中间所过水面，东北一百九十里至涛雒口。又二十里至夹仓口，回避望海石。又东三十里，至石臼所海口，回避石臼拦、胡家拦、曲福桃花拦。又东四十余里，至龙汪口，回避黄家石拦。又东二十里，至龙潭，可容船百余只。又东二十余里至沐官岛，回避胡家山。以上可泊五处，应回避七处，俱用西南风，回避西北风。

第二程自斋堂岛等处开船，正东由胶州灵山岛，东北远望劳山，前投福岛湾泊，共约二百余里。西南有泥滩二里半，可容船六十只。如船多，岛西五十里有董家湾阔大，可容船三百余只，中间所过水面，东四十里至古镇口，回避海子嘴。又东五十里至灵山岛，岛西南嘴可容船二十只，回避东北、正东风；岛东北鼓楼圈可容船十余只，回避正北、西北风。此处虽可容船，不宜久住。东北六十里至唐岛，可容船二百余只，避东风、东北、正北风，回避淮子口露明石。又东五十里至小青岛，避正北、东北风。又东六十里至董家湾，回避捉马嘴。以上可泊五处，应回避三处，俱用西南风，回避西北、正北、东北风。

第三程自福岛开船，东二十里回避老君石，遥望田横岛湾泊，约一百五十余里。此岛周围三十里，可容船二百余只。如船多，岛东七十里有阔落湾，可容船二百余只，中间所过水面，东北六十里至小管岛。又东十里至大管岛。又东七十里至田横岛。以上可泊二处，应回避一处。

第四程自田横岛开船，遥望程山前，投延真岛湾泊，共约四百余里。此岛东西长五十里，遇北风泊南面，遇东风泊北面，可容船百余只。东北岸下有三孤石，又旁多隐石，皆宜回避。

中间所过水面，东［西］四十二里至杨家湾。又东三十里至草岛嘴。又东三十里至青岛。又东三十里至黄岛。又东北三十里至宫家岛。又东一百五十里，由苏门岛至延真岛。以上可泊六处，应回避三处。

　　第五程自延真岛开船，稍放洋行东转杆岛嘴，北过成山头，西北望威海卫山前，投刘公岛湾泊，约一百四十里。此岛可容船六七十只，中间所过水面，东三十里至镆铘岛西头季家圈。又东三里至尘鹿岛。又东十五里、西北四十余里至养鱼池。又东北二十余里至黄埠嘴。又东南一里，回避成山头。又东七八里，回避殿东头。此二处极险，须放洋远避。过此转西三十余里至骆驼圈里，东岸下可容船七八十只。又西三里李丛嘴可容船二三十只。又西十五里至柳夼口，避西北、东北风。又西一百里至刘公岛，回避岛东南礁石嘴。又西四十里至威海卫东门口教场坞，可泊船四百余只，避西北风。以上可泊四处，应回避三处。

　　第六程自刘公岛开船，至芝罘岛湾泊，约二百余里。此岛东南长二十里，可容船一百余只岛。迤东三十余里有崆峒岛前，可容船二三十只，中间所过水面，迤西一百四十里至养马岛，回避西北风。又岛西回避炼石嘴，西北五十里系崆峒岛。又西三十里，系芝罘岛。以上可泊二处，应回避一处。

　　第七程自芝罘岛开船，至沙门岛湾泊，约一百八十里。岛东南汪周围二三里，可容船一百余只，避西北、东北、正北风，中间所过水面，西六十里经八角嘴。又西五里，回避龙洞嘴。又西五十里，回避四石。又一二里入刘家汪口，避四面风。又西二十里，回避湾子口东北沙港。又西二十里，回避抹直口、金嘴礁石。又西三里入新河海口，即登州府水城，回避观音嘴石。西北四十里，回避长山岛东南嘴沙港。又西十里至沙门岛。以上可泊三处，回避六处。

　　第八程自沙门岛开船，至三山岛湾泊，约二百余里，中间所过水面，南三十里回避大石栏。又西六十里至桑岛，避西北、东北、正北风，回避岛东北二处礁石。又西回避羊栏口礁石。又西十五里，即三山岛。以上可泊二处，回避四处。

第九程自三山岛开船，西投大清河口湾泊，共约四百余里。此口可容船五十余只，中间所过水面，西三十余里至芙蓉岛，西南面可容船四五十只。又西五十余里，回避虎头崖并东北碎石。又西五十里至海仓口，回避海口桩木闸石。又西一百十里至弥河口。又西四十余里，至小清河口，俱外有沙港不可入。以上可泊二处，应回避四处。

第十程自大清河开船，投大沽河口，约一百八十里。此口可容船二百余只，中间所过水面，西三十里至大沙河口，可容船一百五十只，回避沙港一处。又西一百二十余里，至大沟河口，可容船一百余只。又西北二十余里，至大沽河口。以上可泊二处，应回避一处，又西北交直隶沧州界。

以上为《山东海疆图记》引文。除了《山东海疆图记》外，乾隆元年修成的《山东通志》（据四库全书本）卷二十·海疆志（海运附），也载有"南道（自南而北者为南海道）""北道（自北而南者为北海道）"。"南道"包含第一程至第十程，注明引自《莱州府志》。引文后另有一段话，然后接叙"北道"，这段话是："以上十程乃山东省沿海由南而北之津程也，巡船、商船大约由此。然海洋不同内地，乘潮驶风远近所经讵可拘泥？近得闽人黄中官文登令时，于邑中长年三老询悉自北而南海道，按程笔记其洋面里数并回避险处，互有异同，较《莱志》更为详密，因并志之，以俟司疆者之参考折衷云。"其下之北道内文，因未标明何为黄中所记、何为《莱州府志》所载，且与《山东海疆图记》所述大同，故未再另行录取。

二 有关《黄中海程》的几个问题

（一）黄中生平及《黄中海程》的编撰

1. 年里

乾隆《山东通志》卷二十海疆志（海运附）［所引古籍版本均见本文附录］谓为"闽人黄中，官文登令"，《山东海疆图记》、同治《即墨县志》随之；然道光《文登县志》卷三·职官·国朝·知县谓"黄中：浙江钱塘人，监生"，光绪《文登县志》卷五·职官表一载"雍正：黄中，钱塘监生"，道光《沂水县志》卷五·职官·知县则记"黄中（浙江钱塘岁贡）"。看来以钱塘人可能为大。

2. 任官

道光《文登县志》知县条谓"黄中：浙江钱塘人，监生，雍正五年任"，七年则另有别人。光绪《文登县志》同，另乾隆《山东通志》等均云黄中"官文登令"。唯道光《沂水县志》卷五·职官·知县，在雍正二年至五年间记有"黄中（浙江钱塘岁贡）"，看来在雍正五年赴任文登前，黄中曾任过沂水县令两三年。而他任文登县令的时间也可推为雍正五至七年。

3. 著书

乾隆《山东通志》卷二十·海疆志（海运附）在"南道（自南而北者为南海道，见《莱州府志》）"后谓"近得闽人黄中官文登令时于邑中长年三老，询悉自北而南海道，按程笔记其洋面里数并回避险处，互有异同，较《莱志》更为详密，因并志之，以俟司疆者之参考折衷云"，然后接叙"北道（自北而南者为北海道）"。同治《即墨县志》所引用同。乾隆《山东海疆图记》先云"昔闽人黄中宫［官］文登令，于长年三老询悉海道，按程笔记，颇为详密。而《莱志》复有自南而北海程，皆可参考，因并录之"，该书以《黄中海程》专名先叙北道，然后再引《莱州府志》而载南道。

由此可见，黄中所询查、记录的海程，确为"自北而南海道"的"北道"，其编撰时间当在雍正五至七年或稍后。

(二)《黄中海程》的内容及确实全文

对于"黄中海程"的引述，以乾隆《山东通志》为早，但未明确说明其所述的全文为何；乾隆《山东海疆图记》无论引用原文之内容或引录文字，均比乾隆《山东通志》简略，但引文却明确标示为《黄中海程》。在比对乾隆《山东通志》和《莱州府志》的海道后，可见《山东通志》南道内容确来自《莱州府志》，只不过有十程或十二程之别。至于北道内容，则为《莱州府志》所无，故《山东通志》和《山东海疆图记》的北道均祖袭自"黄中海程"。

可是《山东通志》相关正文虽与《山东海疆图记》中的《黄中海程》大同，但在诸航线正文之下却多出许多注释小字，由此产生两种可能：（1）《山东通志》北道正文与《山东海疆图记》中的《黄中海程》，才是黄中记录的原文，前者的注释小字系《山东通志》编者后来增补；（2）《山东通志》的正文和注释均为黄中所记，而《山东海疆图记》却略其注释，仅保存正文。

(三)《莱州府志》《山东通志》南道航程

无论《山东通志》或《山东海疆图记》，均把南道标明引自《莱州府志》，但只有十程，而乾隆《莱州府志》却包含十二程。今比对《山东通志》及乾隆《莱州府志》，发现前者的第三程"自福岛开船……"相当后者的第五程，前者的第一程"自莺游门起……"相当后者的第三程，其他各程内容文字相差两程而大同，《莱州府志》多出的是第一程"自淮安府开船至八套口……"及第二程"自八套口开船至莺游山……"乾隆元年《山东通志》所引自是康熙版的《莱州府志》，据介绍有十三程，唯其第五程文字分明与乾隆《莱州府志》同，故疑十三为十二之误，《山东通志》因主要叙述本省航道故删去前两程。不过，须待查阅康熙版《莱州府志》原书，方能做出更全面的判断。

（四）《山东海疆图记》的作者考实

《北京图书馆古籍珍本丛刊》第 22 册（史部地理类）所引《山东海疆图记》系据佚名清抄本，其序及凡例多遗漏或缺叶。今翻阅全文，却有所发现。原来在卷七人事部·操防及卷四天时部·日色，分别有下列记述："［乾隆］三十七年秋，余以阅兵至此，得游所谓蓬莱阁者，于焉勒习水师……而总戎窦公……特请余为文以记之"，"三十九年夏，余阅兵至即墨营，闻其胜特往游焉，是为四月十有四日……同观者莱州守王鹗、胶莱运判谢洙、即墨令崔□……凡八人所见皆同"。这自称"余"者，正是乾隆三十六年至三十九年任山东巡抚的徐绩（？—1811）。他有《蓬莱阁阅水操记》、《崂山观日出记》，其文正与此全合。徐绩在三十九年后任河南巡抚，故《山东海疆图记》应作于乾隆三十六年至三十九年或稍后。

附：有关《黄中海程》的部分古籍

1. 康熙《莱州府志》：1712 年（康熙五十一年）版

美国国会图书馆藏活字本，中共中央党校图书馆藏木刻本。孙伟〈新见康熙本《莱州府志》〉［载《文献》1981 年第 1 期，http://www.nssd.org/articles/article_detail.aspx?id=1003202286］文称该志《海运正道》有十三程，并引第五程全文。

2. 雍正《黄中海程》：1727—1729 年（雍正五至七年）或稍后

乾隆《山东通志》、乾隆《山东海疆图记》、同治《即墨县志》引用。《山东海疆图记》直标该名，《山东通志》指黄中任文登令时记录"自北而南海道"（《即墨县志》承之）。道光《文登县志》载黄中于雍正五年任文登知县，七年已易何经永担任。

3. 乾隆《山东通志》：1736 年（乾隆元年）

据《四库全书》版卷二十·海疆志（海运附）载"南道（自南而北者为南海道，见《莱州府志》）"［其南海道共十程，第三程相当上述康熙《莱州府志》的第五程］，后谓"近得闽人黄中官文登令时于邑中长年三老，询悉自北而南海道，按程笔记其洋面里数并回避险处，互有异同，较《莱志》更为详密，因并志之，以俟司疆者之参考折衷云"，然后接叙"北道（自北而南者为北海道）"[诸航线正文之下多有注释小字]。

4. 乾隆《莱州府志》：1740年（乾隆五年）版

凤凰出版社等《中国地方志集成·山东府县志辑44》有影印本。该书卷一海运篇的〈海运正道〉列有十二程，第五程相当乾隆《山东通志》南海道的第三程。

5. 乾隆《山东海疆图记》：1774年（乾隆卅九年）后

《北京图书馆古籍珍本丛刊》第22册（史部地理类）据佚名清抄本收入（书目文献出版社1987年版）。据书中内容可见此书作者为乾隆三十六至三十九年（1771—1774）任山东巡抚的徐绩（？—1811）。该书卷三地利部·道里志列有《黄中海程》，其文与乾隆《山东通志》的"北道"大同，而无诸航线或地名下注释的小字；其下接"《莱州府志》自南而北海程"，与乾隆《山东通志》同为十程。

6. 道光《沂水县志》：1827年（道光七年）版

其文被综合入《沂水县清志汇编》（山东省地图出版社2003年版）。该书卷五·职官·知县，在雍正二年至五年间记有二人："吕管（顺天人）"，"黄中（浙江钱塘岁贡）"。

7. 道光《文登县志》：1839年（道光十九年）版

其文可在网上阅读：https：//books. google. com. hk/books？id＝qWErAAAAYAAJ&pg＝PT499&lpg＝PT499&dq＝道光文登县志&source＝bl&ots＝lz＿qBPI99i&sig＝ijZWp2he9cseSGNYPOrd9KvhMhM&hl＝zh-TW&sa＝X&ved＝0ahUKEwiXutfA2f3KAhUKFpQKHf-XB0cQ6AEIOzAF#v＝onepage&q＝%E9%81%93%E5%85%89%E6%96%87%E7%99%BB%E7%B8%A3%E5%BF%97&f＝false。

该书卷三·职官·国朝·知县谓"黄中：浙江钱塘人，监生，雍正五年［1727］任"。另光绪《文登县志》（《中国地方志集成·山东府县志辑54》）卷五·职官表一载"雍正：黄中，钱塘监生，五年任"。

8. 同治《即墨县志》：1873年（同治十二年）版

《中国地方志集成·山东府县志辑47》有影印本。该书《卷十二杂稽·海程》载有南道十程及北道，内容袭乾隆《山东通志》。李玉尚《崂山沙子口海庙与天后宫的变迁》(《民俗研究》2008年2期）一文，提及《即墨县志》所载的黄中海程等事（http：//max.book118.com/html/2014/0804/9307407.shtm）。

从辽东半岛汉墓及出土文物看古代东西方文化交流[①]

王禹浪　王天姿　王俊铮

（大连大学中国东北史研究中心、延边大学人文社会科学学院、大连大学人文学部）

自1905年以来，在一百多年的时间里辽东半岛地区的汉墓群不断被发现。据不完全统计，迄今为止在辽东半岛的区域内所发现的汉墓已达数十组群，汉墓的单位数量可达数千座，墓中所出土的各类文物达数万件。这些汉墓的发现，说明辽东半岛区域继战国燕秦之后，汉族群体再度举家、举族，倾邑、倾城，从中原迁徙到辽东和朝鲜半岛北部。其中辽东半岛便是这些汉族群体重要的集聚区，汉墓中出土的丰富文物表明，他们长期在这里繁衍生息，过着富裕稳定、和谐美满的生活。在汉墓群附近还发现了为数众多的汉代古城，表明这些汉墓群与汉代古城构成了两汉时期辽东半岛居民所经历的生存与死亡的完整过程。这些汉墓的存在，证明辽东半岛的汉化过程在两汉时期已经完成。

---

① 本文为2016年度大连市社科联（社科院）重大课题项目"大连古代文明——西汉苍海郡与大连城史纪元研究"（项目编号：2016dlskzd007）的阶段性成果。

一　辽东半岛的地理位置与地理环境概述

所谓辽东半岛地区，就是中国东北大陆最南端伸入黄海与渤海之间的山岬半岛地域。辽东半岛的左翼隔黄海与朝鲜半岛遥遥相对，半岛的右翼则是中国境内最大的内海——渤海。渤海的西端就是中国自辽金时期以来的政治统治中心——京津地区。一般来说，划分辽东半岛北端的切线，是以辽河河口与鸭绿江江口平行的直线为标准。其行政区划则是属于中国辽宁省营口市的盖州、大石桥两市，丹东市所属的东港市、凤城市，鞍山市所属的岫岩满族自治县，以及大连市所属的庄河、普兰店、瓦房店三市及大连的全部辖区。但在对辽东半岛古代文明的研究中，还往往将辽阳与鞍山大部分地区划入其中。辽东半岛面积为2.94万平方千米，在中国三大半岛中的面积仅次于山东半岛，人口约900万。半岛的北部宽约150公里，由北向南渐窄，南端为大连市旅顺口区的老铁山。

辽东半岛上的地貌特征主要是以山地为主，属于长白山系千山山脉向南延伸的山麓。由于地下水充沛，半岛上的河流发育良好，水系密布，主要河流有大清河、熊岳河、复州河、碧流河、大洋河、鸭绿江等。半岛上古老的变质岩风化成波状丘陵，沿岸海蚀崖、岩滩、岬角众多。近海处的众多的岛屿环绕着半岛分布成环状的外环岛屿链。地貌结构的基本轮廓是中央高，向东、西、南三面呈阶梯状降低，并直达黄渤海滨。从半岛的中央部位向两侧依次排列着中山、低山、丘陵和海滨平原等地貌类型。长白山系——千山山脉及其余脉（北起连山关，南至老铁山）纵贯半岛的南北，构成了从东北向西南延伸的山脊。整个半岛呈现出北高南低，南窄北宽的地势，半岛的大部多为山区和丘陵所覆盖。半岛北部的绵羊顶子山、老黑山、步云山等山峰的海拔在1000米以上，其他的大多数山峰的高度为海拔500—1000米不等。半岛南部则是低山区，如大黑山、小黑山、城山、当石山、龙潭山等山峰，在丘陵中呈岛状分布，其中大黑山为辽东半岛南部的最雄险崎峻的山峰，控扼着黄渤海与辽东半岛和山东半岛的交通命脉。

辽东半岛的平原面积较小，且分布零散，类型多样。河流的中上游有狭窄的河谷平原，较大的河流下游河谷及河口地带分布有较大面积的河谷平原及三角洲平原。山前则分布着规模不大的洪积平原；在较大的海湾附近分布着海积平原。总观辽东半岛，多山地丘陵，少平原低地，海岸曲折，气候湿润。

辽东半岛同时处于东北地区两大流域——辽河流域和鸭绿江流域的结合地带，以及环渤海地区和环黄海地区的交会之地。正是由于辽东半岛特殊的地理位置，其历史文化不仅兼备了辽河流域和鸭绿江流域古代文明的特征，同时还是环渤海与环黄海两大地区文明的融合之地，集聚了其自身的半岛文明、海洋文明和山地文明的特色。因此，辽东半岛的古代历史遗迹及其所表现的文明特征也异常丰富和复杂。自旧石器时代以来，辽东半岛古代文明始终不绝如缕、未曾间断，汉族、秽貊、高句丽、契丹、女真、满洲等古代民族在此繁衍生息、交往融合。特别是在汉代，辽东半岛首次形成了繁荣的城市文明。

在辽东半岛南部与山东半岛之间的渤海海峡，星罗棋布地分布着密集的庙岛群岛，在靠近辽东半岛东南部的环黄海海面上，则分布着与辽东半岛海岸线走向一致的长山群岛，包括大长山岛、小长山岛、广鹿岛、獐子岛等重要岛屿，并向东连接庄河河口外海的石城列岛、鸭绿江口外海的大鹿岛，进而一直延伸到靠近朝鲜半岛西北海岸的西朝鲜湾。这些天然形成的岛链为文化和文明的传播提供了得天独厚的地理条件，辽东半岛也因此成为东北最早接受中原文化的地区。自新石器时代始，来自山东半岛和中原腹地的文化便伴随着远古人类的迁徙泛海而来，在今大连、丹东地区发现了具有大汶口、龙山、岳石文化特征的黑陶制品、玉器等。秦汉以来，中原汉文明更是全面系统地涌入辽东半岛，其南部主要受到通过岛链形成的海上陆桥传播的影响，北部则受到了以锦州为中心的大、小凌河流域汉文化向东和东南扩张的影响，但受环渤海沿岸陆路大"C"形走向的制约，中原汉文化向辽东半岛的传播方式始终以距离较近的海路传播为主。因此，汉代大连地区较辽东半岛其他地区率先步入城市文明的繁荣期。辽东半岛汉代文明进一步向外扩散传播，主要沿两条路线：一是向北沿太子河流域和浑河流域，越过辽东地区的龙岗山脉和哈达岭进入今柳河、东丰、辽源、四平、吉林市等地，即松花江水系的上游流域，与定都于吉林市东郊东团山和南城子一带的夫余国文明碰撞融合，形成了带有浓厚汉文化色彩的夫余文明，吉林市帽儿山夫余墓地中出土的大量汉文明特征的陶器、漆器、铜器、铁器、丝织品等，便是汉文明向北传播进入松嫩大平原的实物证据；二是沿黄海海岸和环黄海北部的群岛链，越过鸭绿江进入朝鲜半岛北部。汉文明向朝鲜半岛的传播，除民众自发迁徙外，汉武帝设置"汉四郡"管辖辽东和朝鲜半岛，则是促进汉文明东传朝鲜半岛最重要的助推器。汉文明伴随着行政管辖得以源源不断输入朝鲜半岛，形成了以贞柏里、石岩里、土城洞等汉墓群为代表的"乐浪古坟"。有学者指出，乐浪汉墓中存在着土著文化因素、故燕文化因素、东北汉文化因素与东南沿海汉文化因素，[1] 从中可看出汉文化的传播情况。由此可见，辽东半岛承担着汉文化由中原进入东北腹地和朝鲜半岛的基地和跳板的作用，是名副其实的文明"贮存地"和中转站。

近代以来，由于辽东半岛地理位置的特殊性，这一地域一直是军事战略要地，许多重大事件与战事几乎都发生在这里。早在两次鸦片战争时期，英军就曾侵犯和骚扰大连地区，目的是解决英军给养、集结、休整等一系列相关问题。[2] 特别是第二次鸦片战争期间，

---

[1] 郑君雷、赵永军：《从汉墓材料透视汉代乐浪郡的居民构成》，《北方文物》2005年第2期。
[2] 郭铁桩：《两次鸦片战争期间英军对大连的侵略与骚扰》，《大连近代史研究》，辽宁人民出版社2008年版。

英军还曾在大连湾一带强行登陆，非法占据一个多月。① 其后的中日甲午战争和日俄战争更是以辽东半岛为中心而展开的。1858年，中英之间签署了不平等的《天津条约》，将牛庄下游的没沟营一带强行开埠，致使辽东半岛的西端，今大辽河河口左岸诞生了新的城市——营口市。营口实际上成为中国东北地区最早的对外贸易中心，是东北近代化的起点，号称"关外小上海"。1895年前后的清日战争，也是以日本侵占辽东半岛为最后结局。由此而产生的清日《马关条约》、1905年日俄战争后产生的《普茨茅斯条约》，以及朝日《江华岛条约》《清俄秘约》《日韩合并条约》，东清铁路的诞生等，这些影响世界格局的重大历史事件无不与辽东半岛有着密不可分的关系。也就是说，近代以来，日本崛起，清朝的衰败，以及东北亚地区国际环境的变迁等等，几乎都是以辽东半岛为中心而发生的。辽东半岛记录了世界近代史中太多的重大事件和历史变故。不仅如此，在东亚地域内，由三个半岛的特殊地域所构成的山海半岛所组成的地理环境，在世界范围内也属于极其特殊的实例。在由山东半岛、辽东半岛和朝鲜半岛组成的东亚地区的半岛圈中，辽东半岛则居其最敏感的中枢神经的中央部位。可以说，在古代和近代的军事战略中，只要据有辽东半岛便可以向东保证朝鲜半岛的安全，更可以向南进出中原，向西直抵京津而威胁华北。因此，日本军国主义特别重视辽东半岛的军事战略作用，并两次不惜任何代价占领辽东半岛，由此而巩固朝鲜半岛与山东半岛的军事占领，进而完成对侵略中国的三个半岛跳板互为倚重的战略布局。

辽东半岛上自古以来就拥有发达的交通路网，沿黄、渤二海的海积平原、河流冲积平原以及半岛腹地的河谷均为人类生存与移动提供了天然的交通孔道。目前，由沈阳—大连、营口—大连、丹东—大连、丹东—沈阳形成的三角形高速公路网和铁路网，以及以大

---

① 左域封：《第二次鸦片战争中英军侵占大连湾始末》，《辽宁师范大学学报》（社会科学版）1981年第1期。

连为核心的通往国内外的航空、海运、陆海联运的陆、海、空立体交通网络已经形成。辽东半岛以大连为中心形成的大连—营口—丹东的经济三角区，是中国东北地区未来最有发展潜力和活力的地域。辽东半岛的南端与山东半岛的直线距离只有65海里。目前，连接辽东半岛旅顺羊头洼港与山东半岛的海运铁路与客货滚装船均已开通。此外，由辽东半岛的大连通往日本、韩国以及国际海运远洋航线也已经开通。辽东半岛正在成为中国东北经济开发的先导区。

二　辽东半岛汉墓的地理分布特征

辽东半岛的汉代墓葬，1905—2015年的100多年的时间里不断地被发现。从沈阳、辽阳一直到大连地区，在南北400多千米的垂直范围内，沿着渤海和黄海分布着数十座汉墓群。从1905年日本学者鸟居龙藏在营口市熊岳城发现汉墓开始，到近几年来在大连营城子、金州新区董家沟、普兰店姜屯、辽阳苗圃等地发现数百座汉墓，辽东半岛发掘的汉墓数量数以千计，汉代古城及聚落或村落遗址也同时在汉墓区附近被发现，说明两汉时期辽东半岛居民公共墓地的选择，始终没有远离他们生前的居住区。他们极力把生前的生活场景再现于死后的墓室中，反映出他们死后再生及灵魂不灭的思想。

辽东半岛汉墓群的分布主要集中在辽阳、营口、大连这三个现代地级市行政区内。如果从地理位置和地理环境方面分析，则主要是辽阳地区的太子河流域，靠近渤海海岸沿线的辽河下游、大清河下游、熊岳河下游、复州河下游、鞍子河下游和普兰店平安河流域，以及辽东半岛南端靠近渤海的老铁山、刁家村、营城子附近。除此之外，在靠近大连湾、大窑湾、小窑湾以及得胜街道和大李家街道附近的黄海沿岸和青云河下游，也都发现了汉墓，其中较为集中、数量较多的汉墓群则是大连经济技术开发区的董家沟镇。值得注意的是，从大李家、登沙河街道一带向东经过大连庄河市，直到丹东市的东港市（原东沟县）的黄海沿岸却很少发现汉墓。这说明了辽东半岛的东部靠近黄海的汉代居民的人口数量，显然较之西部地区靠近渤海的居民人口要少得多。若从经济发展的角度来加以解释，辽东半岛的西部是两汉时期发达的经济贸易区和生活聚居区，而东部地区则相对落后。丹东地区虽然发现过汉代西安平县故址——九连城镇叆河尖古城，但汉墓还很少见。归纳起来，辽东半岛汉墓的分布主要有如下几个特征。

其一，汉墓的分布是以辽东半岛的西部靠近渤海的冲积性平原为特征。所谓冲积性平原，是指由河流迁移和洪水泛滥冲击而形成的平原。这种平原通常有很厚的河流沉积物，在靠近渤海的地方有大清河、熊岳河、复州河等一些较大的河流的下游两岸，发育了比较宽阔的河漫滩，构成了河漫滩冲积性平原。在盖州附近和熊岳平原附近都有较大的河漫滩冲积性平原的分布，例如以九垄地为中心的熊岳平原就是由熊岳河、冷水河等河流冲击而成，这一带也恰恰就是汉墓分布的中心区之一。

其二，汉墓的分布是以辽东半岛海积平原为特征。所谓的海积平原是由海积作用形成的平原，主要由海积物所构成。辽东半岛的海积性平原比较普遍，它包括三角洲平原和潟湖平原。这些平原都是近海或临海。从鲅鱼圈至李官村一带有狭长的海积平原，而潟湖平原则包括白砂湾、复州湾、普兰店湾、金州湾、营城子湾、大连湾、大窑湾、小窑湾等。这些海湾多是在两个岬角之间发育了砂堤，海湾被砂堤封口成为潟湖，后被淤积形成潟湖平原。在上述的海积平原和潟湖平原地区集中而广泛地分布着汉墓群和居住区。

其三，汉墓的分布是以辽东半岛的西部为主要区域。这一带主要靠近渤海和辽东湾，以及靠近山东半岛地域，是中原地区与辽东半岛地区距离最近、联系最为紧密、交通最为便捷的地区。从辽东半岛西部靠近渤海的任何一个海湾与河口都是重要的出海口，从渤海沿岸顺着黄渤海结合部的海流，一直可以到达山东半岛。如果顺风乘木帆船一天便可到达登州海岸。

其四，汉墓群的分布多伴随着汉代古城同处一地，说明汉墓距离生活区的距离较近。且已经存在严格的城市布局和规划区，在规划区内把公共墓地作为城市的专门用地是比较科学的。此外，汉墓中所采用的大量有一定规格的修墓砖，以及墓室中所陪葬的一些陶明器说明当时有专门从事这方面的工种或技工群体。

其五，辽东半岛汉墓群的分布以辽阳为中心分布的最为密集，主要分布在城北太子河流域沿岸的冲积平原，多数分布在以望水台、三道壕（冶建）、北园合围的三角区域内，城南则以鹅房到东门一带为主，太子河区曙光镇苗圃墓地则是辽阳地区迄今为止发现的规模最大、类型最丰富的汉魏时期墓地。近年又在太子河区河东新城建筑工地发现了一座很可能是东汉晚期公孙氏贵族墓葬的大型石板壁画墓。[1] 整体来看，辽阳汉墓的形制、规模都较营口、鞍山、大连地区更加恢宏与发达，种类也更加丰富。尤其是大批彩色壁画石板墓更显得高贵和华丽，其壁画内容所反映出的社会场景和生产、生活等内容十分丰富。由此可见，辽阳作为两汉时期辽东地区的政治统治和文化中心的地位是不容忽视的。

其六，辽东半岛汉代贝墓系统主要分布在半岛沿海地区，具有鲜明的海洋性特征，为辽东半岛沿海所特有，特别是以大连地区为其核心分布区，盖州亦有较广泛分布，后逐渐扩散至辽西锦州、山东长岛县等地。东汉时期逐渐为砖室墓或砖室内积贝墓所取代。辽阳地区则以石板墓和石椁墓等石构墓葬为主体，并伴有一定数量的砖室墓、砖石合筑墓等。

其七，大连地区亦不乏高等级墓葬，如绘有"羽化升仙"壁画的营城子镇沙岗子东汉墓，出土金质联珠十龙纹带銙、青铜器、兽钮铜印、玉剑璏等文物的营城子M76，出土了成套鎏金明器车马

---

[1] 李龙彬、马鑫、王爽：《新发现的辽阳河东新城东汉壁画墓》，《东北史地》2016年第1期。

具、鎏金铜管饰、鎏金铜贝鹿镇的姜屯 M41，出土了精美玉覆面、水晶质耳塞的姜屯 M45，结合大连地区十余座汉代古城的发现，说明大连亦是汉代辽东半岛重要的都市文明的中心。

其八，辽东半岛汉墓群的分布主要有 3 个较为集中的地区：以辽阳石板壁画墓为代表的高等级汉墓区，以营口盖州地区为中心的汉花纹砖墓和铭文砖墓区，以大连地区为代表的绳纹砖黑白线描壁画区。近年大连姜屯汉墓的发掘揭示了大连地区亦是重要的花纹砖墓分布区。各个区域中的汉墓壁画并非单一的形式，在汉墓群中分布着种类繁多的汉墓形制。其高贵华丽的墓室与平民墓室同处一个墓地的现象，说明汉代的辽东半岛的墓群实际上是公共墓地，平民、贵族、商贾不分贵贱可购买同一个墓地，只是在墓室的修造规格、占地面积及随葬品等方面有着明显的区别。

三 辽东半岛汉墓的类型及其文化特征

据不完全统计，迄今为止在辽东半岛区域内所发现的汉墓已达数十组群，汉墓的单位数量达数千座。笔者详细爬梳考古学材料，将辽东半岛汉墓的形制归纳为土圹竖穴墓、砖室墓、石构墓、瓮棺墓四大类，进一步可分为壁画墓、土圹贝壳墓、土圹贝壳木椁墓、贝石墓、贝砖墓、土圹墓、绳纹砖单室墓、绳纹砖多室墓、花纹砖单室墓、花纹砖设壁龛单室墓、花纹砖多室墓、石板墓、砖石合筑墓、石椁墓、瓮棺墓等 15 种类型，并将其文化特征分述如下。

1. 壁画墓。分为两种：一种为分布于辽阳市北郊的封土石室壁画墓，壁画直接绘制于墓门两侧、前廊（或回廊）、耳室及墓室顶部的石板上，采用墨线勾勒、平涂其他颜色的方法绘制；另一种为位于大连营城子镇沙岗子村的砖室壁画墓，壁画绘制于砖墓室的主室墙壁上，以单线勾勒，极少涂色，呈现出与辽阳汉墓壁画不同的特点。

2. 土圹贝壳墓。即在竖穴土圹内以牡蛎、海螺、蛤蜊等各式海产贝类生物外壳贴筑土圹四壁，在土圹底部亦平铺贝壳，形成被贝壳包围的墓室。放入遗体和随葬品后，用贝壳填充，最后施以封土。这种墓葬形制是辽东半岛汉代贝墓系统中较为原始的一种，发现较少，以盖州城关农民村汉墓群 M1 为代表。①

3. 土圹贝壳木椁墓。与土圹贝壳墓形制基本相同，均是以各类海生贝类外壳砌筑墓圹四壁、填铺墓底。不同之处在于，在墓室四周树立木板形成木椁，遗体入葬后再盖上木板。下葬后，有的用贝壳填埋，有的先覆以贝壳然后再填土，有的直接填土并夯打。② 这种土圹贝壳木椁墓是贝墓中最常见的形式，大连地区是该类型墓葬分布的核心地区，目前在大连甘井子区营城子镇、大连湾镇刘家屯、普兰店花儿山乡、长海县大长山岛上马石等地发现了数以百计的土圹贝壳木椁墓。在盖州太阳升乡光荣村汉墓、九垄地乡曲茔汉墓也发现了此类贝墓。这些贝墓又可分为单人单室贝墓、夫妻同茔异穴的双室合葬贝墓、夫妻同茔同穴的同室合葬贝墓等不同类型。

4. 贝石墓。亦称贝石合筑墓，是用贝壳与卵石或石椁合筑的单室墓，建筑方法主要有两种：一种是以一层贝壳一层卵石交替叠筑成墓壁；另一种是在墓室四周砌筑石椁，再在石椁内侧贴筑一层贝壳。贝石合筑墓均建有墓道。年代为西汉后期至东汉前期，主要分布于大连营城子一带。

5. 贝砖墓。亦称贝砖合筑墓，即用贝壳和素面长条砖合筑成长方形单室墓，修筑方法有两种：一种是在墓室四周堆砌贝壳，形成贝壁，再在贝壁内册贴筑一层砖；另一种是在墓室四壁的上下两端以贝壳堆筑，中间砌砖。贝砖墓亦有墓道。贝砖墓亦流行于西汉后期至东汉前期，主要集中于大连营城子一带，可知该地是贝石墓和

---

① 崔艳茹、魏耕耘：《盖州农民村汉墓群发掘简报》，载于辽宁省考古研究所编《辽宁考古文集》（二），科学出版社 2010 年版。
② 白云翔：《汉代积贝墓研究》，载于山东大学考古学系编《刘敦愿先生纪念文集》，山东大学出版社 2000 年版。

贝砖墓的主要分布区。

6. 土圹墓。即仅挖一竖穴土圹，墓室内无贝壳、无砖石，应是地位较低的平民墓葬。目前发现数量较少，仅大连旅顺尹家村M726①、大潘家M4②资料较详细。

7. 绳纹砖单室墓。仅有一个墓室，四周墓壁与墓室底部均用绳纹青砖铺砌。

8. 绳纹砖多室墓。分为双室墓和多室墓，双室墓为前后两个墓室，中间通过门道相连，多为吕字形，极少数为曲尺形；多室墓则由前室、主室、套室、侧室、后室等组成，前室接主室外高大套室，套室内罩主室，东接侧室，北接后室。各室由套室回廊沟通连接。墓顶则有屋殿顶、拱顶、券顶、穹庐顶等形制。墓室、回廊四壁及地面以绳纹砖铺砌。

9. 花纹砖单室墓。仅有一个墓室，四周墓壁用花纹砖铺砌，墓室底部则主要为素面砖或绳纹砖铺地。

10. 花纹砖设壁龛单室墓。仅有一个墓室，但墓室旁设壁龛放置各式随葬品。四周墓壁及壁龛用花纹砖铺砌，墓室底部主要为素面砖或绳纹砖铺地。该类型汉墓以盖州九垅地曲茔M1为典型代表。

11. 花纹砖多室墓。构造与绳纹砖多室墓相同，墓室及回廊四壁以绳纹砖铺砌。墓室底部主要为素面砖或绳纹砖铺地。

12. 石板墓。即以较规则的板岩或砂岩石块构筑成单室、双室或多室墓，由白灰勾缝。石板一般长30—40厘米，宽20厘米，厚10厘米左右。墓室一般由墓门、前室、棺室、前廊（或回廊）、左右耳室组成，棺室2—6个不等，棺室间石板上有窗式空洞。东汉墓设石棺，左右耳室大小相当，魏晋墓设尸床，耳室大小不同。墓室为穹庐顶，带墓道，有"T""工""土"及长方形等形状。石板

---

① 刘俊勇：《大连尹家村、刁家村汉墓发掘简报》，《大连文物》1990年第2期。
② 刘俊勇：《辽宁大连大潘家村西汉墓》，《考古》1995年第7期。

墓以夫妻合葬和家族墓居多。

13. 砖石合筑墓。即用汉砖与石块混合垒砌墓室四壁，主要发现于辽阳苗圃墓地。另有一种形制极为特殊的砖石贝合筑墓，可视为砖石合筑墓的特殊形制。该墓葬仅见2003—2004年大连营城子第二地点发掘M76，该墓墓室四壁系由卵石、碎砖筑成，内有贝壳壁，底部铺有一层贝壳。该墓出土了鼎、樽、承旋、洗共4件青铜器，以及金质联珠十龙纹带銙、兽钮铜印、玉剑璏等精美文物，说明墓主人应具有较高地位。这种特殊的砖石贝合筑的墓葬形制，反映出该墓主人不寻常的身份和背景。

14. 石椁墓。又称石室墓，主要发现于辽阳唐户屯。该地发掘了192座汉墓，其中有石椁墓173座。① 石椁墓的构造特征是用石板支筑墓室墙壁或用石块垒砌作壁，上下以石板铺盖，形成石椁，石椁上有墓门。有单室墓、双室墓、多室墓之分，其中三道壕M27石椁长近4米，宽2.13米，内置石筑棺床，为大型长方形单室石椁墓的代表。②

15. 瓮棺墓。又称瓦棺墓，即将逝者遗体置于陶器内，主要有三种葬具形制：一种是用陶釜、陶罐、陶瓮等器物与其他陶器套接；一种是两头用陶器封堵，中间用两三片大瓦圈护接缝；还有一种是中间为一节陶水管或人体形陶管，两头以陶器封堵。③ 这种瓮棺墓主要发现于大连旅顺口区尹家村、刁家村④，尤以瓦房店市陈屯汉墓最多。

由此可见，辽东半岛地区汉代墓葬主要可大致分为如下几大类。

其一，土圹竖穴墓，包括土圹贝壳墓、土圹贝壳木椁墓、贝石墓、贝砖墓、土圹墓等，除此之外，在大连普兰店姜屯汉墓还发现

---

① 沈欣：《辽阳唐户屯一带汉墓》，《考古通讯》1955年第4期。
② 刘俊勇、王博妍：《辽南汉墓分区研究》，《辽宁师范大学学报》（社会科学版）2013年第2期。
③ 刘美晶、燕戈：《大连汉墓研究》，《大连文物》1996年第1、2期。
④ 刘俊勇：《大连尹家村、刁家村汉墓发掘简报》，《大连文物》1990年第2期。

了若干座修筑于山坡、山顶的石圹竖穴墓，这是因为此类墓葬的墓室已完全打破浅表耕土层而直达山体基岩内，但其在本质上与土圹竖穴墓形制并无区别。如果根据墓室结构，这些贝墓可分为单人单室贝墓、夫妻同茔同穴的同室合葬贝墓、夫妻同茔异穴的双室合葬贝墓等不同类型。其中双室贝墓有"日"字形土圹双室贝墓，如营贝M35、营贝M29、营贝M38、75花儿山M3、75花儿山M4、75花儿山M6、旅刁M762等；"凸"字形土圹双室贝墓，如旅顺北海李家沟M20等。① 根据墓穴内填充物的不同，则可将土圹竖穴墓分为积贝墓，积石片墓，积贝、石片墓，积瓦墓，积贝、瓦墓，土石回填六种类型。②

其二，砖室墓，包括单室墓、双室墓、多室墓等，又可根据墓室建筑材料分为素面砖墓、绳纹砖墓、花纹砖墓、砖石合筑墓等。

其三，石构墓，包括石板墓和石椁墓。

其四，瓮棺墓。瓮棺墓亦有土圹墓穴，但由于其葬具的特殊性，故将其单独作为一类。

辽东半岛地区汉代前期墓葬以土圹竖穴的贝墓为主要墓葬形制，其中土圹贝壳墓形制较为简单，是贝墓的早期形态。后逐渐发展为土圹贝壳木椁墓，墓室结构趋于完善，成为这一时期辽东半岛最常见的墓葬形制。流行于西汉后期和东汉前期的贝砖墓和贝石墓，是土圹贝壳墓和土圹贝壳木椁墓向砖室墓、石板墓过渡的一种汉墓形制，其中贝砖墓比贝石墓墓室形制更加成熟，级别应高于贝石墓。这种墓葬形制的变迁无疑是受到中原汉墓形制影响的结果。辽东半岛贝墓的流行和广泛分布源自贝墓能够起到防潮、防腐的作用，把贝壳填充到墓葬内来保存尸骨，充分体现了辽东人民的智慧和创造力。在发掘中明显可以看出，填充贝壳的墓葬尸骨一般都保存较

---

① 王明巍：《辽南地区汉墓》，硕士学位论文，辽宁大学考古学及博物馆学系，2013年，第10页。

② 辽宁省文物考古研究所：《姜屯汉墓》（上），文物出版社2013年版，第511—512页。

好，而没有填充贝壳的墓葬，尸骨腐烂严重，有的甚至只能辨认出红褐色的腐烂痕迹。

西汉中期以后，砖室墓逐渐流行于汉帝国主要人口稠密区，并开始影响辽东半岛。西汉后期，砖室墓在盖州、大连等地陆续出现，东汉时期则成为上述地区汉墓的主要形制。其中以花纹砖室墓最具特色。依据目前考古发掘所见，花纹砖室墓主要分布在大连甘井子区营城子、开发区董家沟、普兰店姜屯等汉墓群，以及盖州市九垄地曲茔、熊岳镇胜利村、鲅鱼圈区草房村等地，至北不超过大清河流域的大石桥市。砖室墓与中原地区墓葬形制基本一致，这一方面充分说明了汉文化之强大，不仅在政治上统一了全国，在文化上也实现了"大一统"；另一方面也反映了汉代中央政权对辽东地区的管辖。

继砖室墓而兴起的是由石板垒砌的石椁墓和石板墓。这两种石构墓葬均出现于东汉后期，其中石板墓流行于魏晋时期。石椁墓主要分布在辽阳唐户屯一带。石板墓则在大连营城子、金州三十里堡马圈子、瓦房店长兴岛蚊子嘴、瓦房店陈屯等地均有发现，辽阳北郊太子河流域的棒台子、三道壕、北园等地是辽东半岛地区汉魏石板墓文化最发达、分布最密集的地区，特别是一些大型石板墓内绘有题材丰富的精美的壁画。这些大型石板壁画墓为大连等地所未见，反映了辽阳作为辽东政治和文化中心都市的重要地位。

四 辽东半岛汉墓出土的代表性文物

辽东半岛数千座的汉墓中出土了金器、银器、铜器、铁器、陶器、骨器、玉石器、玻璃器等数万件精美的汉代文物，如2003—2004年对大连甘井子区营城子汉墓的发掘，清理了180余座墓葬，共计出土遗物两千多件，重要文物有金质联珠十龙纹带铐、铜刻文大盘、铜盖鼎、铜樽、铜承旋、青白铜镜、博局铜镜、"锦鸿"铜印、陶鸟驮灯、陶扁壶、玉剑璏等；2010 年，辽宁省文物考古研究所对普兰店市皮炮高速公路姜屯段占地区域进行考古勘探和发掘，发掘汉墓 212 座，共计出土铜镜 13 面、铜钱 1770 枚、铜带钩 32 件、木棺上的柿蒂形铜饰 204 件、漆器饰件 60 件，鎏金铜车马器、铜贝鹿镇、玉覆面等高等级文物，以及金银指环、玉、水晶、玛瑙饰件。在辽阳和大连汉墓中还发现了美轮美奂、题材丰富的壁画。除此之外，作为辽东半岛汉墓基本建材的花纹砖和文字砖亦是重要的出土文物。下面对辽东半岛汉墓出土的具有代表性的文物做简要概述。

（一）壁画

1. 辽阳壁画。辽阳壁画墓主要分布在辽阳市区南北郊太子河流域两岸的棒台子、北园、三道壕、小青堆子、东台子、南台子、苗圃等地。辽阳作为两汉辽东郡治所，汉末又为公孙氏政权政治中心近 50 年，这些壁画墓应为东汉辽东郡贵族和公孙氏家族所有。壁画题材丰富，以表现墓主人的日常生活为主，有门卒门犬、百戏乐舞、车骑仪仗、斗鸡场面、宴饮庖厨、楼阁宅院、食品酒瓮、武库仓廪等，墓室顶部多绘有日月流云，如北园 3 号墓的"侍吏图"、三道壕 1 号墓的"对坐宴饮图""食品酒瓮图"、三道壕 2 号墓的"宴饮图"、棒台子 2 号墓的"府吏图"、冶建车骑墓的"宴饮图""庖厨图"等。其中以北园 1 号墓规模最大、结构最复杂、壁画绘制最精美壮观，内容最丰富。北园 1 号墓为石板墓，墓室高 1.88 米，包括回廊、5 个耳室、3 个椁室以及 1 个小室。墓室内四壁绘有"宴饮图""斗鸡图""仓廪图""凤凰楼阁与百戏图"等，特别是"车马出行图"（见图一）场面十分宏大，全队共计 175 人，马 127 匹，车 10 辆，再现了墓主人生前奢华的出行场面，应为东汉辽东郡的高等级贵族墓。

图一 辽阳北园一号墓"车马出行图"（局部）

2. 大连营城子沙岗子壁画（见图二）。壁画主题为墓主人"羽化升仙"的场景。画面分上、下两部分，分别反映仙界和人间。壁画下部内容为生者祭奠刚刚逝去的墓主人，祭祀案几上放置盛贡品的器皿，案几前有3人，分别呈俯身叩首、下跪行礼、站立祈祷3种不同的祭奠姿态。叩首者和站立者均手拿祭物，站立者身着黑色长袍，应为长者，叩首者和下跪者身着白衣，可能是死者晚辈。壁画上部内容则是死者"羽化升仙"的场面，墓主人身材魁梧高大，头戴长冠，身着长袍，腰间佩剑，徐徐前行。后随一仙童，捧案伫立。仙童身后有一腾龙似在游动。墓主人前有一宽袍大袖的长者引导，长者头戴方巾，手执蒲扇。其身后为一手舞足蹈的仙人作欢迎状，仙人腾云驾雾，手执仙草，身旁有祥云环绕，仙鹤展翅翱翔。整个画面采用黑色线条勾勒，除人间伫立老者长袍涂黑外，其余未加他色填涂，画面布局采用大量留白，生动简洁，层次清晰，人物和动物形象栩栩如生，艺术价值极高，反映了汉代追求超世升仙、长生不老、灵魂不灭、通神求仙的时代精神和文化风貌。

（二）大连营城子 M76 出土金质联珠十龙纹带锊与青铜承镟

带锊又称带扣，为北方草原游牧民族蹀躞带上的重要配饰。这件于 2004 年出土于大连营城子汉墓第二地点 76 号东汉墓的金质联

图二　大连营城子镇沙岗子东汉墓壁画

珠十龙纹带铐（见图三），前圆后方，类马蹄形，由带弧形穿孔的扣身、活动的扣舌及扣身背面用于固定扣舌的圆环组成。最长处为9.5厘米，最宽处为6.6厘米。带铐上有联珠纹大龙1条，小龙9条，十龙交互缠绕，灵动形象。带铐四周边缘及内部空间表面镶嵌绿松石。该带铐绚丽夺目、极其精美，为我国古代金器中堪称国宝的杰出作品。这也同时说明了76号墓主人的显赫地位。无独有偶，在朝鲜平壤石岩里M9、新疆焉耆县"黑圪垯"墓地、安徽省寿县寿春镇计生服务站东汉墓、湖南省安乡县黄山头西晋刘弘墓中也出土了类似的金质带铐。刘金友认为此类金带扣在制作过程中使用了捶揲、钻孔、切割、掐丝、焊缀金珠和镶嵌等工艺。①

令人疑惑的是，作为草原游牧民族用品的带铐为何会出现在辽东半岛最南端的大连地区呢？刘婷婷认为："其上镶嵌的绿松石为

---

① 刘金友、王飞峰：《大连营城子汉墓出土金带扣及其相关研究》，《北方文物》2015年第3期。

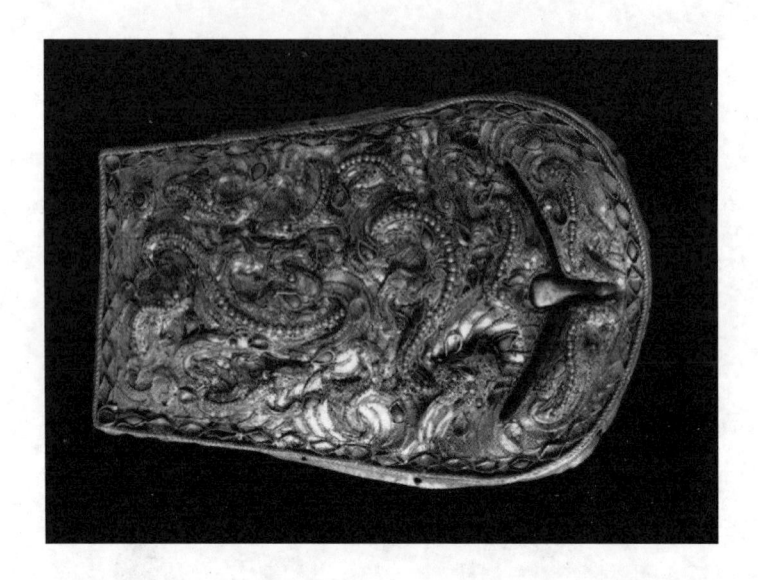

图三 大连营城子 M76 出土金质联珠十龙纹带铐

水滴形,古波斯阿契米尼王朝的金器常镶嵌这种形状的绿松石,说明当时可能存在文化交流。此外,带扣为匈奴族所使用的带具,匈奴人束的是革带,因此两端不能直接缚结,便用带扣将其扣住,这种带扣在西汉初年已经传入内地。"[1] 言外之意,作者认为营城子带扣的制作技艺可能源自古波斯,后传入匈奴,进而传入内地。林梅村认为,该带铐与朝鲜平壤石岩里 M9 出土的带铐同为高规格的匈奴文物,"绝非汉代乐浪郡或辽东半岛之物","当为乌桓盗掘匈奴单于大墓之物"(笔者按:《后汉书·乌桓鲜卑传》:"昭帝时,乌桓渐强,乃发匈奴单于塚墓,以报冒顿之怨。"),后来流落到朝鲜和中国辽东半岛,并且"很可能亦出自东迁新疆天山地区的乌禅幕工匠之手"。[2] 刘金友等则认为营城子金带扣应为当时由东汉中央政

---

[1] 刘婷婷:《辽南地区出土汉代文物研究》,硕士学位论文,辽宁师范大学考古学及博物馆学系,2012 年,第 61 页。

[2] 林梅村:《乌禅幕东迁蒙古高原考——兼论匈奴文化对汉代艺术之影响》,《欧亚学刊》(新第 3 辑),商务印书馆 2015 年版。

府直接控制的官营手工作坊的产品。① 该带铐应系源自匈奴之物无疑，但为何会最终进入大连地区汉代墓葬中，还有待于进一步研究。这件精美绝伦的金质匈奴带铐的出土以及 M76 独特的砖石贝合筑墓形制，都为墓主人的真实身份蒙上了一层更加神秘的面纱。

营城子 76 号汉墓是大连地区乃至整个东北出土青铜器最多的汉代墓葬，其中有精美的青铜承旋与青铜尊组合（见图四）。承旋又称圆案，该承旋直径 43 厘米，浅盘，折沿，三足为三个青铜兽身人像，人像呈蹲坐或跪坐状，以头顶起案盘。案盘上放置青铜尊等器物。可知其与商周时期青铜盘、禁、俎等器物作用相同。承旋造型独特，人像憨态可掬又不失威严和狞厉之美，为我国汉代青铜器的精品之作。这种坐姿兽身人像带有明显的西域之风。"案面以线刻手法表现，以柿蒂图案为中心，内、外两区分别为仙人和瑞兽，与汉代仙人瑞兽镜图案相若。……这种线刻风格与广西合浦等地发现

图四　大连营城子 M76 出土青铜承旋及铜尊

---

① 刘金友、王飞峰：《大连营城子汉墓出土金带扣及其相关研究》，《北方文物》2015 年第 3 期。

的线刻风格铜器大致相同，可能与少数民族文化有关。"① 这件青铜器反映了汉代辽东地区与外界的文化往来，当然，这种往来主要是以中原为媒介和桥梁的。

（三）花纹砖与文字砖

辽东半岛花纹砖室墓出现于东汉中后期，主要分布在大清河流域以南的盖州九垄地、归州、熊岳等地，以及大连旅顺刁家村、甘井子区营城子、开发区董家沟，近年大连普兰店姜屯汉墓的发掘出土了大量花纹砖。按其形制可分为榫卯砖、长方形砖、方砖、楔形砖。花纹砖纹饰复杂丰富，主要有几何纹，如菱形纹、三角纹、网格纹等；动物纹，动物形象有鱼、螃蟹、鸟、龟、羊、龙等；圆圈纹；人物纹，主要是人面衔环纹；钱币纹，主要分为五铢钱纹、大泉五十钱纹和无铭文钱纹；叶脉纹或树叶纹；等等。总之，花纹砖纹饰或为出于审美需要，或用于护卫死者，或反映着生者对吉祥安泰、长命百岁、财力充盈等美好理想的向往。

文字砖属花纹砖中一种特殊形态。辽东半岛汉墓中出土之文字砖主要有营口市盖州九垄地1号汉墓出土细绳纹砖（见图五），为模制泥质灰陶，砖一侧模印反写隶书两竖行文字："叹曰，死者魂归棺椁，无妄飞扬，行无忧，万岁之后，乃复会" 22字。阎海认为这则文字系用以引导和安抚死者灵魂的招复之辞。② 该墓还出土了一块同样质地的汉砖，侧面印隶书横写文字"永和五年造作，竭力无余，用庸数千，士夫莫不护助，生死之义备矣" 26字。③ "永和五年"系东汉顺帝永和五年，即公元140年，该汉砖是营口地区目前所见唯一有明确纪年的汉代文字砖。这则文字记载了置办丧事的过程，"用庸数千"表明参与丧事人数之众，"士夫莫不护助"则是赠赙助祭之礼的表现。大连旅顺刁家村还出土了一块刻有记录丧事

---

① 刘俊勇：《对营城子汉墓旧疑问的新认识》，《大连日报》2012年11月29日A19版。
② 阎海：《营口历史与文物论稿》，吉林大学出版社2011年版，第133—135页。
③ 辽宁省博物馆文物队：《辽宁盖县九垄地发现东汉纪年砖墓》，《文物》1977年第9期。

过程的文字砖："吾以四月三日来，七日世辰有疾，至十日伯辰入挽。一日来，二日君完，为事七日，世辰题。"① 文字砖上的文字亦寄托了生者对逝者的祭奠和怀念之情。

图五　营口市盖州九垄地 1 号汉墓出土"永和五年"绳纹砖

花纹砖和文字砖都属于画像砖。画像砖艺术曾几乎遍及所有汉文化所到之处，以今河南洛阳、山东青州、江苏徐州、四川成都平原等地最为发达。画像砖多以排印法和模印法为主要制作方式，以甘肃嘉峪关果园—新城墓群为代表的河西走廊汉魏墓葬则多直接绘画于墓砖之上，以此作为墓葬壁画。相比较而言，辽东半岛汉墓则

---

① 许玉林：《辽南地区花纹砖墓和花纹砖》，《考古》1987 年第 9 期。

多以较为单调的花纹砖和少量文字砖为主。画像砖内容丰富生动，展现了当时社会生活、经济文化、政治制度、宗教信仰、神话传说等各个方面，是当时物质与精神文化极为重要的实物载体。

（四）大连普兰店姜屯 M45 玉覆面

大连普兰店姜屯 45 号墓系近年辽东半岛所发掘的汉墓中级别较高者。该墓为双室砖室墓，平面呈甲字形，由墓道、墓门及双墓室组成，墓室呈"日"字形。M45 出土了铜镜、玉圭、玉璧、玉璜、玉佩饰、玛瑙质剑璏尾、水晶质耳塞、铜镜等遗物，特别是发现了由 24 件玉质和玛瑙质器物组成的精美绝伦的玉覆面（见图六），这

图六　大连普兰店姜屯 M45 玉覆面

在东北地区尚为首次发现。① 玉覆面计有玉璧 1 件、玉圭 6 件、玉璜 1 件、玉牌饰 1 件、长方形玉片 10 件、梯形玉片 2 件、不规则玉片 1 件、玛瑙质剑璏尾 1 件。玉器均为岫岩软玉。玉覆面出现于西周，广泛流行于春秋战国时期，西汉时期已大量减少。但玉璧和玉圭仍然作为汉代贵族行祭祀之礼的重要礼器。45 号墓墓主人以高等级的"圭璧组合"式玉覆面陪葬，无疑体现了其身份之高贵。可以说，该墓葬不仅是以普兰店张店汉城为中心，包括姜屯汉墓在内的周边汉墓群中级别最高者，亦是目前所见辽东半岛汉墓中等级最高者之一，反映了大连地区在汉代辽东半岛的重要地位，也从侧面显示出姜屯汉墓附近的张店汉城具有非同一般的行政意义。

五 辽东半岛汉文化的传播及影响

秦汉时期，中原汉文化全面系统地输入辽东半岛，使这一地区出现了繁荣的城市文明，开创了辽东半岛历史上第一个黄金发展期。数以千计的汉墓和数十座汉代古城与遗址被发现，无疑说明了辽东半岛的汉化过程在汉代已经完成，基本实现了由土著东夷文化、秽貊文化向汉文化的重大转型。

汉文化之所以能够深刻全面地影响辽东半岛，与辽东半岛独特的地理位置与地理环境密不可分。在辽东半岛南部与山东半岛之间的渤海海峡，星罗棋布地分布着密集的庙岛群岛，在靠近辽东半岛东南部的环黄海海面上，则分布着与辽东半岛海岸线走向一致的长山群岛，包括大长山岛、小长山岛、广鹿岛、獐子岛等重要岛屿，并向东连接庄河河口外海的石城列岛、鸭绿江口外海的大鹿岛，进

---

① 辽宁省文物考古研究所、普兰店市博物馆：《辽宁普兰店姜屯汉墓（M45）发掘简报》，《文物》2012 年第 7 期。

而一直延伸到靠近朝鲜半岛西北海岸的西朝鲜湾。这些天然形成的岛链为文化和文明的传播提供了得天独厚的地理条件，辽东半岛也因此成为东北最早接受中原文化的地区。受环渤海沿岸陆路大"C"形走向的制约，中原汉文化向辽东半岛的传播方式始终以距离较近的海路传播为主。

中原汉文化通过海路传播，在辽东半岛落地生根、厚积薄发，进而以该地为基点，进一步向外扩散传播，主要沿如下两条路线。

一条传播路线是沿着千山山脉西麓与渤海之间的平原丘陵地带，向北通过太子河流域和浑河流域，进入长白山系西南余脉的辽东山地，这一带为东北—西南走向的哈达岭、千山山脉与东西走向的龙岗山脉的结合部位。如果以流域视角来看，则主要是以抚顺、清原、新宾为中心的浑河、苏子河流域，以及以本溪为中心的太子河上游流域。目前在该地区也发现了为数众多的汉代墓葬与古城，特别是处于辽东山地向辽河大平原过渡的抚顺地区，曾多次作为汉代玄菟郡内迁后治所之所在，出现了诸如今新宾永陵南汉城（第二玄菟郡）、东洲区小甲邦汉城（第三玄菟郡）、新抚区劳动公园汉城、沈抚交界处的上伯官汉城（第四玄菟郡）等，这些古城附近均有密集的汉代土圹墓和砖室墓，反映了汉文化在该地区的传播。来自辽东半岛的汉文化进而越过辽东山地的龙岗山脉和哈达岭，进入今柳河、东丰、辽源、四平、吉林市等地，即松花江水系的上游流域，与定都于吉林市东郊东团山和南城子一带的夫余国文明碰撞融合，形成了具有浓厚汉文化特色的夫余文明。

首先，在吉林市帽儿山、榆树老河深等夫余墓葬中，均发现了土圹墓和土圹木椁墓，其中以土坑木椁墓数量最多，内部填充以青膏泥。这种墓葬形制与中原及辽东半岛汉墓形制基本相同，可以认定系辽东半岛汉文化北传松嫩大平原的产物。但由于夫余国地处偏远、社会发展水平有限，因而形制复杂、建造工艺要求较高的砖室墓始终未能进入夫余文化中。其次，在夫余文化陶器中，轮制泥质灰陶器与辽东半岛汉墓中出土的陶器风格十分相似。这些夫余泥质灰陶均为轮制，火候较高，质地坚硬，其上绘有绳纹、弦纹、刻划纹、压印纹、附加堆纹等多种纹饰。该类型陶器在辽东半岛汉墓中几乎随处可见。不仅如此，永吉学古东山遗址出土的陶罐、陶豆，永吉大海猛出土的陶钵、陶甑以及龙潭山山城出土的陶灶，其器物形制与辽东半岛及中原汉式陶器具有较高的相似性。① 最后，在吉林市帽儿山夫余墓地中，还出土了大量铁质生产工具，如铁锸、铁铧、铁刀、铁削刀、铁锥、铁矛、铁箭镞、铁剑、铁甲片、铁马衔等；铜器有权杖、铜镜、泡饰、车辖、锸等。这些金属制品与辽东半岛汉墓中出土的遗物极为类似，特别是铁质农具和汉式规矩铜镜，具有鲜明的汉文化特色。墓地中出土的规矩铜镜并非夫余本土制作，而应是从辽东半岛地区传入的。帽儿山墓地中还出土了部分漆器，器型有汉式耳杯、盆等。货币以汉代五铢钱为主，新莽"货泉"货币的出土则说明帽儿山墓地一部分墓葬时间已至两汉之际。这些具有浓厚汉文化色彩的墓葬形制、陶器、铜铁生产工具、漆器、货币等，是汉文明向北传播进入松嫩大平原的实物证据，反映了该地区在两汉时期与辽东半岛的往来。

另一条传播路线是沿黄海海岸和环黄海北部的群岛链，越过鸭绿江进入朝鲜半岛北部。汉文化向朝鲜半岛的传播，除民众自发迁徙外，汉武帝设置"汉四郡"管辖辽东和朝鲜半岛，无疑是促进汉文化东传朝鲜半岛最重要的助推器。汉文化伴随着汉帝国的行政管辖得以源源不断输入朝鲜半岛，形成了以贞柏里、石岩里、土城洞等汉墓群为代表的"乐浪古坟"，主要分布在朝鲜半岛北部的清川江流域、大同江流域和载宁江流域，其中以平壤市大同江南岸为乐浪墓葬的规模最大的分布区。这些墓葬几乎完全是辽东半岛汉墓形制的复制，其演变历程也与辽东半岛汉墓一致，即西汉中期至东汉

---

① 李钟洙：《夫余文化研究》，博士学位论文，吉林大学考古学及博物馆学系，2004年，第134—135页。

后期为土圹木椁墓，分为单人葬、双人同穴合葬和双人异穴合葬，西汉后期开始出现砖室墓，东汉时期该形制墓葬成为主流汉墓形制。朝鲜半岛亦有一定数量的瓮棺墓。墓葬中出土的随葬器物与辽东半岛及中原汉文化器物高度相似。有学者指出，乐浪汉墓中存在着土著文化因素、故燕文化因素、东北汉文化因素与东南沿海汉文化因素。从西汉中期至东汉后期，乐浪墓葬中土著文化因素逐渐减少，汉式文化因素逐渐增加，并趋于主导地位，[1] 从而反映了汉文化的传播情况。但朝鲜半岛没有发现辽东半岛南部营口、大连地区发达的贝壳墓文化。

结语：辽东半岛数以千计的汉代墓葬生动再现了汉代辽东半岛居民的生活图景，大量精美丰富的遗物、生动的壁画反映了居民富足的生活和汉代辽东半岛的繁荣景象，同时也为研究汉代辽东半岛边疆的行政建置史和城市发展史提供了全面系统的实物材料。十五种不同的墓葬形制也为我们研究汉代墓葬制度和丧葬习俗树立了标尺。

辽东半岛在秦汉时期不仅完成了汉化过程，实现了深刻的文化转型，还承担着汉文化由中原进入东北腹地和朝鲜半岛的基地和跳板的作用，成为文化传播的桥梁。汉文化通过辽东半岛这一文明"贮存地"和中转站，远播松嫩平原松花江上游流域以及朝鲜半岛北部，亦使这一时期该地区的文明进程发生了深刻变异，改变了东北亚区域古代文明格局，最终在以辽东半岛为中心，北达松花江流域上游、南抵朝鲜半岛大同江流域、西越医巫闾山至滦河流域、东起长白山西麓的区域内，出现了繁荣的汉代城市和农耕文明以及与汉文明融合的世居古族文化，基本实现了汉帝国在东北地区的文化"大一统"。

---

[1] 郑君雷、赵永军：《从汉墓材料透视汉代乐浪郡的居民构成》，《北方文物》2005年第2期。

附录：辽东半岛地区汉墓考古发现与发掘的历史沿革述略

1905 年，正值日俄战争结束，日本重新占领了辽东半岛。日本考古学家鸟居龙藏受东京帝国大学人类学教研室的派遣，赴辽东半岛进行考古调查，于营口熊岳城镇发现了汉代花纹砖室墓。

1908 年，日本人在大连董家沟发现了汉墓群和汉代花纹砖。

1910 年，日本京都帝国大学滨田耕作、狩野直喜、内藤湖南、富冈谦藏、小川琢治对旅顺刁家屯汉代花纹砖墓进行了调查。

1912 年，滨田耕作等在旅顺刁家屯发掘了五室花纹砖墓。

1918 年，八木奘三郎发掘了辽阳迎水寺汉代壁画墓。

1920 年，滨田耕作、岛田贞彦在旅顺南山里发现了东汉墓群。

1928 年，滨田耕作、岛田贞彦在熊岳城和芦家屯发现了花纹砖墓。

1931 年，关东州厅博物馆组织发掘了大连营城子沙岗附近的花纹砖墓。

1931 年，日本学者在大连旅大北路西 30 里发现了营城子沙岗子东汉壁画墓。

1932 年，三上次男等在金县大岭屯和王家屯发现 10 座花纹砖墓。

1932 年、1938 年、1940 年，大连董家沟河两岸先后发现 12 座汉墓及花纹砖墓。

1935 年，辽阳北园发现汉壁画墓。此墓由日本东京帝大文学部组织发掘，出土资料仍保留日本东京大学。壁画摹本由沈阳博物馆接收。

1953 年，鞍山市发掘海城汉代古墓，为长方形砖墓和石室墓。

1954 年，东北博物馆在辽阳市东唐户屯清理 213 座汉墓，有石椁墓、瓮棺墓。出土文物6260件。

1954年，在旅顺的刁家村、土城子、李家沟、营城子发掘汉代贝墓50余座，出土大量明器。

1954年，在大连营城子发现两座汉墓及花纹砖墓。

1954年、1955年，东北文物工作队在辽阳市三道壕清理348座儿童瓮棺墓。

1954年，大连市文化局对营城子汉墓进行清理，贝墓41座，砖墓9座、石板墓2座。

1955年，东北文物工作队清理辽阳市三道壕西汉6处村落遗址。发现水井11口、砖窑7座，文物十九万余件。

1955年，东北博物馆在辽阳市北三道壕发现2座壁画墓。

1955年，旅顺博物馆在旅顺三涧堡清理汉砖墓一座、贝墓3座、贝砖石墓1座，出土器物60多件。

1955年，旅顺博物馆清理旅顺尹家村1座单室砖墓，出土陶器12件、漆器2件。

1955年，东北博物馆清理辽阳县亮甲区一批墓葬和遗址，清理墓葬7座、灶址1处、灰坑2个，石器、陶器、铁器及陶片1149件。

1956年，旅顺牧羊城附近老铁山下的农庄发现古井，井底发现汉代陶片、残鹿角。

1956年，旅大市文化局在旅大市劳动公园发掘了一座汉代长方形砖室墓，出土陶器及饰品十余件。

1957年，在辽阳县南雪梅村发掘壁画墓及石室墓，壁画墓已经盗掘破坏。

1957年，旅顺博物馆发掘李家沟村墓葬30座，贝墓26座、砖墓4座。出土陶器、石器、铜器数量较多。

1957年，辽宁博物馆发掘了辽阳市棒台子二号壁画墓，墓室内主要墓壁均绘有壁画，内容有门卒、宴饮、车骑、楼宅、车列、流云、装饰图案等，线条粗率豪放，色彩朴素单纯。

1957年，旅顺博物馆清理了营城子两座花纹砖石板墓。

1958年，旅顺博物馆在金州县卫国乡发现一处汉代墓葬群。

1972年，辽宁省文物干部培训班和辽宁省博物馆文物工作队发掘营口市熊岳镇九垄地乡东达营子一号汉墓。遗物多为陶器。

1972年，辽宁省文物干部培训班和辽宁省博物馆文物工作队发掘了鲅鱼圈乡草房一号汉墓。墓室内尸骨零散，发现鸡、牛骨。陶器破碎。

1974年，营口市文物组与盖县文化馆对盖州熊岳镇墓葬进行清理。随葬均为陶制明器，共31件。

1975年，辽宁新金县马山发现一座汉代贝墓，出土陶器若干件。

1975年，旅顺博物馆及新金县文化馆清理了普兰店花儿山公社汉代贝墓群，出土绳纹瓦、铜镞带钩及货币。

1980年，旅顺博物馆清理了位于大连前牧城驿的两座东汉墓。

1983年，辽宁省博物馆对辽阳旧城东门里东汉壁画墓进行了发掘，随葬品与遗物十分丰富，陶器62件。

1986年，大连市大连湾乡发现了一座西汉贝墓，出土灰陶器4件。

1988年，大连市考古队对营城子镇沙岗子两座汉墓进行了清理。

1989年，大连市考古队在瓦房店市马圈子村东北发掘清理了4座汉代石板墓。出土陶、银、铜等遗物70件。

1989年，大连文物管理委员会组织清理了位于瓦房店市马圈子村东4座汉代墓葬。随葬器物有陶器、银器、货币等。

1989年，营口市考古工作者在盖县陈屯乡、双台乡、九寨乡、九垄地乡、芦屯乡、归州乡、沙岗乡、团山子乡、城关乡、青石岭乡、太阳升乡，营口县虎庄乡、博洛铺乡、大石桥乡、百寨乡、汤池乡、官屯乡、周家乡、老边区柳树乡等地发现了大量汉代墓葬。

1990年，鞍山市博物馆发掘鞍山北陶汉墓2座，均为长方形券顶砖室墓。出土陶器、铁器、铜饰品、五铢钱、工艺品等。

1992年，大连市文管所、旅顺博物馆在旅顺大潘家村清理了3座打破新石器时代文化层的西汉墓葬。

1993年，金州博物馆对已残破的大连董家沟东汉墓进行清理，随葬品全为陶器，共24件。

1994年，金州博物馆对董家沟村南砖室墓进行清理。随葬品均为陶器，共26件。

1994年，在瓦房店陈屯发掘汉魏时期墓葬171座，其中多为瓮棺墓。

1995年，辽宁省文物考古研究所与辽阳市文管办对辽阳太子河区兴隆村两座墓葬进行清理，随葬皆为陶器。

1999年，大连市对大连沙岗子农科院汉墓进行发掘。随葬器以陶器为主，多已残破。

2002年，大连市文物考古研究所对营城子沙岗村双洞桥疏浚河道工地发现的两座汉墓进行清理。出土器物50余件。

2003年，大连市文化局文物处组织大连地区考古工作者在营城子进行考古发掘，发掘汉代墓葬数十座。

2004年，大连市文化局文物处组织大连地区考古工作者在营城子继续进行考古发掘，共发掘汉代墓葬180余座，其中M76号墓出土了金质联珠十龙纹带銙。

2005年，大连市文化局文物处组织大连地区考古工作者在董家沟对汉代墓葬进行考古发掘，发掘汉代墓葬6座。

2005年，在营城子汉代墓葬附近又发现汉代墓葬群。

2006年，大连市文化局文物处组织大连地区考古工作者在董家沟对汉代墓葬进行考古发掘，发掘汉代墓葬20余座。

2006年，营口市博物馆在盖州市太阳升办事处沙沟子村发现一座绳纹砖多室墓，是营口地区到目前为止发现的唯一一座大型绳纹砖多室墓。又在太阳升办事处光荣村，发现有8座墓葬，其中M1未掘，M4为砖筑单室墓，其余六座均为贝壳墓，出土了大量的随葬器物，其中罐、钵、壶等实用器占较大比例，具有西汉早期墓葬风格。

2007年，大连市营城子汉代墓葬群又有新的发现。

2008年5—10月，辽宁省文物考古研究所首次对辽阳苗圃汉魏墓群进行了发掘，发掘面积近2000平方米，发现石板墓18座、砖室墓2座，出土陶器、青铜器及金银器等各类遗物600多件。

2010年，辽阳市河东新城回迁楼施工工地发现一座东汉时期的壁画墓，辽阳市文物保护中心查看破坏现场并进行了抢救性清理。

2010年，辽宁省文物考古研究所对普兰店市皮炮高速公路姜屯段占地区域进行考古勘探和发掘，发掘汉墓212座。

2014年5月，辽宁省文物考古所第二次对辽阳苗圃汉魏遗址进行发掘，共发现土葬墓48座、石室墓43座、砖石混筑墓1座，共出土400余件珍贵文物。其中有4座汉魏壁画墓为上世纪初以来首次发现。

2015年从4月中旬至11月中旬，辽宁省文物考古研究所第三次发掘辽阳苗圃汉魏墓地，发掘汉魏时期墓葬141座。截至目前，苗圃墓地共发掘墓葬300余座。

明清时期朝鲜士人的长城印象与观念
——一项长城文化史的考察

赵现海

(中国社会科学院历史研究所)

明清时期，不断出使北京的朝鲜燕行使，一方面出于好奇，另一方面为向朝鲜政权汇报中国情况，对沿途见闻大都进行了较为详细的记载。在这之中，明辽东镇、蓟州镇长城不仅因其雄伟壮观，而给燕行使留下了深刻印象，而且长城在明朝与蒙古、女真战争中的重要作用，也吸引了燕行使的广泛关注，从而成为燕行录的重要内容，使燕行录成为域外长城史料的最大载体。燕行录不仅具体记述了明代辽东镇、蓟州镇长城防御体系的基本格局，而且细致描写了清代该区域长城的保存与破坏状况，对于深入研究明代长城防御体系、清代长城保护状况，都具有重要的史料价值。不仅如此，燕行使对于长城的观念与评价，一方面呈现出逐渐与中国本土接近的历史脉络，这反映出长城观念存在一个以中国为中心，不断向域外传播的历史过程；另一方面反映出燕行使不同的关注视角、政治立场与文化意识，是研究明清中朝关系的重要切入点。本文尝试对燕行录中的长城记述、观念与评价进行全面考察，并揭示其背后的时代变迁、地缘政治与文化意识，从而揭示长城形象在朝鲜半岛"层累地造成"的历史过程，也就是朝鲜半岛的"长城观念史"。

一　明清时期朝鲜士人长城称谓的异域视角与"中国化"过程

　　长城不仅包括墙体，还包括镇城、营堡、城寨、墩台、壕堑等设施，中国古人对于长城的称谓，除概括性的"长城""万里长城"外，还针对不同设施，有着具体称呼，比如边墙、障、塞、壕、堑、镇、营、堡、城、寨、墩台、烽燧、烽火台等。长城概括性称谓与具体称谓，是从不同视角或在不同情况下的不同用法，二者之间并不存在矛盾。然而这一本不是问题的问题，却在西方中国研究中引起了一场巨大的争论。20世纪90年代，在后现代主义的影响下，美国学者林霨（Arthur Waldron）在《长城：从历史到神话》一书中，从词源学的角度，质疑了"长城""万里长城"称谓的合理性，以及中国是否存在长城的问题。他的观点是，中国古代文献典籍中很少出现"长城"一词，目前英语"Great Wall"对应的中国古代建筑，包括了城墙、垣、塞、障、城，而甚少指代长城；相反，中国古人称之为"长城"者，并非专指汉人的城墙，还包括游牧民族的城墙。中国古代各朝修筑之"城墙"并没有循着唯一路径，而是存在一系列的"城墙"，它们根据不同防御需要而修筑。不仅如此，明朝人甚至讳称"长城"，只名之"边墙"。因此，"Great Wall"更应对应"城墙"，而非"长城"。与"长城"相比，"万里长城"一词与"Great Wall"内涵更为对等，但"万里长城"作为英语的对等词，其广泛使用应该只是一个现代现象，是明清时期来到中国的耶稣会士发明了这一词汇，并传入西方的[1]。

　　长城的修筑虽然源远流长，但直到近代，时人对于长城仍处于

---

[1] ［美］林霨（Arthur Waldron）：《长城：从历史到神话》，剑桥大学出版社1990年版，第13—29页。

笼统而朦胧的认识阶段。由于长期受到孟姜女哭长城故事的影响，人们往往下意识地将所有长城视为秦长城。直到民国时期，中国历史地理研究的先驱张相文、历史学家梁启超才开始倡导区分不同时期的长城，展开具体的学术研究。① 受此影响，这一时期中国学人开始从历史学、地理学、考古学、民俗学、建筑学等角度，对长城展开具体讨论，取得了丰硕成果。

反观这一时期的西方学术界，长期生活在中国的美国学者欧文·拉铁摩尔于1934年出版了《中国的亚洲内陆边疆》（Inner Asian Frontiers of China），借鉴吸收美国边疆学派创始人弗雷得里克·J·特纳（Frederick. J. Turner）的"边疆假说"理论与英国地理学家麦金德（Halford John Mackinder）的"陆心说"（"大陆腹地说"）理论，首次将之运用于长城研究中，提出了"长城边疆""边疆形态"（"游牧人王朝""边境王朝"）等概念，是一部关于长城研究的经典作品，最早构建了关于长城研究的理论框架与解释体系，影响了西方乃至国际长城史研究。②

虽然拉铁摩尔的研究成绩显著，但有一个问题不容忽视，那便是他从域外视野出发，将长城视为中国历史与文化的象征，将不同时代的长城视为整体、均质的象征物，相应地忽视了长城自身的发展脉络，而其重点研究的时期其实是先秦、秦汉时期，相应地呈现出以先秦、秦汉时期的长城概括、代表所有时期长城的倾向。

拉铁摩尔在战后"麦卡锡主义"的冲击之下，远走英伦，美国的长城研究因此受到很大影响，之后的长城研究，并未有太大的进步，大多数著作是通俗性读物。因此，20世纪后半期美国乃至整个

---

① 张相文：《齐鲁旅行记》，《南园丛稿》卷四《齐鲁旅行记》，近代中国史料丛刊第30辑300册，文海出版社1968年影印本，第187—217页；张相文：《长城考》，《南园丛稿》卷七《南园文存·长城考》，第545—550页，第187—217页；张相文：《中国地理沿革史》，《南园丛稿》卷一五，第1271—1665页；梁启超：《中国历史研究法》第5章《史料之搜集与鉴别·鉴别史料之法》，中华书局2012年版，第77—78页。

② ［美］欧文·拉铁摩尔：《中国的亚洲内陆边疆》，唐晓峰译，海外中国研究丛书，江苏人民出版社2005年版。

西方的长城观念,仍然是将之笼统地视为中国历史与文化的象征,缺乏深入、具体的讨论。在这种学术背景下,林霨倡导对长城进行具体的学术研究的做法,无疑有其学术价值。

但林霨以不同时期长城存在诸多不同称谓为依据,否认现代"长城"称谓的合理性,甚至进一步认为中国古代并不存在所谓的长城,长城只是后人将不同城墙捏在一起的"发明",显然有些过于武断了。长城称谓在西汉时期已甚为流行,汉文帝致匈奴单于之书信也以"长城"为疆界。"先帝制:长城以北,引弓之国,受命单于;长城以内,冠带之室,朕亦制之。"①

至迟在南北朝时期,已出现作为边防象征的"万里长城"的用法。刘宋檀道济被宋文帝诛杀时,愤曰:"乃复坏汝万里长城。"②两宋以后,以万里长城为喻之现象逐渐增多,且有直接称秦筑万里长城者。如欧阳修称:"于是,遣将军蒙恬筑万里长城,以防胡人。"③弘治十四年(1501),吏部右侍郎王鏊奏请于北边长城军镇设立节制诸镇、统一事权的文官总制,"命出则出,命止则止,大同有急,宣府不得不援;延绥有急,大同不得不赴。号令严肃,声势增重,隐然有万里长城之势矣"④。这实际上是借万里长城形象地比喻以北边长城军镇事权统一、军事一体所形成的强大战斗和守御能力。清朝官方也继承了明代"万里长城"之称谓,如《钦定盛京通志》中记,皇太极时,"诸臣群下倍感万里长城守岂易,何处无可入之地"⑤。因此,林霨认为,明代讳称"长城"而名之"边墙"并不符合史实,明代史籍中"长城"之称谓大量出现,"边墙"则

---

① (汉)班固撰,(唐)颜师古注:《汉书》卷九四上《匈奴传上》,中华书局1962年版,第3762页。
② (北齐)魏收:《魏书》卷九七《岛夷刘裕》,中华书局1974年版,第2137页。
③ (宋)欧阳修撰,(明)欧阳钺辑:《欧阳修撰集》卷一《奏议上·上皇帝万言书》,文渊阁四库全书第1224册,台北:台湾商务印书馆1986年影印本,第343页。
④ (明)刘吉等:《明孝宗实录》卷一七〇,弘治十四年正月丙子,"中研院"历史语言研究所1962年校印本,第3093页。
⑤ (清)阿桂、(清)刘谨之等奉敕撰:《钦定盛京通志》卷一七《进山海关》,文渊阁四库全书第501册,第325—326页。

主要指墙体。

"长城""万里长城"的称谓不仅在中国本土十分流行,而且在朝鲜半岛也十分普遍。比如明清时期朝鲜使节前往北京朝贡,留下大量沿途记录,这类史籍一般被称为"朝天录"或"燕行录"。本文泛称为"燕行录"。在燕行录中,便大量出现"长城""万里长城"的称谓。与中国本土一样,燕行使的长城称谓也存在具体特指与概括泛指并存的情况。明弘治元年(1488),朝鲜官员崔溥遇暴风袭击,一行人由济州岛漂流至杭州,受到中国官民的热情款待,由杭州护送至北京,再由北京护送至鸭绿江。归国后,崔溥将这一经历写成《锦南漂海录》。该书真实地反映了弘治初年中国之社会面貌,在朝鲜不断重版,在15世纪以后的东亚世界影响很大。崔溥虽然并非燕行使,《锦南飘海录》也非一般的燕行录,但崔溥从北京至鸭绿江的旅程路线,与燕行使经行的路线是一致的,《锦南漂海录》所记述的内容,也多与燕行录是同一对象,因此在后世也被视为燕行录的一种,不断得以出版。在《锦南漂海录》中,崔溥简要概括了明代辽东镇、蓟州镇长城的分布格局,分别记述了长城上的各种设施,与明人一般称墙体为"边墙"不同,称边墙为"长垣""长土城""长墙"[1],反映出异域视角的差异。

但嘉靖时期,燕行使苏世让便采用了长城泛称的方式。嘉靖十三年(1534),朝鲜官员苏世让目睹了山海关长城的雄伟,记述道:"北望长城,横截山腰,随高低起伏,宛然若白龙蜿蜒之状。"[2] 万历二年(1574),朝鲜官员赵宪、许篈出使明朝,分别将沿途见闻记为《朝天日记》《荷谷先生朝天记》。前者专辟《烟台》一目,对辽东镇烟台防守形式与摆边弊端进行了论述,并称"长城"或

---

[1] [朝鲜]崔溥:《锦南漂海录》,燕行录全编第1辑第3册,广西师范大学出版社2010年影印本,第192、195、200页。

[2] [朝鲜]苏世让:《阳谷赴京日记》,燕行录全编第1辑第3册,第279页。

"长墙"①。后者对辽东、蓟州镇"长墙""烟台"(墩台)及各种设施之间的距离、周边地形皆有详细描述,对当地风土人情也有记载②。

进入清代,可能是受到中国本土的影响,燕行使对长城的称谓与中国本土呈现一致的趋势,在他们笔下,"烽台""墩台""长城""万里长城"称谓逐渐增多。如洪大容《燕记》便有:"自沈阳每五里,有烽台及汛堠,墩台可数丈,上为短女墙,台下列烽箭,如大瓮者五,汛堠如我国旌门制,上加短簷。"③

出现"长城"称谓者。例如,万历二十六年(1598)黄汝一《银槎录》记载,"长城三里一烟台"④。康熙二年(1663)李俣《朗善君癸卯燕京录》[与注释中不同,"录"还是"诗"?]记山海关"九门在长城之外",⑤ "长城屈曲,横亘山腰"。⑥ 康熙七年(1668)朴世堂《西溪燕录》载:"未至山海关数十里,望见长城,起海岸,跨山包岭,逶迤而北,粉堞如云,绵亘无际,实天下壮观也。"⑦ 康熙十七年(1678)金海一《燕行录》记:"长城城上有孤庵,绝顶平临大海南。"⑧ 乾隆三十年(1765)洪大容称:并称[二字之意,当与前是同一人所言,然注释则是另外一位,两者不一致?]:"长城跨北岳大脉,由居庸古,东北驰千里,耸峙于角山,大断为平地,南二十里,至于望海亭。"⑨ 乾隆二十五年(1760)徐

---

① [朝鲜]赵宪:《朝天日记·上》,韩国汉文燕行文献选编第2册,复旦大学出版社2011年影印本,第122—124、143页。
② [朝鲜]许篈:《荷谷先生朝天记》,韩国汉文燕行文献选编第3册。
③ [朝鲜]洪大容:《燕记·沿路记略》,燕行录全编第3辑第1册,广西师范大学出版社2013年影印本,第392页。
④ [朝鲜]黄汝一:《银槎录》,燕行录全编第1辑第6册,第20页。
⑤ [朝鲜]李俣:《朗善君癸卯燕京录》,燕行录全编第2辑第1册,广西师范大学出版社2012年影印本,第377页。
⑥ [朝鲜]李俣:《朗善君癸卯燕京录》,燕行录全编第2辑第1册,第376页。
⑦ [朝鲜]朴世堂:《西溪燕录》,燕行录全编第2辑第2册,第167页。
⑧ [朝鲜]金海一:《燕行录》,燕行录全编第2辑第2册,第340页。
⑨ [朝鲜]洪大容:《燕记·沿路记略》,燕行录全编第3辑第1册,第393页。

命臣《庚辰燕行录》亦称秦修"长城"①。

出现"万里长城"称谓者。例如，万历十九年（1591），柳梦寅有二首咏秦长城诗，其中有云："谁知万里长城起，剩作千秋后代功。"② 万历三十二年（1604），佚名的《朝天日录》亦称秦长城为"万里长城"③。万历三十八年（1610），佚名的《朝天录》记："万里长城自北跨角山，粉堞横空，隐映于云雾间，盘折而来，东入于大洋中。"④ 万历四十五年（1617），李尚吉《朝天日记》载："向角山上几半，东登万里长城。"⑤ "往望海寺危楼，正在万里长城尽头。"⑥ 康熙十六年（1677），孙万雄《燕行日录》称，山海关附近"万里长城萦绕山脊矣"⑦。康熙六十年（1721），李正臣《燕行录》载："而所谓望海楼，即万里长城楠边城尽处也。"⑧ 雍正七年（1729）金舜协《燕行录》记："所谓角山寺，在医巫闾山角，而秦皇所筑万里长城城傍也。"⑨ 乾隆四十五年（1780），随使团赴京之朴趾源更有"不见万里长城，不识中国之大"⑩ 的感慨。

可见，至少在明清时期，在中国本土，乃至东亚世界，"长城""万里长城"是一种十分普遍的称谓。这一时期进入中国的耶稣会士，其实是受到中国本土的影响，采用、翻译了这一称谓，形成了如今在英语世界广泛流传的"Great Wall"一词。1844年进入中国的法国传教士古伯察，在所撰《鞑靼西藏旅行记》言，"万里长城"的称谓源自中国人。"任何一个民族都未曾筑成由秦始皇帝于公元

---

① ［朝鲜］徐命臣：《庚辰燕行录》，燕行录全编第3辑第1册，第294页。
② ［朝鲜］柳梦寅：《朝天录·万里长城哀秦始皇二首》，燕行录全编第1辑第5册，第95页。
③ ［朝鲜］佚名：《朝天日录》，燕行录全编第1辑第6册，第393页。
④ ［朝鲜］佚名：《朝天录》，燕行录全编第1辑第7册，第189页。
⑤ ［朝鲜］李尚吉：《朝天日记》，燕行录全编第1辑第8册，第231页。
⑥ ［朝鲜］李尚吉：《朝天日记》，燕行录全编第1辑第8册，第232页。
⑦ ［朝鲜］孙万雄：《燕行日录》，燕行录全编第2辑第2册，第311页。
⑧ ［朝鲜］李正臣：《燕行录》，燕行录全编第2辑第7册，第262—263页。
⑨ ［朝鲜］金舜协：《燕行录》卷一，燕行录全编第2辑第8册，第154页。
⑩ ［朝鲜］朴趾源：《热河日记》卷三《将台记》，燕行录全编第3辑第3册，第75页。

前244年建成的万里长城那样宏伟的工程。中国人称之为'万里长城'。"① 因此,"长城""万里长城"并非是现代人,更不是西方人发明出来的一种想象或神话。林霨的诠释,过于从后现代主义出发来解构关于长城的认知体系,而未对中国以及东亚文献进行细致的考察。

明清时期燕行使对长城设施的称谓,从与中国具有不同的认知差异,到逐渐趋同,呈现了一个"中国化"的历史过程,反映出长城观念在东亚世界存在一个以中国为中心,逐渐传播的历史脉络,这其实也是一部朝鲜半岛的长城观念接受史。

二 燕行录的贞女祠、文天祥记忆与朝鲜半岛的儒家文化、气节意识

中国士人对于长城有着一种复杂的情感:一方面,儒家士人身处统治集团,从官方立场出发,对于长城保障边防的军事功能,予以肯定与赞扬;另一方面,儒家士人从"民本"思想出发,内在地具有调节政权与民众之间关系、维护社会稳定的政治取向,对于修筑长城而劳役民力的情况,又多持批评,甚至控诉的立场。中国古代孟姜女哭长城故事版本不断变幻、升级,呈现了"层累地造成"的特征,其中便有士人积极地参与。明中后期祭祀孟姜女的贞女祠大量出现,更反映出孟姜女叙事官方化的发展倾向。②

朝鲜半岛长期深受儒家思想的影响,朝鲜士人对于长城的认知也与中国士人一样,呈现出内在的矛盾。比如在燕行录中,燕行使一方面对于辽东镇、蓟州镇长城的巍峨壮观非常赞叹,如《锦南漂

---

① [法]古伯察:《鞑靼西藏旅行记》,耿昇译,中国藏学出版社2012年版,第286页。
② 参见顾颉刚《孟姜女故事的转变》《孟姜女故事研究》,《民俗论文集》卷二,《顾颉刚全集》第15册,中华书局2010年版,第6—69页。

海录》记："有孤山临海滨城，北有角山屹立，山海关当其中。北负山，南带海，相距十余里，间为夷夏要险之地。秦将蒙恬所筑长城，跨出于角山之腹，迤逦为卫之东城，以达于海。"①再如康熙二十五年（1686年）吴道一记："夕到山海关，层峰叠嶂，簇簇巉巉，若万马奔驰状。层城粉堞，罗络横亘于山之腰脊，真天府金汤也，世称此乃秦始皇所筑万里长城。"②另一方面，朝鲜士人对于山海关旁的贞女祠、望夫石同样十分关注，不仅连篇累牍地叙述，而且与中国本土一样，呈现不断丰富、发展的"层累地造成"的发展轨迹。稍早的记载尚十分简单，比如《锦南漂海录》记："关外有望乡台、望夫台，谚传望夫台即秦筑长城时，孟姜女寻夫之处。"③康熙七年（1668）朴世堂《西溪杂录》记："过贞女祠，即所谓望夫石者。"④后来的记述却愈益丰富。这种记述大体包含两方面内容，一类是记述明清贞女祠祭祀场景的发展过程，反映出这一时期中国本土孟姜女故事的发展情况，比如康熙二十五年（1686），吴道一便记载了清代官员立碑于姜女祠事⑤。雍正十年（1732），赵最寿记载了万历年间于贞女祠建碑事⑥。乾隆五十五年（1790），徐浩修则记载了晚明至清代祠内不断竖立碑刻之事⑦。乾隆五十六年（1791），金中正记载了乾隆诸子于姜女祠题咏事⑧。嘉庆六年（1801），李基宪抄录了姜女祠里更多的题诗，且记载了在祠旁出现的妈祖神像⑨。另一类内容则反映燕行使参与到孟姜女故事的形成

---

① ［朝鲜］崔溥：《锦南漂海录》，燕行录全编第1辑第3册，第191页。
② ［朝鲜］吴道一：《丙寅燕行日乘》，燕行录全编第2辑第3册，第52页。
③ ［朝鲜］崔溥：《锦南漂海录》，燕行录全编第1辑第3册，第191页。
④ ［朝鲜］朴世堂：《西溪燕录》，燕行录全编第2辑第2册，第168页。
⑤ ［朝鲜］吴道一：《丙寅燕行日乘》，燕行录全编第2辑第2册，第52页。
⑥ ［朝鲜］赵最寿：《燕行录》，燕行录全编第2辑第8册，第266页。
⑦ ［朝鲜］徐浩修：《燕行纪》，燕行录全编第3辑第4册，第472—473页。
⑧ ［朝鲜］金正中：《燕行日记》，燕行录全编第3辑第4册，第169—172页。
⑨ ［朝鲜］李基宪：《燕行日记·上》，燕行录全编第3辑第6册，第402—403页。

与传播之中。燕行使不仅在贞女祠里题词①，推动了中国本土孟姜女故事的丰富和发展，而且通过在燕行录中不断丰富、演绎、发挥孟姜女故事，从而推动朝鲜半岛孟姜女故事的"层累地造成"。康熙十六年（1677）孙万雄记道："望夫石，山阿巨石，磊磊石巅，刻'望夫石'三字。其下立祠，设贞女孟姜像，而为悲泣之形，扁以'湘灵并耀'，三韩朱国梓笔也。"②康熙二十一年（1682），韩泰东《燕行日录》开始指出，孟姜女本姓许，携二子寻夫③。此后，燕行使在关于孟姜神像、孟姜女故事传说、历代吟咏等方面所记的内容则不断丰富。④比如，雍正七年（1729），金舜协《燕行录》中已有秦筑长城征夫60万之数字，以及孟姜跳海，石浮图（望夫石）出之情节⑤。乾隆四十九年（1784），随使团赴京之佚名士人引述多首唐人吟咏孟姜之诗⑥。晚出之《燕辕直指》则专辟《姜女庙记》一目，论述尤为详细⑦。

可见，孟姜女哭长城故事"层累地造成"现象，并不限于中国本土，朝鲜士人也参与其中，不仅推动了中国本土孟姜女哭长城故事的发展，而且将之传播到朝鲜半岛。这就要求孟姜女故事的相关研究，除中国视角外，还应扩大到东亚世界。

明清易代之后，燕行使对于贞女祠的关注除了孟姜女本身，还增加了文天祥，具体来讲，是传说中的文天祥书写的一副对联。在晚明时期的燕行录中，这一对联已开始出现。万历四十二年

---

① 嘉庆三年，徐有闻《戊午燕录》记载了燕行使有在姜女祠留诗者。［朝鲜］徐有闻：《燕行日记》，燕行录全编第3辑第6册，第254页。
② ［朝鲜］孙万雄：《燕行日录》，燕行录全编第2辑第2册，第311页。
③ ［朝鲜］韩泰东：《燕行日录》，燕行录全编第2辑第2册，第434—435页。
④ ［朝鲜］赵春采：《燕行录·八里铺望夫石》，燕行录全编第3辑第1册，第21页；［朝鲜］徐命臣：《庚辰燕行录》，燕行录全编第3辑第1册，第262页；洪大容：《燕记·沿路记略》，燕行录全编第3辑第1册，第393页；李正臣：《燕行录》增记了康熙时期新的对联与碑刻。燕行录全编第2辑第7册，第291—292页。
⑤ ［朝鲜］金舜协：《燕行录》卷一，燕行录全编第2辑第8册，第154、156页。
⑥ ［朝鲜］佚名：《燕行录·姜女祠》，燕行录全编第3辑第4册，第26—28页。
⑦ ［朝鲜］金景善：《燕辕直指·姜女庙记》，燕行录全编第3辑第9册，第67—69页。

(1614)金中清《朝天录》记:"庙门左扉书'秦王安在哉,万里长城筑怨',右扉曰:'姜女未亡也,千年瓦石为贞'云。"①这是到目前为止,所知燕行录中最早记载山海关贞女祠中对联者,但该记载尚未指出对联为何人所写。进入清代,这副对联的关注度骤然提升,而对联的主人也开始出现,那便是南宋灭亡后拒绝投降元朝的文天祥。康熙五十二年(1713),朝鲜使团书状官韩祉《燕行日录》记:"庙柱左右有题曰:'秦皇安在哉?万里长城筑怨;姜女未亡也,千年瓦石惟贞。'乃文天祥笔迹云。"②乾隆二十五年(1760),朝鲜使团副使礼曹判书徐命臣亦称:"祠内左右悬牌,左刻:秦皇安在哉?万里长城筑怨。右刻:姜女未亡也,千年瓦石犹贞。书以文文山所制,未知果然否?"③乾隆三十年(1765),朝鲜使团书状官子弟洪大容亦记载了这一对联,只是字句稍有差异,云:"柱联一对,传是文丞相笔,曰秦皇安在哉?万里长城筑怨;姜女不死也,千年片石留贞。"④应该是笔误所致。

文天祥兵败被俘送大都(今北京),一直系于监牢,应无机会赴山海关书写此联。孟姜女祠普遍修建于明代中后期,故此联应撰于明代后期。清代燕行使对这副对联的来历未加详考,却异常注重,其实意不在对联本身,而在文天祥,是借坚持民族气节、"华夷之辨"的文天祥形象,宣泄朝鲜虽然在武力压迫之下屈服清朝,却仍坚持儒家"华夷意识",在文化上拒不认同"夷狄"政权清朝的政治心理。

朝鲜长期接受儒家文化,秉持"事大"的政治立场,一向标榜"尊明攘夷"。万历时期,日本丰臣秀吉对朝鲜半岛发动大规模进攻,也就是所谓的"壬辰倭乱"。明朝为援助朝鲜,耗费大量兵力、财力,导致国库空虚,明朝政权灭亡与之有一定关系。对于明朝的

---

① [朝鲜]金中清:《朝天录》,燕行录全编第1辑第8册,第38页。
② [朝鲜]韩祉:《燕行日录》,燕行录全编第2辑第6册,第489页。
③ [朝鲜]徐命臣:《庚辰燕行录》,燕行录全编第3辑第1册,第262页。
④ [朝鲜]洪大容:《燕记·沿路记略》,燕行录全编第3辑第1册,第393页。

巨大付出与牺牲，朝鲜一直十分感念。因此，朝鲜长期坚持与明军协同作战，拒绝向异族建立的清政权投降。虽然战争最终失败，朝鲜被纳入清朝的藩属体制，但在政治、文化上却长期对清朝充满敌意，不断通过各种方式迂曲地表达出来。文天祥在南宋灭亡之后，坚决不投降元朝，成为坚守气节、不向"夷狄"屈服的儒家精神的代表。燕行使对于这一对联的强调，意在表达和抒发不与"夷狄"建立的清朝站在同一立场的政治心理与政治情感。

三　明清易代与朝鲜士人长城评价的变化

明朝面对蒙古、女真的进攻，结合北部边疆的地形特征，不断修筑长城，一定程度上削弱了北方民族的骑兵优势，大体控制了北部边疆。鉴于长城的这一历史作用，明代燕行使对长城大都持肯定立场。如万历二十六年（1598）黄汝一记载了长城空间分布与防守制度，对于长城严密的防御体系十分赞叹："长城三里一烟台，一台十名军；五里一小铺，十里一大铺，三十里一大寨。贼来则烟军交臂瞭望，铺卒各把弓家，中朝防戍之法，亦云周且宏矣。"对比之下，他认为朝鲜边防设施显得十分简陋："我国边防蕞尔斗城，亦不能把守，毕竟无一名军卒，诚可哀也已。"① 嘉靖十六年（1537），丁焕记述了民众修筑城堡以自保的现象："民村危恐，不能私立门户，五六家或十余家共围一墙，筑候（应为堠）墩其中，早阖晏开，以相保焉。"② 万历三十八年（1610），郑士信也记载了山海关外墩台传递烽火、保障商旅的双重功能："烟台者瞭望，虏来【麦羊】息，出烟气通报，兼筑高堞，使行旅仓卒得避凶锋抢掠者也，其制之创真奇哉！"③

---

① ［朝鲜］黄汝一：《银槎录》，燕行录全编第1辑第6册，第20页。
② ［朝鲜］丁焕：《朝天录》，燕行录全编第1辑第3册，第405页。
③ ［朝鲜］郑士信：《梅窗先生朝天录》，燕行录全编第1辑第7册，第447页。

但在明后期尤其是晚明，随着明军战斗力的下降，长城经常无法起到真正御敌的效果。对于这种外强中干的情形，万历二年（1574），燕行使赵宪进行了客观的记述，一方面对长城防御的严密性与防御功能充分肯定，比如专列《烟台》一目，不仅记述了墩台分布之密集，"辽南烟台，多在山上，上无人家，设于闾者，仅见一二。自辽以西，五里一台，相望不绝。台上构屋，台下又设小城"，而且指出军队后勤供应也十分完善。"城中例令五军丁率家以守之，丁给月俸银二钱。边墙烟台之军，则加给冬衣。其养兵之劳，守边之策，可谓至矣。"① 但另一方面，赵宪对于长城守军的消极防御也有所批评与讥讽："而例遇小贼，辄伏城头，不敢发一矢，以致恣意虏掠，坐看系缚鱼肉而已。"②

不过整体而言，明后期燕行使对于长城基本持正面肯定的态度。比如赵宪在向朝鲜国王汇报明朝长城防御体系时，便充分肯定了长城设计之完善、管理之合理。他将辽东镇、蓟州镇长城防御体系分为三个层次。赵宪首先指出，外层长城防御体系是由边墙与有墩院的边墩构成。

> 臣窃见辽阳以西至于山海一路，距胡地最近，故既于极边接城（秦万里城）为长墙，有壕子，五里各置一烟台，台下有小方城（如三岔河等墙，绝之地，冬月冰冻，则恐胡人由此入寇。凿冰为墙，以水沃之，彼不敢入来云。又闻戚继光之备倭于南方也，沿海筑墙，间设烟台，自淮东至于广西，无不如是，而守备甚固，倭寇以此不敢下陆云）。③

所谓"台下有小方城"，是指墩台下面的四方形墩院。墩院在明代长城防御体系中应用十分普遍，是增强墩台容纳空间和防御功

---

① ［朝鲜］赵宪:《朝天日记·上》，燕行录全编第1辑第4册，第265—266页。
② 同上书，第266页。
③ ［朝鲜］赵宪:《东还封事·城基之固》，燕行录全编第1辑第4册，第347页。

能的重要设施。关于长城防御体系的中间一层,赵宪首先描述了防御体系的设施类别与空间布局,并重点记述了盖有铺房的空心敌台。他指出:

> 又于长墙之内十五里许(近处相距才十里,远处或至三十里),以其土筑长堤,以防胡兵之直进(此则杨太师兆之所筑也)。烟台、方城,俱如极边,而台上有屋城之四隅,各有陴屋,向路出门,门上亦有陴屋,俱覆以瓦城。外凿壕子,壕子外筑墙,墙外深坎数重,坎外或列植榆柳,虽胡兵众驱而势不得奔突也。①

"台上有屋城之四隅,各有陴屋"所指便是戚继光发明的内部中空、上覆房顶的空心敌台。后又论述了长城军队的后勤补给与管理制度。

> 城中例令五军丁率家以守之,丁给月俸银(二两五钱),各垦城旁空地,以为产业,有警则沿海居民群聚以守之。十五里置一小铺,三十里置一大铺,城子渐广,而人居者渐众(如牛家庄既有九军,而冬月益戍以千军)。器械完缮,而守备周密,凡城颓之处,则官拨银两以修之。中原民犯罪者多所徙居,而山海关门有兵部主事一人,以朝夕掌其开闭,监其出入,虽极恋乡土者,罔有逃还之计,各于定配之地,人怀死守之志,是以关外一线之路,连绵不绝,以达于辽。②

另外,赵宪还简单论述了内层长城防御体系的情况:"关内则虽无烟台之城,而十五里铺、三十里铺则无处无之,州县、城池无

---

① [朝鲜]赵宪:《东还封事·城基之固》,燕行录全编第1辑第4册,第347页。
② 同上书,第347—348页。

不牢壮，虽有劲敌，人恃以无惧。"①

　　对于朝鲜国王有意仿照明朝，进一步完善长城设施的想法，赵宪从劳役的角度表达了自己的忧虑。"今若欲遵中朝之制，设城置台，而一用民力，则城基未完而民已不守矣"，从而建议上自王室，下自官民，皆捐资筑城②。

　　但入清以后，燕行使对长城作用的认识出现了巨大的变化，基本转向了否定的立场。因为燕行使在总结明朝灭亡教训时，认为明朝修筑长城，不仅未能抵御异族的入侵，反而带来内部民众的沉重赋役压力，最终导致政权灭亡，并以此再次张扬儒家"在德不在险"③的政治立场，对明代修长城大加批判。

　　康熙前期，吴道一便对明长城持批评态度，他认为明朝修长城，导致"关东民力殆尽于此，仍致人心怨叛，卒启倾覆之祸"，并感慨"古称固国不在金汤，诚确论也"，从而对清朝不修长城的政策表达了赞同的立场。"清人之初入燕京也，议者欲修筑关外城池，九王以为明朝之浚民膏血，大肆力于城池，盖备我也，卒乃见夺于我；我则当休养生灵，何用更烦民力，作此无益之举乎？其议遂寝不行云。"④ 这一观点基本被后来的燕行使所继承。康熙五十一年（1712），闵镇远虽然记述了明长城防御之严密："自小黑山东五里许，始有墩台，周围三十步许，高十丈许，以甓坚筑。四面无门，非云梯难上。每五里置一墩，棋布星罗，云是明末为御胡筑此瞭望贼兵。"但最后话锋一转，批评长城耗费巨额财政，不仅未能防御北方民族，反而最终因此而灭亡。他说："而每一墩费千金，胡骑

---

① ［朝鲜］赵宪：《东还封事·城基之固》，燕行录全编第1辑第4册，第348页。
② 同上。
③ ［汉］司马迁《史记》卷六五《吴起传第五》载："山河之固，在德不在险。"（中华书局1959年版，第2166页）；（清）爱新觉罗·玄烨御制、张廷玉等奉敕编《圣祖仁皇帝御制文集》卷三八《古今体诗四十五首·古北口》载："形胜固难凭，在德不在险。"（文渊阁四库全书第1298册，第302页）。
④ ［朝鲜］吴道一：《丙寅燕行日录》，燕行录全编第2辑第3册，第52页。

未遏而民力先竭，以致败亡云，可为痛哭。"①康熙六十一年（1722），俞拓基在目睹了明长城"自小黑山始望见医巫闾山，蜿蜒于西北间，连亘数百里，路傍多有烟台，或圮或存"②的现状之后指出，明朝亡于内政不修。他说："皆明朝备胡时所筑，徒费无限财力，筑此无用小堡。内而用宦嬖用事，外而闒茸充朝，致有甲申之变。痛哉！"③

雍正十年（1732），赵最寿一方面感叹墩台规模之大："盖自沈阳至山海关，五里筑一墩台，台高数十丈，上可容十数人。"④另一方面指出长城并未起到应有作用："此乃皇朝御虏之备，而一台之费，损银千两，皇朝财力盖尽于此矣。关外千里，错落相望，而终未捍铁骑之长驱。"⑤最后阐明了"守国之道，其不系城堡可见矣"的观点⑥。乾隆五十八年（1793），李在学也认为："非不雄矣，而竭天下之财力，作边塞之巨墉，竟何补于开门迎如之时耶？"⑦嘉庆六年（1801），李基宪也表达了类似的观点："北接巫闾，东南至海口，总为三百六十里余所，世传戚继光所筑，或称袁崇焕所筑，而当时财力盖尽耗于此，可谓虚筑防胡万里城也。"⑧道光十二年（1832），金景善也认为："噫！烟台未尝非备边长策，而竟致中国虚耗，流寇乘之，毕竟烟台亦归无用，虽曰天运，而亦其间岂无人谋之不臧？"⑨

可见，明朝灭亡之后，与中国本土一样，朝鲜半岛基于时局的

---

① ［朝鲜］闵镇远：《燕行录》，燕行录全编第2辑第4册，第317页。康熙五十二年，韩祉亦有相似记载。［朝鲜］韩祉：《燕行日录》，燕行录全编第2辑第6册，第474页。
② ［朝鲜］俞拓基：《燕行录》，燕行录全编第2辑第7册，第289页。
③ 同上书，第289—290页。
④ ［朝鲜］赵最寿：《燕行录》，燕行录全编第2辑第8册，第265页。
⑤ 同上书，第265—266页。
⑥ 同上书，第266页。
⑦ ［朝鲜］李在学：《燕行日记》，燕行录全编第3辑第6册，第22–23页。
⑧ ［朝鲜］李基宪：《燕行日记·上》，燕行录全编第3辑第6册，第397页。
⑨ ［朝鲜］金景善：《燕辕直指》卷二《烟台记》，燕行录全编第3辑第9册，第55页。

巨大变化，对于长城的评价也呈现了从正面到负面的转变过程。这一评价成为古代社会对于长城的最终评价，直到近代，才又因时局的巨大变化而发生转变。

四 清代朝鲜辽蓟长城地图的绘制与防御清朝的长城方案

明长城东端起于今辽宁丹东虎山长城，东接鸭绿江。但清朝入关之后，为抹杀女真曾经是被划于长城之外的"夷狄"的历史事实，在官方宣传上，将明长城东端定于山海关。这是在此后二三百年内普遍流传的明长城东起山海关说法的源头。这一官方宣传不仅影响了中国本土对于明长城的判断，也影响了朝鲜半岛的长城认知。

有清一代，朝鲜与清朝不断发生疆界纠纷，有超越鸭绿江而向西北拓展的军事意图，对于长城这一明显标志疆界的建筑，自然乐于默认清朝的做法，也认同明长城东界山海关之说。如康熙七年（1668），朴世堂便称："长城初起处，天下此关头。"① 徐命臣亦接受了这一说法，认为山海关之"望海亭在万里长城尽处"②。乾隆五十五年（1790），徐浩修《燕行纪》载："盛京边墙南起凤凰城，北至开原，折而西至山海关，周一千九百五十余里。"③ 并记述了每一段落之起至及其与朝鲜边界对应之格局④。《燕辕直指》亦称："自吴王台西行三里至（山海）关，关即长城尽头处也。"⑤《梦经堂日史》亦载："至望海亭，一名澄海楼，即山海之南，长城东地

---

① 朴世堂：《使燕录·山海关》，燕行录全编第2辑，第2册，第207页。
② 徐命臣：《庚辰燕行录》，燕行录全编第3辑，第1册，第265页。
③ 徐浩修：《燕行纪》，燕行录全编第3辑，第4册，第384页。
④ 同上书，第384—385页。
⑤ 金景善：《燕辕直指》卷二《山海关记》，燕行录全编第3辑，第9册，第70页。

尽头也。"①

值得注意的是，清代朝鲜曾绘制过明长城地图，其中较为著名的一幅是康熙四十五年（1706）李颐命所绘《辽蓟关防图》。该地图是在朝鲜长期"尊周攘夷"政治立场的影响下，鉴于当时与清朝划界而产生政治纠纷，而进行军事防备的背景下绘制而成的。

清朝崛起于白山黑水之间，将东北地区视为龙兴之地，故而非常重视与朝鲜的边界划定。朝鲜也一直重视向西北拓展领土，将之作为与北方民族之间的战略缓冲，自然也非常重视疆界划定之事。康熙时期，清、朝双方围绕鸭绿江、长白山，多次展开边界踏查与界定事宜。正是在这一时代背景下，朝鲜英祖命李颐命绘制边界地图，以作为边界划定、边疆经略的依据。

在进呈英祖的《进辽蓟关防图札》中，李颐命直承出于边界纠纷绘制地图的政治目的。"我国西北边界及豆、鸭两江之外，辽海船路，不合作一图，则彼我接壤处，阙而未备。"②为清楚地展示这一区域，李颐命将全图分为十幅，"合图则帖小而难写，不得已作十帖联屏"③。在绘制地图时，李颐命不仅充分利用了朝鲜官方资料，而且从清朝私购图籍，从而在边界标注上充分做到知己知彼。

> 右《辽蓟关防图》，出于臣使燕时所购得皇朝职方郎仙克谨所著《筹胜必览》之书。臣既承移写以进之命，又取清人所编《盛京志》所载乌喇地方图，及我国前日航海贡路与西北江海边界，合成一图。④

在序文中，李颐命明确指出，绘制该图是借鉴明朝沦亡的教训，

---

① 徐庆淳：《梦经堂日史》编二《五花·笔》，燕行录全编第3辑，第10册，第364页。
② 李颐命：《甲申燕行录·进辽蓟关防图札》，燕行录全编第2辑，第4册，第165页。
③ 同上。
④ 同上书，第167页。

防备清朝南下。他首先概括了近世以来，北方民族多起源于东北、南下中原的地缘政治格局。"臣窃稽唐宋以来，胡夷之乱华者，多起东北。"① 指出明朝也将战略重心放在东北边疆，但最终仍然未能挽救灭亡的命运。"幽燕一方先被割据，皇朝定鼎，盖为控制边防，壮固十倍于秦城，创业雄图，按此图亦可见也。及至晚季，民心积怨于掊克，大患终成于诞邻，向之重关巨防，今已荡然残破。"② 朝鲜虽得以保住政权免于沦灭，但防御规划松懈，存在巨大的隐患。"况我邦壤地偏小，而边界阔远，西北边人日与控弦鸣镝之士，隔水相语，沿海要冲，亦无谁何！山东之人，近乃东渔于海西。今虽苟安于目前，真所谓何恃而不恐者也！"③ 反观清朝，却在入关之后，仍然加强对辽东地区的经营，事实上对朝鲜具有严重威胁。"又况臣往来燕路，伏见清人不修内外城砦，惟于沈阳、宁塔增陴峙财，疑亦不自期以百年之运，而常若有首丘营窟之计也。"④ 女真以外更为遥远的部落，也被李颐命颇有远见地纳入了视野。"且伏闻徼外诸酋种落日盛，清人岁输金缯几亿万计，又安知阿骨打、铁木真之属，不生于今日？而彼终以宁藩为归，则胜国之两困于女真、蒙古者，事势亦犹是尔，岂可谓无此虑也？"⑤ 最终，李颐命告诫朝鲜政权安不忘危，以避免明朝之覆辙。

> 今臣之进此图者，非敢曰知天下阨塞，将以有为也；亦非欲竭国力而专意边方也，惟愿圣明深察乎边界之、关防之不可恃，而虑患忧难，常若强寇之压境，恭俭节约，以裕民生，使国人知有手足头目之义，追先王未究之志事，戒皇朝末年之覆辙，国家幸甚⑥！

---

① 李颐命：《甲申燕行录·辽蓟关防图序》，燕行录全编第2辑，第4册，第167页。
② 同上。
③ 同上。
④ 同上。
⑤ 同上。
⑥ 同上书，第168页。

正是由于这一宗旨,《辽蓟关防图》耐人寻味地绘出明清在辽蓟长城地带的对峙形势,从而折射出朝鲜以明朝继承者自居,在明清对峙格局早已成为故事之时,却仍完整地保留明朝的军事格局,并将之作为将来抵御清朝或北方民族的军事防线。

在绘制方法上,《辽蓟关防图》所采取者也是明朝流行的形象绘法。此后二百年间,与中国地图绘制一样,朝鲜地图绘制亦大体在这一脉络之中,这反映出朝鲜地图深受中国之影响,在"计里画方"地图绘制科学传统兴起与西方制图学逐渐传入之后,仍与中国本土一样,长期延续了地图绘制形象化的人文传统,这在一定程度上反映东亚文明作为一个整体,在近代前后内部变革与外部冲击联合作用之下,在相当长的一段时期内,却仍延续着传统的内在路径,构成了近代前后东亚文明的主流特征与一般面貌。

结论

明清时期,朝鲜燕行使朝贡北京,沿途经过明代辽东镇、蓟州镇长城,将之详细地记录于燕行录中,形成域外长城史料的最大载体。燕行使对长城的称谓,与中国本土有一定区别,却又逐渐趋同,既反映出异域看长城的不同视角,又反映出长城观念存在一个以中国为中心,不断向外传播的历史过程,或者说存在一个域外的长城形象接受史。无论如何,"长城""万里长城"称谓在中国本土,乃至东亚世界的普遍存在与广泛流行,反映出这一用于概括所有长城设施的普遍性称谓并非现代才有,更非西方传教士所发明,而是在中国本土产生之后,逐渐传播到东亚,乃至西方世界。

燕行使对于长城的观念认知,与中国士人一样,呈现出正面、负面印象同时存在,并不断变化的历史状况。一方面,明代燕行使对于明长城的雄伟壮观、布局严密与防御作用,持正面的肯定态度;另一方面,受儒家思想的影响,对反映长城劳役民众的孟姜女哭长城故事十分关注，不仅推动了中国境内的孟姜女哭长城故事的"层累地造成"的过程，而且将其进一步传播到朝鲜半岛。但整体而言，明代燕行使对长城持正面的肯定立场，并积极推动朝鲜政权修筑长城的政治动议。但经历过明清易代之后，燕行使认为长城不仅未能防御北方民族，反而因劳役征发而导致了民众叛乱，最终致使明朝灭亡，长城观念从而一转而为负面，再次张扬儒家所持政权根本"在德不在险"的政治立场，对长城展开大规模、全面的批判。

  明朝灭亡之后，朝鲜出于儒家"华夷之辨"立场，与感念明朝救亡图存之恩，对于清朝一直缺乏政治上的认同，从而在明朝灭亡后，仍借助长城周边场景，比如传说中的文天祥对联，表达这一政治立场与民族情绪；并且将已经荒废的明朝辽东镇、蓟州镇长城防御体系，想象为未来抵御清朝的军事工具，绘制出《辽蓟关防图》。

  总之，长城在修筑之后，由于影响巨大，不仅在中国本土，甚至在域外世界，不断形成对其主观认知的历史脉络，这一脉络可称为"长城观念史"。与客观的长城修筑史、军事史一样，长城这一主观的历史认知，隐藏着丰富的历史内涵，同样是未来长城研究的重要内容与突破口。朝鲜半岛"长城观念史"的发生过程，与明清时期东亚世界的地缘政治、时代变迁、文化内涵具有密切关系，呈现了应时而变的"层累地造成"的历史现象，不仅是研究明清长城史的重要内容，同时也是揭示这一时期东亚国际关系走向的独特视角。

中亚与丝绸之路

鄯善国与丝绸之路研究的回顾与展望

杨富学　刘　源

（敦煌研究院民族宗教文化研究所、西北民族大学历史文化学院）

丝绸之路是世界上最早开通，连接欧亚大陆众多文明的交通要道。作为古代欧亚商贸通道，丝绸之路不仅使东西方物质文明得到交流，促进了丝路沿线诸国经济发展与社会进步，同时亦促进了东西方精神文明的相互碰撞与融合。古代西域各国，作为东西方物质与精神文明汇集之地，更是见证与参与丝绸之路交通史诸多不朽，首屈一指，为鄯善国。

鄯善国地处丝绸之路西域道之要冲，其国境位于今新疆塔里木盆地东南部，疆域西至今和田地区民丰县一带，向东则达塔里木盆地东端的罗布泊地区。鄯善国本名楼兰（Krorayina），汉张骞西域凿空，楼兰王国与中原王朝始有接触，时楼兰亦处于匈奴威慑之下，故两属于汉王朝同匈奴以求自安。至汉昭帝元凤四年（前77）傅介子入楼兰刺杀国王安归，立尉屠耆为王并改国名为鄯善，迁都扜泥城（今新疆若羌附近），鄯善国终为汉王朝所辖。东汉末年，鄯善国逐步强大并间接吞并周邻小国，成为西域强权。时鄯善国与中原联系紧密，魏晋之时屡次遣子入侍，中原王朝亦征召军民入鄯善国内屯戍。后至北魏太武帝太平真君三年（442），沮渠无讳军队大举进攻鄯善国，王城扜泥被攻陷，王廷流亡至且末，鄯善国史至此实已终结。

鄯善国史于传统史籍文献中所能寻觅之轨迹甚少且往往语焉不详，20世纪初，以匈牙利探险家斯坦因（A. Stein）为代表的一批国外探险家进入我国新疆腹地进行考察发掘,先后发现楼兰、尼雅、安迪尔、米兰等具有一定规模的古城遗址、佛教寺院遗存,并伴有数量庞大的来自中原与西方的陶器、丝织品、金银器等珍贵文物出土。最可贵的是在楼兰、尼雅等遗址中发掘出土大批以佉卢文、汉文写就的简牍文书,这批文书的发现为鄯善国史的研究提供了宝贵的第一手材料,亦拓宽了丝绸之路史研究的视野,构成日后研究楼兰、鄯善与丝绸之路史地之基础。一百年来,东西方学者围绕新疆境内考古遗存与出土文书所进行的鄯善国以及丝绸之路研究取得了丰硕成果,尤其20世纪80年代中期以来,在鄯善国与丝绸之路政治、经济、宗教、文化等方面联系的研究,涌现出一大批极具代表性的学术专著与论文。

一 鄯善国出土文书与古文献研究

鄯善国与丝绸之路的研究,立足于这一地区的考古研究,出土文书的释读以及传统文献的整理之上。自斯坦因在尼雅、楼兰等遗址获得数目庞大的佉卢文文书起,学界对它的整理与释读工作即已开始。佉卢文源自古代印度西北部犍陀罗地区,其亦被学界称为犍陀罗语(Gāndhārī),这种文字于公元3世纪流行于塔里木盆地于阗、鄯善等国,鄯善国亦将之作为官方文字。斯坦因发现的这批佉卢文文书,以国王敕谕、籍帐、信函为主,所记内容上到国王手谕,下至百姓家书,涉及鄯善国政治、经济、社会、宗教、文化方方面面,这亦使佉卢文文书的释读与研究成为西域鄯善国研究的重要方面。

斯坦因带回欧洲的佉卢文文书由英国语言学家拉普逊(E. J. Rapson)联合波叶尔(A. M. Boyer)、塞纳(E. Senart)等学者率先整理与释读,可释读者有762件,他们于1920年至1929年陆续出版《斯坦因爵士在中国新疆发现的佉卢文文书(*Kharoṣṭhī In-*

scriptions Discovered by Sir Aurel Stein in Chinese Turkestan)》三卷①，后拉普逊弟子语言学家贝罗（T. Burrow）将这些文书内容翻译成英文并于1940年出版《新疆出土佉卢文残卷译文集（A Translation of the Kharoṣṭhī Documents from Chinese Turkestan)》②，后辈学者进行佉卢文文书研究亦多参照其译本。贝罗还依据拉普逊所整理斯坦因第四次中亚考察所获佉卢文文书照片整理并释读了16件发表《尼雅出土佉卢文文书别集（Further Kharoṣṭhī Documents from Niya)》一文③。贝罗在佉卢文研究方面的突出贡献还在于其1937年完成的论文《新疆出土佉卢文文书之语言（The Language of the Kharosthi Documents from Chinese Turkestan)》④ 在佉卢文语言研究方面为后辈学者提供了绝佳的语法研究范本。佉卢文文书的释读与研究方面近有美国学者邵瑞祺（Richavd Saloman）释读的三件新发现的佉卢文文书。⑤ 林梅村于1988年出版《沙海古卷——中国所出佉卢文书（初集)》，⑥ 对拉普逊等人刊布的佉卢文文书进行的重新整理与翻译，且林先生译本一定程度上弥补了贝罗译本中一些不足与错误，两种

---

① A. M. Boyer – E. J. Rapson – E. Senart – S. Noble，*Kharoṣṭhī Inscriptions Discovered by Sir Aurel Stein in Chinese Turkestan*（Parts I – III），Oxford，1929.

② T. Burrow，*A Translation of the Kharoṣṭhī Documents from Chinese Turkestan*，London：the Royal Asiatic Society，1940；［英］贝罗：《新疆出土佉卢文残卷译文集》，王广智译，韩翔、王炳华、张临华主编：《尼雅考古资料》，新疆社科院考古研究所1988年版，第183—267页。

③ T. Burrow，Further Kharoṣṭhī Documents from Niya，*Bullentin of the school of Oriental Studies*，Vol. IV，1937，pp. 111 – 129；［英］贝罗著，刘文锁译：《尼雅佉卢文书别集》，收入刘文锁《沙海古卷释稿》，中华书局2007年版，第368—388页。

④ T. Burrow，*The Language of the Kharoṣṭhī Documents from Chinese Turkestan*，Cambridge：Cambridge University Press，1937；［英］贝罗著，林梅村译注《新疆佉卢文书的语言》，《新疆文物》1989年第3期，第104—107页。

⑤ ［美］邵瑞祺著，黄盛璋译：《尼雅新出的一件佉卢文书》，《新疆社会科学》1986年第3期，第82—86页；Richard Salomon，Two New Kharoṣṭhī Documents from Central Asia，*Central Asiatic Journal*，Vol. 32，No. 1/2，1988，pp. 98 – 108；［美］邵瑞祺著，杨富学、黄建华译：《中亚新出土的两件佉卢文书》，《新疆文物》1992年译文专刊，第56—60页。

⑥ 林梅村：《沙海古卷——中国所出佉卢文书（初集)》，文物出版社1988年版。

译本可相互补注。林梅村长期致力于佉卢文文书的释读与研究，随着考古发掘工作的深入陆续出土新的佉卢文文书，林先生都参与释读工作，此外他还积极整理各国馆藏文书并进行研究，成果卓著。

《楼兰新发现的东汉佉卢文书考释》，《文物》1988年第8期，第67—70页（收入氏著《西域文明——考古、民族、语言和宗教新论》，东方出版社1995年版，第189—196页）。

《新疆尼雅发现的佉卢文契约考释》，《考古学报》1989年第1期，第121—139页（收入氏著《西域文明——考古、民族、语言和宗教新论》，东方出版社1995年版，第164—188页）。

《新发现的几件佉卢文书考释》，《中亚学刊》第3辑，中华书局1990年版，第64—70页。

《新疆文物考古研究所藏佉卢文书译文》，中日日中共同尼雅遗迹学术考察队编著《中日日中共同尼雅遗迹学术调查报告书》第二卷，中村印刷株式会社1999年版，第227—244页。[①]

《尼雅96A07房址出土佉卢文残文书考释》，《西域研究》2000年第3期，第42—43页。

《大谷探险队所获佉卢文藏文双语文书》，氏著《古道西风——考古新发现所见中西文化交流》，生活·读书·新知三联书店2000年版，第410—437页。

《新疆营盘古墓出土的一封佉卢文书信》，《西域研究》2001年第3期，第44—45页。

《勒柯克收集品的五件犍陀罗语文书》，《西域研究》2004年第3期，第72—82页（收入氏著《松漠之间——考古新发现所见中外文化交流》，生活·读书·新知三联书店2007年版，第150—165页）。

---

① 林先生释读的这批新出文书先由日本学者莲池利隆进行转写与释读，二者可对照。见莲池利隆《ニヤのカローツテイー文字资料の研究（1）》，《中日日中共同尼雅遗迹学术调查报告书》第一卷，第281—337页；《ニヤのカローツテイー文字资料の研究（2）》，《中日日中共同尼雅遗迹学术调查报告书》第二卷，第161—167页。

近年，经由段晴①、皮建军②、张雪杉③、关迪④等学者研究，中国国家图书馆又有多件馆藏佉卢文文书得到释译，其中有 4 件佉卢文契约与信札文书，这些都为佉卢文文书的进一步研究提供了新材料。⑤

佉卢文文书不断被整理、释读与刊布的同时，佉卢文文书的研究工作也逐步深入。英国著名东方学家托马斯（F. W. Thomas）曾撰文对佉卢文文书中一些词汇进行了考释，尤其他在对安迪尔遗址出土的 Kh. 661 契约文书在语言、年代以及文书所记于阗信息进行了分析与探讨。⑥ 这件文书早前由诺布尔（P. S. Noble）着手释译，⑦ 亨宁（W. B. Henning）对其年代作了初步考证，这些亦为后来 Kh. 661 的研究有着较为重要的借鉴。⑧ 印度学者阿格华尔（R. Ch. Agrawala）于 20 世纪 50 年代发表多篇学术论文针对佉卢文文书所记载鄯善国妇女、度量衡、奴隶、税收、纺织品、钱币、家信、僧侣等问题进行了系统整理与研究。

Position of Women as depicted in the Kharoṣṭhī documents from Chinese Turkestan, *Indian Historical Quarterly*, Vol. 28, No. 4, 1952,

---

① 段晴：《中国国家图书馆藏 BH5—3 号佉卢文买卖土地契约》，朱玉麒主编《西域文史》第 6 辑，科学出版社 2011 年版，第 1—16 页．

② 皮建军：《中国国家图书馆藏 BH5－4、5 号佉卢文信件和买卖契约释读与翻译》，朱玉麒主编《西域文史》第 6 辑，科学出版社 2011 年版，第 17—26 页。

③ 张雪杉：《中国国家图书馆藏 BH5－6 号佉卢文木牍文书释读与翻译》，朱玉麒主编《西域文史》第 6 辑，科学出版社 2011 年版，第 27—33 页。

④ 关迪：《和田博物馆藏佉卢文判决书考释》，《西域研究》2014 年第 4 期，第 9—15 页。

⑤ 段晴、张志清主编：《中国国家图书馆藏西域文书——梵文、佉卢文卷》，中西书局 2013 年版。

⑥ F. W. Thomas, "Some Notes on Central Asian Kharoṣṭhī Documents", *Bulletin of the School of Oriental and African Studies*, University of London, Vol. 11, No. 3, 1945, pp. 513－549.

⑦ P. S. Noble, "A Kharoṣṭhī Inscription from Endere", *Bulletin of the School of Oriental Studies*, University of London, Vol. 6, No. 2, 1931, pp. 445－455.

⑧ W. B. Henning, "The Date of the Sogdian Ancient Letters", *Bulletin of the School of Oriental and African Studies*, Vol. 12, No. 3/4, 1948, pp. 601－615.

pp. 327 – 341（［印度］阿格华尔著，徐烨、文俊红译：《新疆出土佉卢文简牍所见妇女的处境》，达力扎布主编《中国边疆民族研究》第 8 辑，中央民族大学出版社 2014 年版，第 229—238 页）。

A Study of Weights and Measures in the Kharoṣṭhī Documents from Chinese Turkestan, *Journal of Behar Research Society*, Vol. 38, 1952, pp. 364 – 365。

Position of Slaves and Serfs as depicted in the Kharoṣṭhī Documents from Chinese Turkestan, *Indian Historical Quarterly*, Vol. 29, No. 2, 1953, pp. 97 – 110（［印度］阿格华尔著，杨富学、徐烨译：《新疆出土佉卢文文书所见奴隶和农奴的处境》，达力扎布主编《中国边疆民族研究》第 7 辑，中央民族大学出版社 2013 年版，第 302—310 页）。

Form of Taxation as depicted in the Kharoṣṭhī Documents from Chinese Turkestan, *Indian Historical Quarterly*, Vol. 29, No. 4, 1953, pp. 340 – 353。

A Study of Textiles & Garments in the Kharoṣṭhī Documents from Chinese Turkestan, *Bharatiya Vidhy?*, Bombay, Vol. 14, 1953, pp. 75 – 94。

Numismatic Data in the Niya Kharoṣṭhī Documents from Central Asia, *Journal of the Numismatic Society of India*, Vol. 16, No. 2, 1954, pp. 219 – 230。

Some Family Letters in Kharoṣṭhī Script from Central Asia, *Indian Historical Quarterly*, Vol. 30, No. 1, 1954, pp. 50 – 56。

Buddhist Monks in Chinese Turkestan, in *Sarupa Bharati*, or *the Homage of Indology*, being the Lakshmana Sarup Memorial Volume, ed. J. N. Agrawal and B. D. Shastri, *Hoshiarpur: Vishveshvaran and Vedic Research Institute*, 1954, pp. 175 – 183（［印度］阿格华尔著，杨富学、许娜译：《佉卢文书所见鄯善国佛教僧侣的生活》，《甘肃民族研究》2006 年第 4 期，第 100—104 页）。

近有美国学者艾特伍德（Christopher Atwood）于 1991 年发表《公元三至四世纪精绝的生活：民丰（尼雅）以北出土犍陀罗语文书资讯考察（Life in Third – fourth Century Cad'ota: A survey of information gathered from the Prakrit documents found north of Minfeng [Niyä]）》，通过对佉卢文文书的细致研究还原了公元 3—4 世纪位于鄯善国境西南部精绝地区的社会风貌，并就当地地理、政治、经济、社会、宗教等问题进行了深入探讨。①

我国学者着手佉卢文文书的研究要晚于西方，自 20 世纪 80 年代初以来，国内不断有学者投入对佉卢文文书及鄯善国史的研究中，在佉卢文文书的研究方面获得了诸多成果。季羡林论及以佉卢文的书写，指出其所书语言系吐火罗语、龟兹语等语言混合于其中的尼雅俗语，作为鄯善国的通行语言，并认为它属于印欧语系印度语言中的一种。② 马雍亦较早开始着手佉卢文文书的研究，就佉卢文文书的年代，流传以及部分文书做了较为系统的介绍与专题研究。③ 此外，赵俪生对佉卢文文书中 Supi 人人种、鄯善国政治经济状况及都护制等问题进行了探讨，④ 虞明英亦对佉卢文文书所记 Su-

---

① Christopher Atwood, Life in Third – fourth Century Cad'ota: A survey of information gathered from the Prakrit documents found north of Minfeng [Niyä], *Central Asiatic Journal* Vol. 35, No. 3 -4, 1991, pp. 161—199.

② 季羡林：《吐火罗语与尼雅俗语》，《新疆史学》创刊号，1979 年，第 15—22 页（收入氏著《季羡林全集》第 12 卷，外语教学与研究出版社 2009 年版，第 1—15 页）。

③ 马雍：《新疆所出佉卢文书的断代问题——兼论楼兰遗址和魏晋时期的鄯善郡》，《文史》第 7 辑，中华书局 1979 年版，第 73—95 页（收入氏著《西域史地文物丛考》，文物出版社 1990 年版，第 89—111 页）；《古代鄯善、于阗地区佉卢文字资料综考》，中国民族古文字研究会编：《中国民族古文字研究》，中国社会科学出版社 1984 年版，第 6—49 页（收入氏著《西域史地文物丛考》，文物出版社 1990 年版，第 60—88 页）；《新疆佉卢文书中的kośava 即"氎（叟+毛）"考——兼论"渠搜"古地名》，中国民族古文字研究会编：《中国民族古文字研究》，中国社会科学出版社 1984 年版，第 50—55 页（收入氏著《西域史地文物丛考》，文物出版社 1990 年版，第 112—115 页）。

④ 赵俪生：《新疆出土佉卢文简书内容的考释和分析》，《兰州大学学报》1979 年第 1 期，第 54—67 页（收入氏著《寄陇居论文集》，齐鲁书社 1981 年版，第 217—243 页；氏著：《赵俪生文集》第 4 卷，兰州大学出版社 2002 年版，第 341—363 页）。

pi 人进行了专门研究。① 土登班玛则就文书中所提及的鄯善王号进行了系统的整理与分析，并对王号源流进行了考证。② 佉卢文文书的年代研究另一部重要著作为孟凡人所著《楼兰鄯善简牍年代学研究》，他对楼兰、尼雅出土的汉文、佉卢文文书年代进行考释，尤其对已刊布佉卢文文书的纪年构成、文书所记人物、职官以及鄯善王统等问题做了深入研究。③ 刘文锁曾就佉卢文文书按照书写材料、文书形制、记录内容对佉卢文文书进行分类，并做相关问题的探讨，④ 近年其著《沙海古卷释稿》即对佉卢文文书所记鄯善国体制、土地制度、法律、宗教、度量衡等问题结合考古资料进行了全面而系统的研究，其中诸多观点十分新颖。⑤ 此外，陈明对照梵文、于阗文、回鹘文就佉卢文书中处方进行考证并得出此方中融合了希腊、印度及中原之文化因素，意义重大。⑥ 王冀青对斯坦因所获佉卢文文书研究者英国学者拉普逊（E. J. Rapson）之研究生平，以及斯坦因第四次中亚考察所获文书之经历做了介绍。⑦ 此外，陈明新著《文本与语言——出土文献与早期佛经比较研究》对近年新出犍陀罗语佛教写卷研究状况进行了介绍，并对部分写卷内容、语言及译本等方面进行了比较研究。⑧

在众多投身于佉卢文考释与研究的学者中，以林梅村成就最著。

---

① 虞明英：《新疆所出佉卢文书中的 Supi 人》，《魏晋隋唐史论集》第 2 辑，中国社会科学出版社 1983 年版，第 168—185 页。
② 土登班玛：《鄯善佉卢文书所见王号考——兼论所谓"侍中"》，《中国边疆史地研究》1992 年第 3 期，第 69—81 页。
③ 孟凡人：《楼兰鄯善简牍年代学研究》，新疆人民出版社 1995 年版。
④ 刘文锁：《佉卢文书分类及其他》，季羡林、饶宗颐主编《敦煌吐鲁番研究》第七卷，中华书局 2004 年版，第 390—409 页。
⑤ 刘文锁：《沙海古卷释稿》，中华书局 2007 年版。
⑥ 陈明：《一件新发现的佉卢文药方考释》，《西域研究》2000 年第 1 期，第 12—22 页。
⑦ 王冀青：《拉普生与斯坦因所获佉卢文文书》，《敦煌学辑刊》2000 年第 1 期，第 14—28 页。
⑧ 陈明：《文本与语言——出土文献与早期佛经比较研究》，兰州大学出版社 2013 年版。

林先生对文书研究之深入，从文书的流散，到佉卢文文书所见鄯善国王世系、王室纪年、城市地理、语言等诸多方面的研究皆有所突破，举其要者如下。

《佉卢文书及汉佉二体钱所记于阗大王考》，《文物》1987年第2期，第35—43页（收入氏著《西域文明——考古、民族、语言和宗教新论》，东方出版社1995年版，第279—294页）。

《中国所出佉卢文书研究综述》，《新疆社会科学》1988年第2期，第81—91页。

《新疆佉卢文书释地》，《西北民族研究》1989年第1期，第72—80页。

《佉卢文时代鄯善王朝的世系研究》，《西域研究》1991年第1期，第39—50页（收入氏著《西域文明——考古、民族、语言和宗教新论》，东方出版社1995年版，第324—343页）。

《中国所出佉卢文的流散与收藏》，《考古》1992年第1期，页76—79页（收入氏著《西域文明——考古、民族、语言和宗教新论》，东方出版社1995年版，第156—163页）。

《丝绸之路上的古代语言概述》，氏著《西域文明——考古、民族、语言和宗教新论》，东方出版社1995年版，第133—155页。

《长安所出佉卢文题记考》，氏著《西域文明——考古、民族、语言和宗教新论》，东方出版社1995年版，第197—208页。

《楼兰鄯善王朝的最后所在地》，侯仁之主编《燕京学报》新3期，北京大学出版社1997年版，第257—271页（收入氏著《汉唐西域与中国文明》，文物出版社1998年版，第290—304页）。

《尼雅新发现的鄯善王童格罗迦纪年文书考》，马大正、杨镰主编《西域考察与研究续编》，新疆人民出版社1998年版，第196—216页；《新疆文物》1998年第2期，第39—48页（收入氏著《汉唐西域与中国文明》，文物出版社1998年版，第178—197页；李伯谦主编《北京大学百年国学文粹·考古卷》，北京大学出版社1998年版，第552—563页）。

《且末所出鄯善王安归伽纪年文书考》,《宿白先生八秩华诞纪念文集》,文物出版社 2002 年版,第 135—145 页(收入氏著《松漠之间——考古新发现所见中外文化交流》,生活·读书·新知三联书店 2007 年版,第 137—149 页)。

斯坦因三次中亚考察在楼兰、尼雅遗址亦发掘出土一定数量汉晋时期的汉简文书,这批文书首先由法国学者沙畹(é. Chavannes)进行研究并发表《斯坦因在新疆沙漠所获汉文文书(*Les Document Chinoise Découverts par Aurel Stein dans les Sables du Turkestan Oriental*)》[①]引起国际学术界轰动,嗣后,国内王国维与罗振玉两位先生[②]对这批简牍资料进行了十分深入的考释,为楼兰尼雅汉简的研究做出了重要贡献。再后,东西方陆续有学者对这些汉简文书进行整理与研究,值得注意的是近有林梅村综合前人著作中汉文文书并集中整理编成《楼兰尼雅出土文书》[③],并对各家刊布文书编号与出土号进行对照,重新校订了释文,可谓贡献卓著。此外围绕这批汉简文书的研究,胡平生《楼兰出土文书释丛》[④]《楼兰木简残纸文书杂考》[⑤]《魏末晋初楼兰文书编年系联(上下)》[⑥]对楼兰汉简进行了较为全面的时间排序,并对其中部分进行了考释研究。孟凡人《楼兰古城所出汉文简牍的年代》则对楼兰出土汉简之年代做了考证,[⑦] 林梅村对一件尼雅汉简所记大月氏使者朝汉之事进行考释,

---

① E. Chavannes, *Les Document Chinoise Découverts par Aurel Stein dans les Sables du Turkestan Oriental*, Oxford: Oxford University Press, 1913.

② 罗振玉、王国维撰:《流沙坠简》三册,东山学社 1914 年版(中华书局 1993 年版)。王国维:《尼雅城北古城所出晋简跋》,氏著《观堂集林》卷 17,乌程蒋氏刊印 1921 年版(中华书局 1959 年版,第 865—871 页)。

③ 林梅村编《楼兰尼雅出土文书》,文物出版社 1985 年版。

④ 胡平生:《楼兰出土文书释丛》,《文物》1991 年第 8 期,第 41—47、61 页。

⑤ 胡平生:《楼兰木简残纸文书杂考》,《新疆社会科学》1990 年第 3 期,第 85—93 页。

⑥ 胡平生:《魏末晋初楼兰文书编年系联(上、下)》,《西北民族研究》1991 年第 1 期,第 67—77 页;《西北民族研究》1991 年第 2 期,第 6—19 页。

⑦ 孟凡人:《楼兰古城所出汉文简牍的年代》,氏著《新疆考古与史地论集》,科学出版社 2000 年版,第 89—111 页。

并认为该简应属西汉时期,此亦为西汉之西域考古提供了新资料。① 此外,20世纪90年代位于甘肃敦煌与瓜州交界的悬泉置遗址曾出土上万件汉简,内容广涉皇帝诏书及往来使臣、商旅记录等,悬泉置于汉代作为王朝边关的官方驿站,是西域各国使臣出入中原必经之地,悬泉汉简中亦有不少关于楼兰、鄯善的内容,后来陆续有学者参考该资料就相关问题进行研究。值得注意的是,张俊民在其近作《西汉楼兰、鄯善简牍资料钩沉》②中综合前人对悬泉汉简中楼兰、鄯善内容的研究并系统整理了与之相关的数份汉简文书,为楼兰王入朝,依循屯田及伊循都尉设立等问题研究提供了一些新的资料。

在传统文献中就鄯善相关内容资料的整理方面,冯承钧早年将传统文献中关于鄯善国的史料进行收集,并加以考证,编就《鄯善事辑》③,他在另一篇文章《楼兰鄯善问题》④中结合史籍与考古资料对楼兰鄯善地域、城池、疆界做了考证,为鄯善国史研究奠定了史料基础。近年由陈世明、吴福环主编的《二十四史两汉时期西域史料校注》⑤、余太山主编《两汉魏晋南北朝正史西域传研究》⑥与《两汉魏晋南北朝正史西域传要注》⑦对于历代正史中西域传,以及涉及西域的史料进行了重新校注与研究,为传统史籍所见楼兰、鄯善史料研究提供了新的信息与便利。

---

① 林梅村:《尼雅汉简中有关西汉与大月氏关系的重要史料》,《九州》第1辑,中国环境科学出版社1997年版,第71—79页(收入氏著《汉唐西域与中国文明》,文物出版社1998年版,第256—264页)。

② 张俊民:《西汉楼兰、鄯善简牍资料钩沉》,《鲁东大学学报》2013年第4期,第63—69页。

③ 冯承均:《鄯善事辑》,氏著:《西域南海史地考证论著汇辑》,中华书局1957年版,第1—24页。

④ 冯承均:《楼兰鄯善问题》,氏著:《西域南海史地考证论著汇辑》,中华书局1957年版,第25—35页。

⑤ 陈世明、吴福还:《二十四史两汉时期西域史料校注》,新疆大学出版社2003年版。

⑥ 余太山:《两汉魏晋南北朝正史西域传研究》,中华书局2003年版。

⑦ 余太山:《两汉魏晋南北朝正史西域传要注》,中华书局2005年版。

二 鄯善国及其与丝绸之路关系研究

鄯善国以及之前楼兰王国，皆处西域与汉交通要冲，战略地位极其重要。日本学者长泽和俊[①]较早开始对于楼兰、鄯善国政治、经济、社会生活等方面内容进行研究，尤其对于佉卢文文书的分析研究，取得了一定成果。黄文弼《两汉通西域路线之变迁》[②]《古楼兰国历史及其在西域交通上之地位》[③] 两篇文章亦较早涉及西域交通的研究，依据传统文献记载对楼兰鄯善于汉晋时期在西域南北两道中所处地位的变迁做了详细分析与考察，于后世丝路交通研究有着十分重要的参考价值。孟凡人《楼兰新史》[④] 另辟蹊径将楼兰从鄯善国史分离，而专以楼兰地区为研究对象。孟先生在本作品中就汉通西域初楼兰地区的土著文化，两汉楼兰之屯的历史、地理分析，楼兰古城之性质方面提出许多新颖观点，尤其书中言自元凤四年楼兰国更名鄯善及至前凉末，楼兰地区实际为中原各时期政权所把持，虽隶属鄯善，却于行政上同鄯善之管辖有所区别的观点，使楼兰地区的历史自成体系，实开启楼兰历史书写之新篇章。

长泽和俊《丝绸之路史研究》所收入作者多年来对丝绸之路所进行的专题研究成果，尤其对于佉卢文文书的年代，楼兰国史，鄯善国之驿传制度，包括张骞、甘英、法显等人的西行等问题所进行

---

① 长泽和俊：《楼兰王国》，角川书店1967年版（本书第四章《佉卢文书》由何方译，载《考古学参考资料》3—4，文书出版社1980年版，第134—167页）。

② 黄文弼：《两汉通西域路线之变迁》，《西北史地季刊》第1卷第1期，1938年，第32—35页（收入氏著《西北史地论丛》，上海人民出版社1981年版，第76—81页；氏著《黄文弼历史考古论集》，文物出版社1989年版，第39—42页）。

③ 黄文弼：《古楼兰国历史及其在西域交通上之地位》，《史学集刊》第5期，1947年，第111—146页（收入氏著《西北史地论丛》，上海人民出版社1981年版，第173—209页；氏著《黄文弼历史考古论集》，文物出版社1989年版，第316—339页）。

④ 孟凡人：《楼兰新史》，光明日报出版社1990年版。

的研究，皆有所突破。① 尤其是对鄯善国驿传制度的研究，对于认识鄯善国在丝绸之路上的地位及其中继贸易的繁荣，颇有开拓性意义。② 余太山所著《两汉魏晋南北朝与西域关系史研究》以汉朝至隋朝各个历史时期中原与西域的政治关系为主要内容进行了梳理，并对张骞、甘英西使、通西域路线等问题进行了专题研究，③ 由他主编的《西域通史》亦对鄯善国历史、文化、宗教等方面进行了分析与定义。④ 此外，石云涛对魏晋南北朝时期中西交通新路线的开辟，交通条件的发展，丝路沿线各城市间的连接，丝路贸易的发展等方面问题进行考察，并同两汉时期中西交通贸易状况做了较为广泛的对比分析。⑤ 耶鲁大学教授韩森（Valerie Hansen）新著《丝绸之路新史》依据新刊资料基础上给予丝绸之路史研究新的视角，她对丝绸之路作为国际贸易商道重要性问题予以否定，强调丝路在语言、宗教、技艺等方面的传播意义，尤其论及丝绸之路往来贸易关系时，强调其贸易的当地性以及地区间的较小规模交易。⑥ 韩森教授之观点虽有待进一步商榷，但值得注意，特别是在研究鄯善国同丝绸之路经济联系方面，有助于我们对二者之联系进行重新认识。

1. 鄯善国与中原王朝关系研究

自汉昭帝元凤四年（前77）傅介子刺楼兰王而后更名楼兰为鄯善，中原王朝同鄯善国便始终保持着相对稳定的联系。汉晋时期的

---

① ［日］长泽和俊：《シルク·ロード史研究》，国书刊行会1979年版；［日］长泽和俊著，钟美珠译：《丝绸之路史研究》，天津古籍出版社1990年版。
② ［日］长泽和俊：《鄯善王国の駅伝制》，《オリエント》第7卷2号，1964年，第1—14页（收入氏著《シルク·ロード史研究》，国书刊行会1979年版，第215—227页）；［日］长泽和俊著，钟美珠译：《丝绸之路史研究》，天津古籍出版社1990年版，第224—236页）。
③ 余太山：《两汉魏晋南北朝与西域关系史研究》，中国社会科学出版社1995年版。
④ 余太山主编《西域通史》，中州古籍出版社1996年版。
⑤ 石云涛：《三至六世纪丝绸之路的变迁》，文化艺术出版社2007年版。
⑥ Valerie Hansen, *The Silk Road: A New History*, Oxford: Oxford University Press, 2012, pp. 162-164；［美］芮乐伟·韩森著，张湛译《丝绸之路新史》，北京联合出版社公司2015年版，第298—300页。

中原王朝在鄯善境内进行屯田，屯田之法自汉朝起作为中原王朝保障丝路畅通以及对西域直接管理的手段之一，对包括鄯善国在内的西域诸国有着十分重要的影响。日本学者长泽和俊依据尼雅、楼兰遗址出土的汉简与文献记载，通过对魏晋时鄯善境内屯戍进行对比，指晋对西域之经营实际是继承魏之屯戍，并给予诸国王以"晋守侍中大都尉，奉晋大侯"的职位，使之隶属于晋。[①] 伊藤敏雄从屯戍构成、口粮支付、器物发放、屯戍活动、西域经营5个方面问题对楼兰、尼雅出土汉文文书进行系统整理与论述，[②] 孟凡人详细分析了魏晋时于楼兰城屯田的规模，戍卒人员，生产率等问题，并探讨了西域长史机构职官系统与设立基础。[③] 张德芳从悬泉汉简入手，对两汉时期包括伊循在内各地屯田的记载做深入分析，勾勒出两汉西域屯田状况的总貌，并对西域屯田的意义做了阐述。[④] 李炳泉结合悬泉汉简资料同传世文献分析认为，西汉昭帝元凤四年后不久开始屯田依循并不断扩大规模，是汉中央同匈奴争鄯善所做的选择，亦为有效控制西域南道。[⑤] 伊循屯田的直接目的是控制鄯善国进而威慑南道诸国，客观上也推进了西域经济的发展，促使西域都护的建立和巩固，并在同南道诸国及中亚国家的政治交往和商贸往来方面起到积极作用。

近年来，肖小勇就汉晋时期楼兰鄯善在其历史发展中同汉晋王朝、匈奴及于阗、莎车等西域邻国之关系进行了论述，强调楼兰鄯善居于其中所具有的地缘战略意义，并指出同匈奴、中原王朝之臣

[①] ［日］长泽和俊：《シルク・ロード史研究・いわゆる晋の西域経営について》，东京，国书刊行会1979年版，第23—64页；［日］长泽和俊著，钟美珠译：《丝绸之路史研究・论所谓晋之西域经营》，天津古籍出版社1990年版，第71—89页。

[②] ［日］伊藤敏雄：《魏晋期楼蘭屯戍の基礎の整理》，《东洋史论》1983年第5期，第38—58页；［日］伊藤敏雄著，钟铭译：《魏晋时期楼兰屯戍基础的整理》，《新疆文物》，1987年第4期，第59—82页。

[③] 孟凡人：《魏晋楼兰屯田概况》，《农业考古》1985年第1期，第349—355页。

[④] 张德芳：《从悬泉汉简看两汉西域屯田及其意义》，《敦煌研究》2001年第3期，第113—121页。

[⑤] 李炳泉：《西汉西域伊循屯田考论》，《西域研究》2003年第2期，第1—9页。

属关系主导着鄯善国历史进程,而与周邻诸国之联系次之。① 张德芳则从悬泉汉简中发现,自楼兰国至鄯善国时期,皆有国王途径悬泉置到汉朝的记录,并指出汉设西域都护府管理西域后,鄯善与汉朝保持了频繁的使节往来与朝贡关系,其既受西域都护管理,又作为特殊地区入汉朝见天子,保持政治上的往来及丝路畅通。②

鄯善国与中原交流的不断深入亦使得汉文化逐渐融入鄯善社会并成为其文化的一部分,对于汉文化在鄯善等国传播的研究,汪宁生较早结合汉文、佉卢文文书,从农业、手工业、商贸及语言文字等方面就汉晋时期中原对于鄯善等国的影响进行研究,③ 刘文锁则从汉文化的先进生产力发展水平入手,结合新疆各地区的考古资料认为,自汉至唐中期汉文化之于西域从开始接触到占据统治地位,呈现一种不断上升之趋势。④ 林梅村将尼雅所出 39 件汉简进行了释读与年代分组,进一步确定西域诸国最初使用的官方文字为汉文,且塔里木盆地古代居民使用汉字的历史至少在公元前 2 世纪末至前 1 世纪初。⑤

2. 鄯善国与印度贵霜关系研究

鄯善国与贵霜帝国的关系几乎不见于传统文献记载,在对尼雅、安迪尔、米兰等遗址发现的贵霜佛教建筑以及出土的佉卢文书研究中,鄯善与贵霜之关系是学术界争论较多的问题。鄯善国所通行的文字是来自印度西北的佉卢文,所奉行的宗教是来自印度的佛教,且鄯善国境内考古屡见带有印度文化因素的遗存。关于印度贵霜文化传入

---

① 肖小勇:《楼兰鄯善与周邻民族关系史述论》,《新疆社会科学》,2008 年第 4 期,第 112—118 页。
② 张德芳:《从悬泉汉简看楼兰(鄯善)同汉朝的关系》,《西域研究》2009 年第 4 期,第 7—16 页。
③ 汪宁生:《汉晋西域与祖国文明》,《考古学报》1977 年第 1 期,第 23—42 页。
④ 刘文锁:《汉文化与古代新疆》,《西北民族研究》1997 年第 2 期,第 154—162 页。
⑤ 林梅村《尼雅汉简与汉文化在西域的初传——兼论悬泉汉简中的相关史料》,刘东主编《中国学术》第辑,商务印书馆 2001 年版,第 240—258 页(收入氏著《松漠之间——考古新发现所见中外文化交流》,生活·读书·新知三联书店 2007 年版,第 90—109 页)

塔里木盆地,传入鄯善的方式,这一问题在学界形成三种意见。

贵霜曾统治鄯善国:英国学者布腊夫(J. Brough)最早提出鄯善国与贵霜之间存在着直接的联系,尤其认为在公元 2 世纪后半期鄯善国曾被贵霜帝国统治,并以此视作佉卢文传入鄯善的原因,①此观点在国际学术界广受关注与认同,后长泽和俊在又发展这一理论将鄯善划分为两个王朝,即公元前 55 年从属于西汉的第一王朝和 2 世纪后半期被来自贵霜的移民所统治而从属于贵霜帝国的第二王朝,其认为直至公元 230 年贵霜为萨珊王朝所灭,鄯善第二王朝得以独立,后为晋所统。② 美国学者希契引用多位学者之论证,证明贵霜统治塔里木盆地之说,并指出贵霜于公元 90—125 年曾统治了塔里木盆地。③

贵霜移民流寓中国:马雍曾认为公元 2 世纪贵霜境内的月氏人曾成批迁至中国各地侨居,尤其他结合 227 年蜀丞相诸葛亮诏书认为其中所提及"凉州诸国王各遣月支、康居等二十余人诣受节度"当指西域鄯善、于阗王及其来自贵霜的贵族臣属,鄯善之使用佉卢文亦与这些侨民有关。④ 王炳华就佉卢文书中出现所谓"贵霜军"字样结合文献记载分析认为三国时期有贵霜王国移民进入西域,并作为一支寄寓力量受当地王国管制,并对鄯善国的统治产生过一定影响,⑤ 这仅能证明贵霜帝国与西域有密切联系,难圆统治之说。孟凡人则更为翔实地指出"贵霜统治鄯善"说时间上的漏洞,并结

---

① J. Brough, "Comments on Third – century Shan – shan and the History of Buddhism", *Bulletin of the School of Oriental and African Studies* XXVIII – 3, 1965, pp. 587 – 590.

② [日]长泽和俊:《楼兰王国史研究序说》上、下,《东洋学术研究》10 卷 4 期,1972 年,第 83—108 页;11 卷 1 期,1972 年,第 60—95 页;[日]长泽和俊著,钟美珠译《丝绸之路史研究·楼兰王国史研究序说》,天津古籍出版社 1990 年版,第 170—223 页。

③ Douglas A. Hitch, "Kushan Tarim Domination", *Central Asiatic Journal* Vol. 32, No. 3/4, 1988, pp. 170 – 192;[美]道格拉斯·A. 希契著,胡锦洲译:《贵霜与塔里木》,《新疆文物》1992 年译文专刊,第 124—134 页。

④ 马雍:《东汉后期中亚人来华考》,《新疆大学学报》1984 年第 2 期,第 18—29 页(收入氏著《西域史地文物丛考》,文物出版社 1990 年版,第 46—59 页)。

⑤ 王炳华:《贵霜王朝与古代新疆》,《西域研究》1991 年第 1 期,第 35—38 页(收入氏著《丝绸之路考古研究》,新疆人民出版社 1993 年版,第 412—417 页)。

合传统文献重新分析佉卢文资料记载，对所谓"鄯善第二王朝"之说提出反驳。① 林梅村论及加盟鄯善的贵霜难民问题时，就"贵霜统治鄯善"之说从佉卢文的记载，佉卢文传入鄯善国后语法的改变等方面更进一步分析并否定了这个命题，并结合出土文物与文书分析认为楼兰与尼雅一代发现的寺院遗址以及犍陀罗艺术风格遗物同东汉末年在鄯善活动的贵霜人有关②。

丝路交通的商贸传播：印度学者米克尔杰在《有关鄯善王国与贵霜帝国的佉卢文书》中就新疆和田所出"汉佉二体钱"与印度帕提亚铸币的联系以及对佉卢文文书研究推测，在贵霜帝国势力东扩以前，佉卢文已传播至鄯善地区，同时他认为鄯善国宗教、文化、行政管理长期受印度影响，以鄯善国位于丝绸之路要途，贵霜帝国全盛时借由商贸之路其宗教、文化得以东传，贵霜帝国同鄯善自有所接触与影响，但并非统治③，后来陆续有学者亦将商贸传播与宗教传播视作印度文化传入塔里木盆地两个重要的途径。

宗教与商业贸易向来是东西方文化传播与交流的重要载体，丝绸之路商贸一定程度上讲地域性较强，东西方文化在传播的过程中本身所带有的多地区文化因素便是一种迹象。关于印度宗教、文字、艺术经由丝绸之路商贸交通而传入塔里木盆地是为今后之研究所应格外注意的一个因素。

三 鄯善国经济与丝路贸易研究

随着鄯善国同中原王朝关系的日益密切以及东西方商旅的往来

---

① 孟凡人：《贵霜统治鄯善之说纯属虚构》，《西域研究》1991年第2期，第29—39页。

② 林梅村：《贵霜大月氏人流寓中国考》，中国敦煌吐鲁番学会编：《敦煌吐鲁番学研究论文集》，汉语大词典出版社1990年版，第715—755页（收入氏著《西域文明——考古、民族、语言和宗教新论》，东方出版社1995年版，第33—67页）。

③ ［印］B. N. 米克尔杰著，朱新译：《有关鄯善王国与贵霜帝国的佉卢文书》，《新疆文物》1989年第4期，第132—134页。

交流，鄯善国经济结构随着丝绸之路贸易的不断发展而相应地改变。殷晴近著《丝绸之路与西域经济》① 一书就包括鄯善在内的西域诸国在农业、畜牧业、手工业等经济领域同丝绸之路交通发展的关联进行了系统研究，而近年学界对于鄯善国经济在农牧业、纺织、商业贸易等方面的研究，亦涌现诸多研究成果。

1. 鄯善国农牧业发展及相关问题研究

鄯善国自然环境相对特殊，其境内大部分地区为沙漠所覆盖，但在西北部地区有两条重要河流，即今塔里木河与孔雀河。两条河流随着季节的变化而不断改道，在罗布泊附近形成冲积平原，并不断灌注罗布泊，塔里木盆地南缘的车尔臣河常年流经也使鄯善国内自王城扜泥至且末地区形成部分绿洲。正是国内如此星罗棋布的大小绿洲，为鄯善国农业发展奠定了基础。王炳华较早公布并详细介绍了从原始社会到汉晋时新疆各地古代遗址出土的农作物种类和生产工具形制，并对汉晋时为屯田所建的各地水利工程作了初步考证。② 鄯善国农业在汉晋时期得到长足发展，论其要因在于中原王朝在鄯善国内长期的驻兵屯田，虽然该措施旨在控制这一地区，但中原先进的耕作技术与生产工具的引进客观上对鄯善国农业生产起了重要的推动作用。殷晴《汉晋时期新疆农垦事业的发展》③、马国荣《两汉时期的新疆农业》④、周伟洲《两汉时期新疆的经济开发》⑤、陈跃《魏晋南北朝西域农业的新发展》⑥ 几篇论文总体上对两汉到魏晋期间鄯善等国的屯田分布，耕种状况，作物类

---

① 殷晴：《丝绸之路与西域经济》，中华书局2007年版。
② 王炳华：《从考古资料看新疆古代的农业生产》，《新疆社会科学研究》1982年第10期（收入氏著《丝绸之路考古研究》，新疆人民出版社1993年版，第261—284页）。
③ 殷晴：《汉晋时期新疆农垦事业的发展》，《西域研究》1991年第4期，第28—41页。
④ 马国荣：《两汉时期的新疆农业》，《新疆文物》1992年第1期，第62—69页。
⑤ 周伟洲：《两汉时期新疆的经济开发》，《中国边疆史地研究》2005年第1期，第64—71页。
⑥ 陈跃：《魏晋南北朝西域农业的新发展》，《中国经济史研究》2012年第3期，第137—145页。

别，生产技术，水利建设等方面内容进行了探讨。

专门针对鄯善国农业方面的研究，王欣[①]与卫斯[②]着重分析了鄯善地区的园艺业以及其地葡萄种植与酿酒业的发展及管理状况。薛瑞泽以汉文文书为基础就鄯善地区农业生产发展状况，作物种类，政府对农业生产耕耘与灌溉的监督管理等问题做了专门研究。[③] 吕卓民、陈跃结合大量考古资料重点对两汉时期南疆各国主要农作物种植以及作物分布进行考察，据其研究认为时鄯善等国主要种植作物多仿中原五谷，但也因地制宜种植许多耐旱作物如黍、菽等。[④] 亦见汉晋时期的鄯善国农业状况受中原影响而不断发展，在西域各绿洲国家中农业生产颇为兴盛。

可耕作之土地在鄯善国内十分珍贵，佉卢文文书中多有关于鄯善国土地制度的记载。钱伯泉曾对鄯善国土地私有制，土地买卖，以及国内社会各阶层生活等问题进行了研究，他认为鄯善国土地名义上皆属国王所有，实则除王田外，多数肥美土地掌握在贵族、官吏手中，且其土地私有权受法律承认。因此这些私有土地既作为王产交付地税的同时作为私产又可以自由买卖，而鄯善国内自耕农的只占有小部分的土地，其需付高额地租去租种田园主的土地耕种。[⑤] 李艳玲则对鄯善国私田的经营与管理，农业生产技术的管理等问题进行讨论，并认为鄯善国内私营农作物种植业生产以家庭和庄园、领地为经营单位，生产中存在雇佣、租佃等多种经营，且通过立法与调节以保障劳动力不足情况下国内农业种植的稳

---

① 王欣：《古代鄯善地区的农业与园艺业》，《中国历史地理论丛》1998年第3期，第77—90页。
② 卫斯：《从佉卢文简牍看精绝国的葡萄种植业——兼论精绝国葡萄园土地所有制与酒业管理之形式》，《新疆大学学报》2006年第6期，第66—70页。
③ 薛瑞泽：《从〈楼兰尼雅出土文书〉看汉魏晋在鄯善地区的农业生产》，《中国农史》1993年第3期，第14—19页。
④ 吕卓民、陈跃：《两汉南疆农牧业地理》，《西域研究》2010年第2期，第53—62页。
⑤ 钱伯泉：《魏晋时期鄯善国的土地制度和阶级关系》，《中国社会经济史研究》1988年第2期，第92—97、40页。

定发展。但总体上，以鄯善王国为代表的西域绿洲国的农作物种植业生产依然实行粗放经营。① 此外文俊红、杨富学结合佉卢文文书记载针对鄯善国女性对于土地的所有权问题进行了专门研究，尤其对于女性的土地归属与选择权等问题进行了探讨。②

鄯善国畜牧业研究则主要依据佉卢文文书，近年王欣、常婧整理佉卢文文书并对鄯善国的畜牧经营，如王室专有畜群与平民蓄养的区分，御牧、厩吏等专管畜牧的职官设定，以及牲畜种类、来源与用途等问题进行了系统分析研究，③ 李艳玲亦对佉卢文文书中涉及鄯善国畜牧业的相关内容进行了详细整理，并对鄯善国畜牧业经济总况作了评述。④ 张婧通过对佉卢文文书关于骆驼的记载的整理探讨了鄯善国蓄养骆驼作为皇家及军队运输工具、官员坐骑、国家税源、贸易媒介、祭祀牺牲等5个主要方面的作用。⑤

3. 鄯善国纺织品及纺织技术研究

鄯善国境内各遗址曾出土数量巨大且种类繁杂的纺织品，其中毛织品与丝织品为出土纺织品中数量最多且质地最为精美的织物，这反映出鄯善国纺织品生产工艺已发展至相当的水平。鄯善国原始纺织以毛纺织最为主要，至公元3世纪以降丝织技术经由中原传入鄯善国内。西域人民对于中原而来的丝绸十分痴迷，西域毛、丝纺织的研究多集中于其工艺以及纺织品通过丝绸之路的引进与输出。印度学者阿格华尔（R. Ch. Agrawala）于1953年发表《新疆出土佉

---

① 李艳玲：《公元3、4世纪西域绿洲国农作物种植业生产探析——以佉卢文资料反映的鄯善王国为中心》，余太山、李锦绣主编《欧亚学刊》第10辑，中华书局2012年版，第212—231页.

② 文俊红、杨富学：《佉卢文书所见鄯善国妇女土地问题辨析》，《石河子大学学报》2015年第2期，第40—44页。

③ 王欣、常婧：《鄯善王国的畜牧业》，《中国历史地理论丛》2007年第2期，第94—100页。

④ 李艳玲：《鄯善王国畜牧业生产略述》，余太山、李锦绣主编《丝瓷之路——古代中外关系史研究》Ⅱ，商务印书馆2012年版，第39—66页。

⑤ 张婧：《鄯善国骆驼用途归类初探》，《西北农林科技大学学报》2012年第2期，第137—140页。

卢文书中纺织品及服装研究》[1]将佉卢文文书中所记载的丝、毛、棉、革等纺织品名目进行了系统的分类,并结合新疆各地考古资料对这些纺织品质地进行了较为细致的考证。我国学者夏鼐[2]与武敏[3]最早就出土的丝织品结构、质地、纺织工艺等问题做了分析探讨,贾应逸曾就尼雅遗址出土地毯进行考证并就织毯形制、织毯工艺的发展等相关问题作了论述。[4] 武敏《从出土文物看唐代以前新疆丝织业的发展》通过对楼兰、尼雅遗址出土的毛、丝纺织品质地的考证分析认为,约从东汉起鄯善地区普遍存在毛纺织手工业,虽然未必有专业作坊,依然属于家庭副业。而就出土所见丝、棉以及一些高档毛织品武敏认为两汉时期的西域尚无法生产,其多为经丝绸之路自内地与西亚传入。自楼兰、尼雅等遗址出土的大量源自内地的丝织品亦显示鄯善同中国内地的贸易仍以丝织品为主[5]。此外孟凡人[6]、王炳华[7]都曾对出土丝织品的年代问题进行过考证。林梅村重新释译并考证了佉卢文文书中各类丝、毛织物名称与质地,并提出文书中所提及的来自西方丝织品应是由波斯传入的织物。[8] 对于新疆各地遗址出土纺织物研究者成果颇多,于此不再赘述。

---

[1] R. Ch. Agrawala, A Study of Textiles and Garments as Depicted in the Kharos? hi Documents from Chinese Turkestan, *Bhāratīyā*, Bombay, 1953, pp. 75 – 94.

[2] 夏鼐:《新疆新发现的古代丝织品——绮、锦和刺绣》,《考古学报》1963年第1期,第45—76页(收入新疆社会科学院考古研究所编:《新疆考古三十年》,新疆人民出版社1983年版,第396—419页)。

[3] 武敏:《新疆出土汉—唐丝织品初探》,《文物》1962年第7—8期合刊,第64—75页(收入新疆社会科学院考古研究所编《新疆考古三十年》,新疆人民出版社1983年版,第466—469页)。

[4] 贾应逸:《地毯与新疆》,《新疆大学学报》1980年第3期,第94—98页。

[5] 武敏:《从出土文物看唐代以前新疆丝织业的发展》,《西域研究》1996年第2期,第5—14页。

[6] 孟凡人:《楼兰鄯善简牍年代学研究》,新疆人民出版社1995年版,第516—518页。

[7] 王炳华:《尼雅考古新收获》,新疆文物考古研究所、新疆维吾尔自治区博物馆编《新疆文物考古新收获(续)1990—1996》,新疆美术摄影出版社1997年版,第477—489页。

[8] 林梅村:《公元3世纪的西域纺织物》,《西域研究》1998年第1期,第9—20页(收入氏著《古道西风——考古新发现所见中西文化交流》,生活·读书·新知三联书店2000年版,第370—396页)。

在对出土织锦纹饰研究方面近年于志勇对前人就楼兰、尼雅等地遗址出土的文字织锦研究成果进行了综述分析,并对部分文字织锦的图案风格作了进一步探讨。① 李安宁则对尼雅遗址的一处东汉墓葬中出土的蓝印花布的质地、图案纹饰结合当时的纺织技术,图案风格进行了个案分析,其认为该物并非当地所生产,其来源或为波斯所制,并由粟特人传入新疆②。

关于中原丝绸以及养蚕技术在鄯善等国传播的研究,季羡林曾就蚕丝传入西域问题有所提及,他认为西域蚕丝由内地通过丝绸之路传入西域,通常以中原皇帝赐予丝织品给各国的方式传入,并指出古代西域唯一养蚕的地方在和阗。③ 林梅村对《大唐西域记》所载"嫁于阗的楼兰公主把桑蚕种子藏在帽子里带到于阗"的传说故事进行了考证并就中原之丝绸与养蚕缫丝技术在西方世界的传播问题作了进一步的探讨。④ 刘文锁、王磊结合尼雅等遗址出土的丝织品和佉卢文书以及桑树遗存就桑蚕技术与丝织技术由丝路贸易传入鄯善进行了较为详细的论证,并认为丝织品应于公元3世纪左右以中原王朝赏赐品等方式进入鄯善,而来自中亚粟特、大月氏等地的商人往来于中亚与中国内地之间途经鄯善从事丝绸贸易,技术或为此时传入。⑤

4. 鄯善国与丝路贸易研究

鄯善国作为丝绸之路交通要道,中西经贸皆汇集于此,且鄯善国本身同中央王朝与周边邻国关系密切,商业往来自然频繁,楼

---

① 于志勇:《楼兰—尼雅地区出土汉晋文字织锦初探》,《中国历史文物》2003年第6期,第38—55页。

② 李安宁:《民丰出土东汉时期蓝印花布研究》,《新疆艺术学院学报》2006年第2期,第27—30页。

③ 季羡林:《中国蚕丝输入印度问题的初步研究》,《历史研究》1955年第4期,第51—94页。

④ 林梅村:《楼兰公主与蚕种西传于阗和罗马》,《文物天地》1996年第4期,第12—15页。

⑤ 刘文锁、王磊:《论丝绸技术的传播》,余太山主编《中亚学刊》第4辑,中华书局2004年版,第243—253页。

兰、尼雅等遗址发掘出大量丝、棉、毛织品,木器,以及玉器、玻璃制品等,其制作工艺多来自中原、中亚、西亚等地,可以想见当时此地商路之盛况。鄯善国从汉代起至南北朝时期同内地政权的贸易联系,陈竺同遗著《两汉和西域等地的经济文化交流》对东西方商旅的西去东来,以及西域输入内地毛织物等问题做过较为翔实的介绍。① 张荣芳对鄯善国同中原的贸易关系进行剖析,认为两地之贸易有着深刻政治、经济背景而非偶然,初往来使者所携带之丝绸已具贸易性质,且鄯善与中原的丝绸贸易形式有两种,即政府间主导的,设专门机构管理,政府官员参与其中的官方贸易,以及民间胡汉商人往来贩运的自由贸易。② 而来自中亚、内地的商人途径鄯善的记录以及丝绸等商品在这一地区流通的基本情况在李明伟著作《丝绸之路贸易史》中有颇为详细的介绍。③ 此外,高荣就魏晋十六国时期河西地区农牧业经济、社会环境,商业贸易以及"谷帛为市"的货币体系对西域诸国产生的影响做研究,并强调河西地区在魏晋十六国时期在沟通西域、发展丝路贸易文化交流等方面所发挥的枢纽作用。④

鄯善国使用的货币问题,按照当地民族的习惯,日常生活中的交换媒介,一般为牲畜或者手工制作的产品,而远距离交换,抑或是同外族商旅贸易,所用交换物品一般为贝和玉石以及丝织品、金属产品等。这仅为贸易支付方式的一种,而就货币而言,蒋其祥在《新疆古代钱币的发现与研究》中考证鄯善境内发现有西汉的榆荚半两钱、五铢钱、龟兹五铢(汉龟二体)、汉佉二体钱等中原货币

---

① 陈竺同:《两汉和西域等地的经济文化交流》,上海人民出版社1957年版。
② 张荣芳:《论汉晋时期楼兰(鄯善)王国的丝绸贸易》,《中国史研究》1992年第1期,第15—25页。
③ 李明伟:《丝绸之路贸易史》,甘肃人民出版社1997年版。
④ 高荣:《魏晋十六国时期河西与西域间的商业贸易》,《西域研究》2013年第1期,第8页(收入中国社会科学院考古研究所主编《汉代西域考古与汉文化》,科学出版社2014年版,第190—198页)。

与国外货币出土,其或曾于鄯善国内流通。① 杨富学《佉卢文书所见鄯善国之货币——兼论与回鹘货币之关系》在对所出土的货币经济相关佉卢文书进行释读与分析,认为佉卢文文书中出现的"dhane""drachma""sadera"三种货币应为西北印度诸国仿希腊货币形式而制成的金币、银币,间接取自犍陀罗地区,且文书中还存在有印度的货币单位玛莎(mas)与茹帕·巴那(rupya-bhana)②。黄志刚、魏拥军通过对出土的佉卢文书内容研究,认为公元3—5世纪鄯善和于阗的政治经济生活状况完全相同,其货币经济形态亦相同,鄯善国也在使用于阗铸造的二体钱。同时就佉卢文书所提及的"穆立",作者经对照推算认为一"穆立"应与银钱一文相等,其应是北印度人对萨珊王朝银钱的称呼,于阗和鄯善人将该名词借入使用,其含义及价值与罗马钱币"德拉克马"相同。③ 韩森(Valerie Hansen)在其近作《钱币及其他形式的货币在丝绸之路贸易中的位置》一文中对楼兰、尼雅地区所通行的货币,以及佉卢文文书所见鄯善国内的贸易媒介进行了论述,并就钱币之于丝路贸易是否重要这一论题着重进行探讨,她提出在鄯善国内,尤其尼雅地区呈现出多种交易媒介并存的局面,谷物、丝织物等发挥了货币作用,当地人普遍以布匹、动物等用作实物交换,上层贵族及外来者则多用金银币、丝绸、金属器物等进行交易。④ 而将这一现象放之于丝路贸易,尤其考虑到中亚陆路贸易的地方性,物物交换为主要,货币在

---

① 蒋其祥:《新疆古代钱币的发现与研究》,许海生主编《新疆古代民族文化论集》,新疆大学出版社1990年版,第183—215页(收入氏著《西域古钱币研究》,新疆大学出版社2006年版,第1—32页)。

② 杨富学:《佉卢文书所见鄯善国之货币——兼论与回鹘货币之关系》,《敦煌学辑刊》1995年第2期,第87—93页(收入氏著《中国北方民族历史文化论稿》,甘肃民族出版社2012年,第289—302页)。

③ 黄志刚、魏拥军:《试析魏晋南北朝时期丝绸之路货币在西域的行使和影响》,《新疆金融》2007年第7期,第57—59页。

④ Valerie Hansen, The Place of Coins and Their Alternatives in the Silk Road Trade, 上海博物馆编:《丝绸之路古国钱币暨丝路文化国际学术研讨会论文集》,上海书画出版社2011年版,第83—113页。

这些地区的流通或许会随着贸易频繁而趋向多样化，但其流通范围以及媒介作用，势必会有所减弱。

四 鄯善国与丝绸之路文化研究

丝绸之路的开通使东西方经贸往来与日俱增，而更为深远的影响在于推动了东西方的文化，尤其语言文字、艺术、宗教等各个方面的交流。位于丝路枢纽的鄯善国，是东西方文化交织而融合最为明显的一个国度。作为古代欧亚大陆不同民族、语言、宗教之间相互交融、相互影响的直接参与者，鄯善国内宗教与文化表现出多元性。

鄯善国宗教与文化研究同作为西域文化研究中的重要内容，长期以来为中外西域史研究者所注意，研究涉及楼兰鄯善宗教与文化的著作有日本学者羽溪了谛《西域之佛教》[1]、羽田亨《西域文化史》[2]、余太山主编《西域文化史》[3]、魏长洪《西域佛教史》[4]、李青《古楼兰鄯善艺术综论》[5] 以及贾应逸、祁小山《印度到中国新疆的佛教艺术》[6] 等。

1. 鄯善国佛教研究

佛教何时传入鄯善史无明载，鄯善佛教最早见于东晋僧人法显的报道，其云："其国王奉法，可有四千余僧，悉小乘学，诸国僧人及沙门，尽行天竺法，但有粗精。从此西行所经诸国，类皆如

---

[1] ［日］羽溪了谛：《西域之佛教》，京都，法林馆1914年版；［日］羽溪了谛著，贺昌群译《西域之佛教》。商务印书馆1933年版。
[2] ［日］羽田亨：《西域文化史》，东京，座右宝刊行会1948年版；［日］羽田亨著，耿世民译《西域文化史》，新疆人民出版社1981年版。
[3] 余太山主编《西域文化史》，中国友谊出版社1996年版。
[4] 魏长洪：《西域佛教史》，新疆美术摄影出版社1998年版，第8—22页。
[5] 李青：《古楼兰鄯善艺术综论》，中华书局2005年版。
[6] 贾应逸、祁小山：《印度到中国新疆的佛教艺术》甘肃教育出版社2002年版。

是，唯国国胡语不同，然出家人皆习天竺书、天竺语。"① 随着楼兰、尼雅等遗址得以被发现，其境内的佛塔、寺院遗存亦展现于世人眼前，这些佛教遗存与出土文书，成为研究鄯善国佛教的重要线索。关于佛教传入鄯善的时间问题，黄文弼结合史载分析认为，佛教传入西域的时间应为贵霜王朝迦腻色迦王时期。迦腻色迦本人笃信佛教，亦推动了佛教的继续传播，而当时塔里木盆地地区已为贵霜势力影响所及，故而佛教进入塔里木盆地是为必然。② 且黄文弼就斯坦因所发现鄯善境内由西向东诸多遗址以及所出土的佉卢文书分布认为，鄯善国所通行的佉卢文，为贵霜王朝东渐，始于公元 2 世纪中期。吴焯《从考古遗存看佛教传入西域的时间》通过对新疆古代遗址中佛寺以及出土文物遗存的考察，结合佉卢文文书分析认为尼雅遗址出土的佛教艺术品最早应在公元 2 世纪或 3 世纪初传入西域，而佛教传入西域的时间则应在公元 2 世纪上半叶，且此前佛教通过印度已直接进入中原，之后才由西域作为主要渠道传入，同时作者认为，以于阗、鄯善为主要传播地区的西域南道，佛教传入当地的时间要略早于以龟兹为主要传播地区的北道。③ 贾应逸对尼雅佛寺遗址的布局，壁画与木雕象形制等问题做了介绍，并认为佛寺的年代不会晚于晋代，应为公元 2 世纪末 3 世纪初的遗存，至唐代玄奘经过尼雅时当地佛寺已废弃。④

佉卢文文书中涉及宗教内容的文献甚少，目前所刊布仅知数件经书残卷，这些经卷的文字书写因不同于公元 4 世纪后印度佛经所普遍流传的梵语写本而广受关注，亦为研究印度早期佛教以及佛教

---

① （东晋）法显著，章巽校注：《法显传校注》，上海古籍出版社 1985 年版，第 7—8 页。
② 黄文弼：《佛教传入鄯善与西方文化的输入问题》，氏著《西北史地论丛》，上海人民出版社 1981 年版，第 240—260 页（收入氏著《黄文弼历史考古论集》，文物出版社 1987 年版，第 343—356 页）。
③ 吴焯：《从考古遗存看佛教传入西域的时间》，《敦煌学辑刊》1985 年第 2 期，第 62—72 页。
④ 贾应逸：《尼雅新发现的佛寺遗址研究》，《敦煌学辑刊》1999 年第 2 期，第 48—55 页。

的东传等问题提供了珍贵材料。这批经卷文书早年经由欧洲语言学家作过初步研究，尤其布腊夫（J. Brough）于1962年出版《犍陀罗语〈法句经〉》一书①对在和田附近所发现的用佉卢文书写的犍陀罗语《法句经》古写本的研究，影响深远。我国学者林梅村后集中对这些残卷文书进行释读与详细的考证研究，成果卓著：

《犍陀罗语〈法句经〉初步研究》，国家文物局古文献研究室编《出土文献研究续集》，文物出版社1989年版，第253—262页（后改名《犍陀罗语〈法句经〉的部派问题》，收入氏著《西域文明——考古、民族、语言和宗教新论》，东方出版社1995年版，第405—419页）。

《新疆尼雅遗址出土犍陀罗语〈解脱戒本〉残卷》，《西域研究》1995年第4期，第44—48页（收入氏著《汉唐西域与中国文明》，文物出版社1998年版，第142—150页；《中国西北宗教文献·佛教·新疆卷五》，甘肃民族出版社2012年版，第391—395页）。

《新疆尼雅遗址出土佉卢文〈法集要颂经〉残片》，氏著《汉唐西域与中国文明》，文物出版社1998年版，第151—156页。

《尼雅出土佉卢文〈温室洗浴众僧经〉残卷考》，华林编辑委员会编《华林》第3卷，中华书局2003年版，第107—126页（收入氏著《松漠之间——考古新发现所见中外文化交流》，生活·读书·新知三联书店2007年版，第110—136页）。

关于佛教在鄯善国的发展研究，印度学者阿格华尔（R. Ch. Agrawala）《佉卢文书所见鄯善国佛教僧侣的生活》就印度佛教在西域诸国的传播以及僧侣的生活方式进行了论述，并将之同印度僧侣进行了对比研究，其研究显示，鄯善国佛教在当地流行的同时，在

---

① J. Brough, *Gāndhārī Dharmapada*, London Oriental Series 7, London: Oxford University Press, 1962.

对当地社会环境适应过程中尤其僧侣的生活方面呈现出世俗化倾向①。陈世良通过对佉卢文书的研究分析对魏晋时期佛教在鄯善国的盛行，佛寺、佛塔建筑规模，佛教艺术与内地的联系，佛门规章纪律，僧侣世俗化生活状况等问题进行了深入探讨。②鄯善国佛教世俗化的问题夏雷鸣在《从"浴佛"看印度佛教在鄯善国的嬗变》③《从佉卢文文书看鄯善国佛教的世俗化》④《从佉卢文文书看鄯善国僧人的社会生活——兼谈晚唐至宋敦煌世俗佛教的发端》⑤三篇文章中亦做了详细论证，并提出佛教的世俗化并非鄯善国特例，在其佛教传播上源贵霜王朝便已存在。

　　针对鄯善国佛教及其世俗化的问题的研究，黄振华就佉卢文文书所载众多署名"沙门"之出家者同对应的梵文词汇进行了整理与对比，以证鄯善国内佛教推行之盛。⑥ 杨富学、许娜、秦才郎加针对鄯善国僧侣所盛行饮酒之风与吐蕃及晚唐宋初敦煌僧侣饮酒之俗进行了考证，并认为鄯善国僧侣饮酒在于当时鄯善国内尚无佛门戒律推行，僧侣们处于"有信无戒"状态。⑦ 杨富学还就鄯善国僧侣居家生活之现象做了进一步分析研究，并进一步指出造成这种独特

---

① R. Ch. Agrawala, Buddhist Monks in Chinese Turkestan, in *Sarupa Bharati*, or the *Homage of Indology*, being the Lakshmana Sarup Memorial Volume, ed. J. N. Agrawal and B. D. Shastri. Hoshiarpur: *Vishveshvaranand Vedic Research Institute*, 1954, pp. 175 - 183；[印度] 阿格华尔著，杨富学、许娜译：《佉卢文书所见鄯善国佛教僧侣的生活》，《甘肃民族研究》2006 年第 4 期，第 100—104 页。

② 陈世良：《魏晋时代的鄯善佛教》，《世界宗教研究》1982 年第 3 期，第 79—89 页。

③ 夏雷鸣：《从"浴佛"看印度佛教在鄯善国的嬗变》，《西域研究》2000 年第 2 期，第 45—52 页。

④ 夏雷鸣：《从佉卢文文书看鄯善国佛教的世俗化》，《新疆社会科学》2006 年第 6 期，第 116—122 页。

⑤ 夏雷鸣：《从佉卢文文书看鄯善国僧人的社会生活——兼谈晚唐至宋敦煌世俗佛教的发端》，郑炳林、樊锦诗、杨富学主编：《丝绸之路民族古文字与文化学术讨论会论文集》，三秦出版社 2007 年版，第 202—220 页。

⑥ 黄振华《魏晋时期楼兰鄯善地区佛教研究札记——佉卢文沙门名号考证》，《民族研究》1996 年第 4 期，第 84—88 页。

⑦ 杨富学、许娜、秦才郎加：《鄯善敦煌吐蕃佛僧饮酒习俗考析》，载郑炳林、樊锦诗、杨富学主编《敦煌佛教与禅宗学术讨论会文集》，三秦出版社 2007 年版，第 601—621 页。

现象的原因除却佛教世俗化原因外，还在于鄯善国佛教流布时间短，佛教戒律未形成或未完备有关。另外，鄯善国僧侣娶妻生子现象的原因，杨富学认为很可能是受到政府的鼓励，因鄯善国内僧侣众多，作为非劳动人口，与国内劳动人口之比重，势必造成国内劳动力缺乏。僧侣娶妻生子，增加人口的同时，亦可扩大政府税源。①许娜、赵学东以佉卢文文书为基础对鄯善国僧侣守持戒律的情况进行了相关探讨。② 此外，杨富学就上述相关问题做进一步说明的同时亦就鄯善佛教戒律的形成问题作了详细梳理。③ 高凯对汉晋时期西域佛教兴盛地区地理环境的影响以及当地人口比例失调与恶性疾病肆虐等问题的分析，并联系佉卢文文书中满足鄯善信众对于生老病死及祈求风调雨顺心理需求的经文内容（Kh. 511），提出佛教在西域的传播因受西域所提供的独特地理环境影响，有意识地使佛教义理世俗化，而这一趋势亦影响了汉晋时期佛教义理在中原的传播方式④，即通过西域各地所译胡本佛经在中原的传播过程中一定程度影响了中原王公之祭祀活动，并且这一时期的中原佛经翻译中关于医疗、养生内容之佛经被大量翻译并且广为流传。

2. 鄯善国与丝绸之路艺术文化研究

就鄯善境内各遗址出土的器物、织物、壁画等遗物所见，鄯善国的艺术的风格体现，主要表现在中国内地汉式风格和西方艺术风格以及自身西域本土风格上。羊毅勇通过对尼雅遗址出土文物的归纳研究认为，尼雅遗址出土包括丝织品、漆器、铜镜等遗物反映出汉文化对精绝地区的影响，就墓葬随葬品看其器物本身则反映出西

---

① 杨富学：《论鄯善国出家人的居家生活》，《敦煌学》第 27 辑《柳存仁先生九十华诞祝寿专辑》，台北，南华大学敦煌学研究中心编印，2008 年，第 215—221 页。

② 许娜、赵学东：《档案文献中的鄯善国佛教戒律研究初探》，《档案》2008 年第 2 期，第 61—62 页。

③ 杨富学：《鄯善国佛教戒律问题研究》，《吐鲁番学研究》2009 年第 1 期，第 59—76 页（收入氏著《中国北方民族历史文化论稿》，甘肃民族出版社 2012 年版，第 303—337 页）。

④ 高凯：《从人口性比例和疾病状况看西域在汉晋时期佛教东渐中的作用》，《史林》2008 年第 6 期，第 88—104 页。

域土著文化，而就尼雅的佛寺遗址，出土的佉卢文木简、具有犍陀罗艺术风格的绘画等则显示西方文化与佛教文化对当地的影响，亦见尼雅遗址的文化因素的多元。① 李青通过对楼兰、尼雅和营盘三个遗址出土相对集中和典型的汉晋时代织物纹饰与风格的探讨，认为楼兰汉晋时期织物的装饰风格大致可分为三类，即以丝织品为主的织物，表现出寓意化手法的中原汉式织物装饰风格，以毛、麻、棉织品为主的织物，手法写实、夸张，常以神话题材为内容，偏向西方装饰艺术风格，还有一种融会东西方艺术之特征，又具有鲜明的地域特色的楼兰本土装饰艺术风格织物。②

  林梅村结合中国内地及新疆境内楼兰、尼雅、和田等地的考古发现中带有犍陀罗文化因素的文物遗存进行了整理，认为古代犍陀罗地区同中国交往于汉张骞西使前已开始，伴随着丝绸之路的开通两地文化艺术的交流便持续进行，犍陀罗文化汉晋时期中原所吸纳外来文化中重要的一支。③ 林先生在另一文中对佉卢文文书中几件犍陀罗语文学作品，内容涉及佛经文献、印度医典，包括印度史诗《摩诃婆罗多》在内的文书进行了介绍，并认为佉卢文文书 Kh. 565 内容涉及占星术的文书应为我国秦汉时较为流行的《日书》之译本。④ Kh. 565 曾在林先生 1990 年文章中进行过介绍⑤，刘文锁近著《沙海古卷释稿》中对这件文书亦进行研究，认为这件占星文书吸纳中国的十二生肖、《日书》占卜与印度化后的巴比伦式黄道十二宫占

---

  ① 羊毅勇：《尼雅遗址所反映的中外文化交流》，《西域研究》1999 年第 2 期，第 58—63 页。
  ② 李青：《楼兰汉晋织物装饰艺术风格考释》，《装饰》总第 119 期，2003 年，第 30—31 页。
  ③ 林梅村：《汉晋艺术之犍陀罗文化因素》，氏著《松漠之间——考古新发现所见中外文化交流》，生活·读书·新知三联书店 2007 年版，第 46—73 页
  ④ 林梅村：《犍陀罗语文学与古代中印文化交流》，《中国文化》2001 年第 17、18 期，第 225—236 页（收入氏著《古道西风——考古新发现所见中西文化交流》，生活·读书·新知三联书店 2000 年版，第 348—369 页）。
  ⑤ 林梅村：《十二生肖源流考》，《瞭望》第 34、35 期，1990 年（收入氏著《西域文明——考古、民族、语言和宗教新论》，东方出版社 1995 年版，第 111—129 页）。

星术，是鄯善人吸收东西方不同的占星体系加以改编而成的本地占星术，是不同方向文化交流之体现。①

斯坦因在米兰佛寺遗址曾发现一幅带有浓厚西方风格的"有翼天使"壁画，并对其进行了初步考证，首提"有翼天使"造型借自基督教造像且与佛教护法神"乾达婆"（Gandhavas）形象有关的观点。②是后，米兰遗址又陆续发现多幅有翼人物壁画，诸多学者针对此类壁画进行了多方研究。阎文儒将米兰有翼人物壁画造型同汉画像中的"羽人"进行了联系，同时他也提出有翼人物形象同"迦陵频伽"的观点。③邱陵对米兰佛寺遗址中的有翼人物壁画的内容、表现形式和艺术风格以及年代、人物身份等问题做了初步考证，认为米兰佛寺壁画完成年代"以公元2世纪这个年代可以成立"，并提出壁画中的"有翼天使"为古希腊宗教神话里爱神"厄罗斯"的形象④。霍旭初、赵莉就米兰壁画有翼人物定名"有翼天使"和"有翼天使"代表"乾达婆"等问题综合诸观点进行论述，认为其形象并非斯坦因言之希腊神话人物或印度乾达婆，其应为佛教艺术东传时不断变化发展的伽陵频伽形象。同时作者认为鄯善佛教艺术同犍陀罗艺术存在"共时性"，在一段并存的时期中出现交融⑤。王嵘在对前人之研究进行评述的同时又从鄯善地区特定的历史背景以

---

① 刘文锁：《沙海古卷释稿》，中华书局2007年版，第340—360页。
② A. Stein, *Serindia. Detailed Report of Explorations in Central Asia and Westernmost China*, Vol. I, Oxford: Clarendon Press, 1921, p. 511; A. 斯坦因著, 肖小勇译编：《米兰古代佛寺壁画中的有翼天使》，《新疆文物》1992年译文专刊，第167页；[英]奥雷尔·斯坦因著，中国社会科学院考古研究所主持翻译：《西域考古图记》第1卷，广西师范大学出版社1998年版，第303页。
③ 阎文儒：《就斯坦因在我国新疆丹丹乌里克、磨朗遗址所发现几块壁画问题的新评述》，《现代佛学》1962年第5期，第23—32页。
④ 邱陵：《米兰佛寺有翼天使壁画新探》，《新疆文物》1994年第1期，第42—47页（收入穆舜英、张平主编《楼兰文化研究论集》，新疆人民出版社1995年版，第275—289页）。
⑤ 霍旭初、赵莉：《米兰"有翼天使"问题的再探讨——兼谈鄯善佛教艺术的有关问题》，敦煌研究院编：《段文杰敦煌研究五十年纪年文集》，世界图书出版公司1996年版，第172—179页（收入霍旭初著《西域佛教考论》，宗教文化出版社2009年版，第196—218页）。

及地域环境等方面因素着手分析,并突出鄯善国作为丝绸之路交通枢纽,其文化的混合型,米兰"有翼天使"及犍陀罗风格佛教艺术,为东西方文明于鄯善国交流的产物。[1] 周鼎、陈晶婧对学界关于有翼天使形象西源东渐,东"源"西"流"观点的争论进行了辨析,剔除了欧洲文化因素的影响,并提出有翼天使形象系以汉代羽人形象为主,佛教教义为依据,并参照古楼兰鄯善地区世俗人物形象而成就的艺术形象。[2] 李青则就米兰壁画年代、作者、壁画形象特征等问题对前人之研究成果做了整理与评述,并对米兰壁画的绘画艺术同东、西方绘画艺术的关系进行了考察。[3] 此外,就鄯善国内佛教艺术风格而言,随着佛教艺术的不断传播,于阗国作为佛教入疆之通道,所受佛教艺术熏陶要早于鄯善国,在对鄯善国内佛教艺术与犍陀罗佛教艺术关系进行研究时其中于阗佛教艺术亦是一个不容忽视的因素,目前所见论及者并不多,还有待于往后研究者的关注。

综上所述,百年来围绕鄯善国及其同丝绸之路在考古、语言、地理、历史等领域研究均取得了可喜成果。尤其国内对于佉卢文文书以及鄯善国史的研究从20世纪80年代中期至今的30余年间,研究范围的广度与深度皆迈入新的阶段。众多研究成果不仅为鄯善国史的进一步丰富起到推动作用,并且将鄯善国在政治、经济、社会、文化、宗教、艺术方面与丝绸之路千丝万缕之联系十分清晰地展现在世人眼前,引人注目。

因传世文献记载之缺漏,关于鄯善国史的构建仰赖当地出土文书的记载,特别是佉卢文文书所记鄯善国方方面面细枝末节。结合鄯善国境内考古发掘与佉卢文文书内容进行相互补正,是一直以来

---

[1] 王嵘:《关于米兰佛寺"有翼天使"壁画问题的讨论》,《西域研究》2000年第3期,第50—58页。

[2] 周鼎、陈晶婧:《东"源"西"流"古楼兰鄯善地区米兰遗址佛寺翼像源流研究》,《新疆艺术学院学报》2011年第4期,第14—19页。

[3] 李青:《米兰壁画与东西方艺术关系考论》,周伟洲主编:《西北民族论丛》第11辑,社会科学文献出版社2015年版,第160—193、299页。

鄯善国史研究的重要方向，且研究之进一步深入仍需今后在语言、考古领域研究工作的进一步努力。但同时亦需注意，因不同学者对佉卢文文书所进行的不同解读，楼兰、鄯善研究中一些存在争议的论题本就扑朔迷离，而在一定程度而言，一些佉卢文文书存在被过度解读的现象。同时伴随着越来越多的学者开始研究丝绸之路，丝绸之路这一概念正在被不断放大。在这样一个研究趋势之下，诸如韩森教授对丝路贸易之地位提出的质疑无疑是十分重要的。这对后来的研究者亦作了提示，尤其在鄯善国与丝绸之路关系的研究方面，仍要回归其研究本质，即对佉卢文、汉文文书等第一手资料进行科学的、深入的分析理解。同时仍需将文书与传统史料、考古以及相关学科研究成果相结合，融会贯通，以还原鄯善国身处丝绸之路中其本来面貌。

唐代吐蕃铁器制造及其对丝绸之路的影响

朱悦梅

(西北民族大学历史文化学院)

吐蕃王朝时期，金属器具已经开始广泛运用，在社会生产、军事作战，以及宗教活动中和对外交往活动中，都不乏各种金属器物。吐蕃王朝的矿冶与金属器具，是当时社会经济与文化发展的产物，也是吐蕃王朝社会发展水平的表现。学术界以往多关注到元明之后的西藏金属制造，关于唐代吐蕃时期的金属制造与器物较少涉及。但在古藏文文献及敦煌出土文献中，唐代吐蕃人使用金属工具与器具、装饰物的信息可见到不少。本文拟在文献相关内容梳理的基础上，结合考古发掘的吐蕃王朝时期的金属器物，讨论唐代吐蕃金属制造及其对丝绸之路的影响。吐蕃金属制造，既保留自身传统特征，也不断地融入了丝绸之路多元文化的特征，其开放性与包容性，正是其文化影响力的体现，而民族间文化交流与融合，是丝绸之路沿线各民族社会生产生活共同受益的基础。

一　古藏文文献所见吐蕃王朝时期金属的冶炼与铁制工具

古代藏族使用金属器具的历史悠久，青藏高原考古发掘中，铁器等内容丰富。在西喜马拉雅地区，铁器出现年代不会早于公元前一千纪。① 在阿里的皮央格林塘 M6 所出（PGM6：4）几乎完全类似的青铜短剑，亦见于中国西南地区早期铁器时代的几处墓葬中，一般被认为属于战国时期甚至更早。② 而金属器物的用途亦较为广泛，有青铜饰件、镀金银片、金箔面具、青铜短剑、铁箭镞、黄铜人体装饰品、青铜人体装饰品、铜杯（疑似）、铜短剑、金面具等。③ 在这些金属器物中，不乏有断代标志意义的器物，如断代为公元前 4 至前 1 世纪的铜卧马牌饰④、一枚李察维王朝（464—879）的钱币。⑤

早期的金属器物，都有着复杂的文化渊源。如阿刊布故如甲墓地出土的一字格铁剑具有中原文化特色，可能仿自汉地铁剑。⑥ 青铜器多集中出土于阿里皮央格林塘墓地的两座穹隆顶洞室墓⑦，与北方草原地带的游牧文化以及中国西南山地的早期铁器时代的考古学文化相关⑧。而尼泊尔穆斯塘第一期出土的金属器则被认为是恒河流域早期铜石并用时代影响的产物。⑨ 尼泊尔穆斯塘北部琼嘎遗址出土的"鄂尔多斯牌饰"，又反映了青藏高原与中亚草原的联系，

---

① V. Tripathi, *The Age of Iron in South Asia: Legacy and Tradition*, New Delhi: Aryan Books International, 2001.
② [日] 今村启尔著, 彭南林译: 《滇西的剑》, 《民族考古译文集》第一辑, 云南省博物馆、中国古代铜鼓研究会编印 1985 年版, 第 100—106 页。
③ 详见品红亮《西喜马拉雅地区早期墓葬研究》, 《考古学报》2015 年第 1 期。
④ H‐G. Hüttel, EineOrdos‐Bronze aus dem nördlichen Himalaja, C. Becker (ed.), *Historia animalium ex ossibus:, Beiträge zur Paläoanatomie, Archäologie, Ethnologie und Geschichte der Tiermedzin*. Geburtstag: Rahden/Westf, 1999, S. 201 - 209.
⑤ H‐G. Hüttel, Zwei Licchavi‐Fündmünzen von Khyinga/Südmüstang, *Beittrag zum Mananka‐Problem, Beitrage zur Allgemeinen und Vergleichenden Archäologie* 17, 1997, S. 65 - 86.
⑥ 仝涛: 《西藏阿里象雄都城"穹窿银城"附近发现汉晋丝绸》, 《中国文物报》2011 年 9 月 23 日第 4 版。
⑦ 品红亮: 《西喜马拉雅地区早期墓葬研究》, 《考古学报》2015 年第 1 期, 第 25 页。
⑧ 霍巍: 《试论西藏及西南地区出土的双圆饼形剑首青铜短剑》, 《庆祝张忠培先生七十岁文集》, 科学出版社 2004 年版, 第 437—447 页。
⑨ D. N. Tiwari, "Cave Burials from Western Nepal Mustang", *Ancient Nepal*, No. 85, 1985, pp. 1 - 12.

"阐明中亚铁器时代游牧人对于同时代处于喜马拉雅北侧文化的影响"。①

不论青藏高原金属器物的运用与发展受到多少外影响,吐蕃人的祖先都较早地使用并且制造金属器物是无疑的。至吐蕃王朝时期,其金属器物的类型与质地,都发展到了一定的程度。《敦煌吐蕃历史编年》之 P. T. 1287《赞普传记》(九)隐喻噶尔禄东赞背叛赞普的歌谣中有记:"虽锋利但不便于运使,是安多铁打的小斧子。"② 这把安多铁打制而成的小斧子,说明当时安多地方的冶铁业已经闻名青藏高原,其使用范围当涵盖了军事与日常生产各方面。

吐蕃松赞干布时期,铁斧已经为常用工具。P. T. 1287《赞普传记》(十)噶尔禄东赞与唐将王孝杰在往来书信中,打比方说:"松树生长百年,一斧足以伐倒。……吾之军丁岂不是有如一把镰刀割刈众划乎?"③ 从文字描述的社会生产生活情形看,铁制工具有使用,在吐蕃王朝时期即已普遍使用。这一点,从敦煌出土的古藏文文献亦可略见一斑。

P. T. 997《榆林寺庙产牒》:

> 成对的铜、铁锅,垫子……铜瓢一对,铜盆两个,平锅一口,铁盒一个,大铁锅一口,熬布施粥大铜锅一口,铸铁锅一口,铁锤两把,"锉"一把,锯子一把,锛子一把,斧头一把,碾砣一个……抹泥刀一把,凿钻一把……④

从文献所记金属工具名称,可大致将铁制部分为日常劳动工具、炊饮工具、生活器物等。

---

① H‐G. Hüttel, EineOrdos‐Bronze aus dem nördlichen Himalaja, C. Becker (ed.), *Historia animalium ex ossibus:*, *Beiträge zur Paläoanatomie*, *Archäologie*, *Ethnologie und Geschichte der Tiermedzin*. Geburtstag: Rahden/Westf, 1999, S. 209.
② 王尧、陈践:《敦煌古藏文文献探索集》,上海古籍出版社 2008 年版,第 121 页。
③ 同上书,第 121 页。
④ 同上书,第 251 页。

铁制日常劳动工具有镰刀、抹泥刀、凿钻、锉、锯子、锛子、碾砣、铁斧、铁锤等，工具用途广泛，有农业生产、建筑制造、木材加工、锤击打击等。

铁制炊饮工具有铁锅、大铁锅、铸铁锅等。

日常生活器物有铁盒，为可供储藏的用具。

二 吐蕃的冶铁技术及其传播

据2008年四川省文物考古研究院与日本九州大学联合考古队在四川省甘孜藏族自治州炉霍呷拉宗遗址考古发掘发现，有一座炼铁炉，研究表明，呷拉宗炼铁炉的年代相当于唐代，为"竖井式"结构，自然抽风冶炼，这种技术是受斯里兰卡冶炼技术的影响，与唐宋时期的冶炼鼓风以木制风箱为主的方式不同。[1] 这说明，吐蕃的冶铁技术有着相对独立的传承线路。而这一受南亚技术影响的冶铁工艺，又延伸到了四川一带。

宋元时期，许多奉诏赴吐蕃的官员，会利用赴藏的机会做些副业，"附带碧甸子、铜器、碗碟、靴履装，驮铺以营市利"[2]。这一时期，中原的铜器加工工艺上乘，为吐蕃人所喜爱，而吐蕃人的金属加工，大致多集中于铁器上，铁器加工对社会生活的弥补作用一定很重要，这一点，从敦煌陷蕃后的文书中亦有所反映，详见下文。

唐代吐蕃的兵器亦颇为知名，《册府元龟》载：吐蕃"枪细而长于汉者，弓矢弱而甲坚，人皆用剑，不战，负剑而行[3]。"这里的甲坚，就是《通典》所记吐蕃"锁子甲"："人马俱披锁子甲，其

---

[1] 李映福：《四川炉霍县呷拉宗吐蕃时期炼铁炉研究》，《四川大学学报》2014年第1期，第10页。
[2] 《永乐大典》卷一九四二一《经世大典·站赤六》，中华书局1986年版，第7233页。
[3] 《册府元龟》卷九六一《外臣部·土风三》，中华书局1960年版，第11308页。

制甚精，周体皆遍，唯开两眼，非劲弓利刃之所能伤也。"① 柏克韦施认为吐蕃精良的锁子甲是从西方进口的②，这一观点没有得到中国学者的认可。③ 从吐蕃军队大量使用铠甲的情况看，从西方进口锁子甲的可能性不大，而吐蕃人关于学习他人长技，对这一技术有深入的学习与使用，却是可能的。

据研究，吐蕃人较早掌握了热锻法，这一工艺可以解决长矛、长剑等一般的兵器锻造。但精制的器物，如"锁子甲"等，则要用冷锻法。而冷锻法则至迟在北宋时，即已为青唐羌所熟练运用。④ 由于冷锻法避免了淬火后满足铁器硬度现时脆性增加的弱点，保持了铁质良好的韧性，极宜制造坚韧的甲胄。这也是宋代以来中原军队甲胄不及羌、夏的记载每每见诸文献的原因所在。

从唐代吐蕃已经广泛使用质量上乘的锁子甲看，冷锻法为吐蕃人所使用的时间似乎是可以提前的。以于这一推断，从吐蕃的医学发展上，亦可加以辅证。

三　铁桥筑造技术及其推广

《旧唐书·德宗本纪下》载，贞元十年（794）二月"庚辰，南诏异牟寻攻收吐蕃铁桥已东城垒一十六，擒其王五人，降其民众十万口"⑤。这座桥被认为是世界上确知的最古老的铁索桥。⑥ 除这座

---

① 《通典》卷一九〇《边防六典》吐蕃条，中华书局1984年版，第1023页。《新唐书》卷二一六《吐蕃传上》有相同记载："其铠胄精良，衣之周身，窍两目，劲弓利刃不能甚伤。"中华书局1975年版，第6073页。

② [美]柏克韦施：《吐蕃与欧亚大陆中世纪初期的繁荣》，《藏学研究译文集》第二集，中央民族学院藏学研究所铅印本，1983年，第66—72页。

③ 才让：《吐蕃社会的手工业》，《西北民族学院学报》1990年第3期。

④ 吕变庭、艾蓉：《"青唐羌"冶铁技术在宋代的发展和传播》，《青海民族研究》2007年第1期。

⑤ 《旧唐书·德宗本纪下》卷一三，中华书局1975年版，第379页。

⑥ 蓝勇：《中国西南古代索桥的形制及分布》，《中国科技史料》第15卷第1期，1994年，第77页。

坐落于今神川（今云南维西）的铁桥①和吐蕃所建立的吐蕃铁桥节度②外，吐蕃还在西洱河地区的漾水、濞水上建有"铁索桥"。③ 由此可见，吐蕃利用铁制品于大型工程已经成为常态。

神川铁桥遗址位于今玉龙县塔城乡塔城村，江对岸为今香格里拉县上江乡木高村。因该地为唐代吐蕃设立的神川都督府所在，此桥又名神川铁桥。当时的塔城，也因此称为"铁桥城"。该铁桥为"穴石锢铁"的铁索桥，贞元十年（794）南诏归唐、"苍山盟誓"

---

① 潘发生：《"神川"考》，《西藏研究》1993 年第 1 期。
② 朱悦梅：《吐蕃中节度考》，《民族研究》2010 年第 3 期。
③ "时吐蕃以铁索跨漾水、濞水为桥，以通西洱河，蛮筑城以镇之。"（唐）刘肃撰，许德楠、李鼎霞点校：《大唐新语》卷一一，中华书局1984年版，第164页。

以绝吐蕃,突袭铁桥城之际毁之。因而桥的形制与跨度、长宽等情形,今已无由确知。《中华人民共和国地方志丛书·中甸县志》刊登了关于此桥的一组照片,其中"铁桥天然桥墩——江心笔架石"一幅,似乎此桥为双跨组合。至今,江东岸的岩石间,锚固铁索的石穴、引桥石坎仍存。

文献中还记有若干吐蕃所建桥梁,仅黄河上,即建有多座,"吐蕃本以河为境,以公主故,乃桥河筑城,置独山、九曲二军,距积石二百里。今既负约,请毁桥,复守河如约"①。具造桥筑城以镇之,但遗憾的是都未言明是否使用到铁。统计吐蕃在唐代所建桥梁,十分丰富。如青海西大莫门城之橐它桥②、原州乌兰桥③、勃律(今吉尔吉特)的古皮斯之藤桥④等。

桥梁名称	位置	出处	备注
橐它桥	青海西大莫门城	《新唐书·吐蕃传》	
河桥	唐盐泉城(镇西军)	《新唐书·吐蕃传》	
长宁桥		《新唐书·吐蕃传》	
	河源	《新唐书·吐蕃传》	
乌兰桥	原州	《新唐书·李晟传》	
娑夷桥	勃律(今吉尔吉特)	《新唐书·西域传》	《西行记》称古皮斯之藤桥

这些桥中,多有藤桥,如乌兰桥据考为"笮桥",实即藤桥。藤桥,虽为藤编为联系两岸的拉索,但在两岸上固定藤索的地锚材质。然《新唐书·李晟传》载,"吐蕃欲作乌兰桥以过师,积材河

---

① 《新唐书》卷二一六《吐蕃传》,中华书局1975年版,第6082页。
② 同上书,第6083页。
③ "元和中,拜朔方、灵盐节度使。吐蕃欲作乌兰桥以过师,积材河曲,朔方府常遣兵发其木,委于河,故莫能成。及佖至,虏知其寡谋,乃厚赂之,而亟遂功,筑月城以守。自是虏岁入为寇,朔方乘障不暇,人以咎佖。"《新唐书》卷一五四《李晟传》,中华书局1975年版,第4884页。《新唐书·王佖传》亦有相似记载。
④ 黄盛璋:《敦煌写卷于阗文〈克什米尔行程〉历史地理研究》,《新疆文物》1994年第4期。

曲，朔方府常遣兵发其木，委于河，故莫能成"①。由此可见，乌兰桥当非为藤制。但用木制，则更无可能，因为该桥在靖远县芦阳镇以东10公里之索桥村偏北2公里处。在靖远县城东北由南往北的黄河上，有红山峡，全长180里，是我国黄河上最长的峡谷。这一带黄河水流落差十几米到20米。峡谷两岸高出黄河水面几十米，人们熟知的"洋人招手"（阴窝石）、"观音崖"等险滩就在这里。因此这一段黄河上是不利于设置渡口的，准确地说是不适宜设置大的渡口的。同样在靖远、景泰两县和宁夏中卫县交界处的黄河河段上，这里有黑山峡，也不宜于设置大的渡口。在这一段黄河沿岸，只在北城滩处有一合适做渡口的地方。而乌兰桥所在，河面宽阔，单以木材根本无法架设桥梁。虽因无更加确切的文字材料，尚无法确认乌兰桥为铁索桥，但从各种自然地型条件与当时吐蕃所掌握的造桥技术来看，便不能排除铁链在这座桥梁上的运用。

索桥的架设方法有数种。第一种方法通常用于两山壁立，水势汹涌，岩石犬牙交错，舟楫不通的峡谷上。首先在一侧岸边的主索上系上一根长长的细牛毛绳，再用弓箭带上细绳，射向对岸，对岸之人接到细绳后，将主索拖带过去。如此将数根主索拖牵过江后，再

---

① 《新唐书》卷一三三《李晟传》，中华书局1975年版，第4881页。

固定在石砌塔碉内或木塔柱（又名将军柱）上，并连接在木轮辘上，以便绞紧主索，控制悬索的下垂度。在悬崖深谷之岸上，则往往凿以石洞，缆索穿洞后再锚固。主索为铁链或藤索，固定后，再用牛皮条或细藤条缠绕主索，最后铺上木板或纺织藤网作桥面即成；第二种方法一般应用于水流湍急的江河。先是两岸各一人，同时向上游河心抛掷引缆绳，绳头上系有石头或金属锤。当两条缆绳在河心铰接后，由于水流汹涌翻滚而拧绞为一，然后再利用缆绳将铁链或藤索引过江，最后照第一种方法固定后铺上桥面即成。这种方法，为吐蕃人熟练掌握。据藏文文献记载，后藏香噶居派大成就者唐东杰布法王云游印度，汉土及康藏各地。1705年仲夏一天，唐东杰布法王来到泸定桥建桥工地，见工匠们正为架铁索渡河一筹莫展，他指点工匠们用竹索穿短节竹筒，筒上用竹绳系上铁索悬空慢溜吊渡。工匠们照他的办法将长40余丈、重2000多斤铁索悬空溜吊，唐东杰布法王见工匠们拉不动索键时便取出随身宝物海螺吹三声，神奇海螺声鬼使神差般让筒溜索走，安全地渡完13根铁索键。

从现存西藏地区的古藤桥来看，地锚多为铁制，以理推之，唐代吐蕃之藤索桥，多半也会利用铁制地锚。而从吐蕃建桥的数量及分布来看，唐代吐蕃所建桥梁，在环青藏高原地区都有所分布，因此，其桥梁技术，特别是藤索的固定技术，亦会对青藏高原周边地区有所影响。据《汤东杰布传》记载：

> 公元1431年，汤东杰布七十一岁时，他亲自指挥并搜集建材，在拉萨河上建起了铁桥，到了他一百二十五岁高寿之际，已先后于堆龙德庆、拉孜、山南、桑耶、澎波、东渡口、止贡、雅砻江、澜沧江、金沙江、康定以及卫、藏、康三大地方共修建铁桥五十八座。这些铁桥铁链粗如八岁小孩手腕一般，修建铁桥的师傅均为藏族。①

可见，铁索桥的建造是西藏地区地理条件必然要求，而正是这种交通条件的限制，成为桥梁建造技术进步的诱发机制。而这一机制不仅导致青藏高原地区的桥梁建设成为普遍，还延伸到环青藏高原的周边地区，对青藏高原外部的桥梁建造与技术发展也发挥了积极作用。

另外，铁索的制造在吐蕃占领敦煌时期，就用于佛教寺院建设了。敦煌文献 P.3432《龙兴寺卿赵石老脚下依蕃籍所附佛像供养具并经目录等数点检历》中就有铁索的记载：

---

① 转引自东嘎·洛桑赤列《西藏的各种工艺》，中央民族学院藏学研究所编《藏学研究》，天津古籍出版社1990年版，第357页。

舍利塔相轮上金铜火珠壹。

铁索肆条，长拾肆托。

铜铃贰佰枚。

壹拾叁两铜钵盂贰。

……①

这里的"铁索"4条，是用于寺院建筑上的，但其索链的功能，是与铁索桥相一致的，其用途不言而喻。

四 铁器的精加工与铁制精密器械

古代藏族著名的医书《四部医典》，是公元8世纪末由宇陀宁玛著成，之后被密藏数百年，直到公元12世纪中叶，由宇陀萨玛重新修订疏释。据研究，"今本《四部医典》，虽然还有后世医家的功劳，但在宇陀萨玛之时，业已完全定型"②。因此，《四部医典》至少在唐代已经为吐蕃人所使用。

《四部医典》中有专章讨论医疗器械，存在的名目有钳子、砭针、刀、锯、筒、剪等几类，而刀类器械就有斧刀、弯刀、杆刀、青稞形刀、蛙头刀、荞形刀、犊唇刀、蛇头刀、子宫刀、锛口双刃刀等十多种。《四部医典》所记其制作材料主要的铁，也用过铜。③这些器械，都与较之更早的印度吠陀医学中外科学著作《妙闻全集》的记载相近。

《妙闻全集·绪论部》第七、八章专门记录外科器械，涉及其用途与构造。这些器械共有101种，称为Shalym，"就是把它们

---

① 唐耕耦、陆宏基编：《敦煌社会经济文献真迹释录》（三），书目文献出版社1990年版，第6页。

② 蔡景峰、洪武娌：《〈四部医典〉考源》，大象出版社1999年版，第11页。

③ 同上书，第66—67页。

(进入人体的异物)从其附着的部位予以排除的工具。外科手术器械可分成六类,即镊子(Svastika)、钳子(Shandansha)、管状器械(Nādiyantra)、探子类(Shalaka)、剪子(Upayantra)、刀子(Shastra),其中镊子共有二十四种,钳子有二种,管状器械有二十种,探子有二十八种,剪子有二十五种。这些器械都是用铁制成,如果没有铁,其他的材料也可代替"①。《妙闻全集》原书中附有各种器械图,制工相当精细。由于印度医疗器械的传入,直接带动了吐蕃人对铁器的使用及其制造技术的掌握。

例如,在《四部医典·论述本·医疗器械》中,涉及了对铁制零部件的使用情况:

> 各种手术钳,有的像狮子嘴,有的似乌鸦嘴,长度约十八指,连接处钉有坚固的钉子,柄部铁钩处带有一个环……②

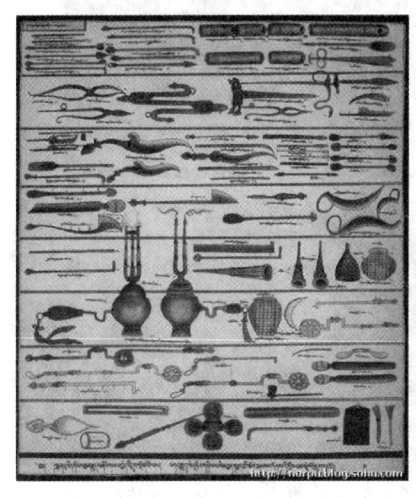

《四部医典》保存的医疗器械图③

---

① [印度]龙树(Nagarjuna):《妙闻全集(Susruta Samhita)》绪论部(篇)第七章《外科器械,其用途及构造》、第八章《外科器械,其名称、用途及构造》。

② 宇妥·元丹贡布著,马世林译:《四部医典》第二部第二十二章《论述本·医疗器械》,上海科学技术出版社1987年版,第44页。

③ 转引自德司·桑杰嘉错编《四部医典系列挂图全集》,西藏人民出版社2008年版,第251—253页。

这里的钉子、环等，已经是对铁制工具的组合等工艺与技巧有了较好的使用经验，因此，对于铁器的加工与使用，也达到了一定的水平。

藏族外科医学的发展，对丝绸之路其他民族的影响深远。特别是对内蒙古、云南、四川、青海等地的医学，在解剖学、高原疾病防治等内容上，传播较广。①

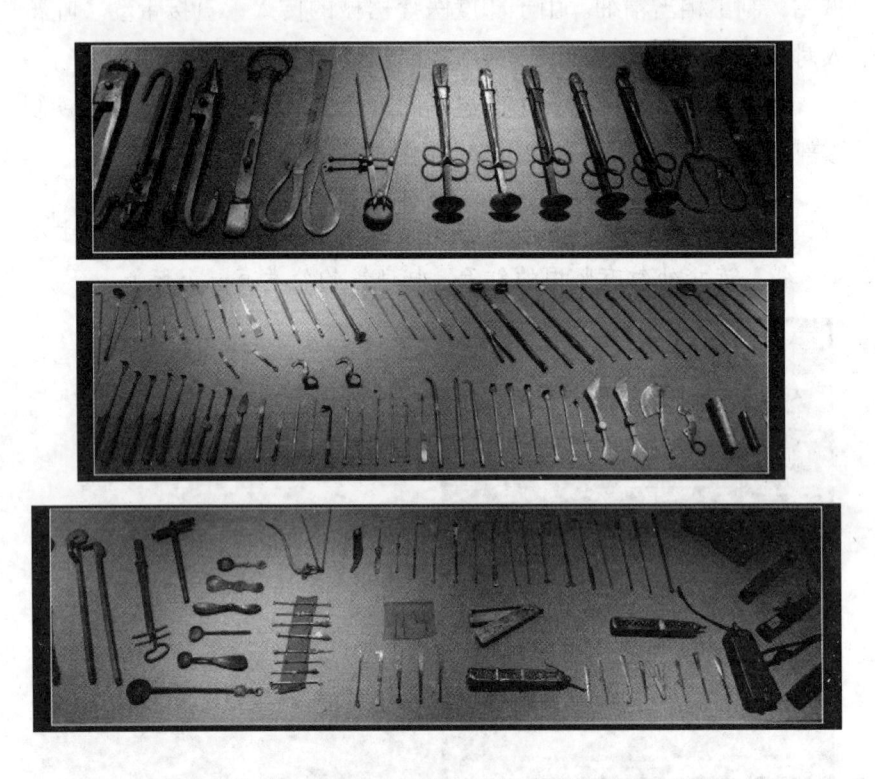

青海藏文化博物馆收藏古代藏医使用的外科手术医疗器械

除了精密的医疗器械外，还有许多其他用途的铁制器物。如敦煌文书 P. 2706《年代不明某寺常住什物交割点检历》有载："转明

---

① 郭兰秀：《〈四部医典〉与蒙医学发展的渊源关系》，《中国民族医药杂志》2007年第 5 期。

铁壹，杂珠子肆索子，小螺钉肆拾肆枚，铜螺钉伍……"① 文中"转明铁"尚未知何物。此外，还有小螺钉，从44枚之数量考量，亦当为铁制用品，为车乘、木制建筑所使用。

在吐蕃占领敦煌时期，还能见到的铁制器物有：

大铁秤、生铁大火炉、铁杵臼、生铁小镢子（P.2613《唐咸通十四年（873）正月四日沙州某寺交割常住物等点检历》②）

铁锴离（S.1642《后晋天福七年（942）某寺交割常住什物点历》③）

库门铁锁、薄铁镢、库门铁镶壹副并钥匙全（P.2917《乙未年（935或995）后常住什物交割点检历》④）

银火铁、铁腰带、铁锅子、铜火铁、铁火铁（P.2567v《癸酉年（793）二月沙州莲台寺诸家散施历状》⑤）

铁镢（P.4624《唐大中七年（853）八月廿六日邓荣施入疏》⑥）

上列这些铁制器物，在后世的敦煌寺院物品中仍多有记录，但到10世纪的文献中，一些物件已经破旧不可用了。如S.4199《年代不明[10世纪]某寺交割常住什物点检历》中有"破镢铁不堪用"⑦。这种情况符合铁制品的特征，这似乎也说明，吐蕃人制造的这些铁制物品，到后来渐渐锈坏。而文献中所见最早的镢铁与最早的破镢铁，从时间上都可定在吐蕃占领敦煌时期。

---

① 唐耕耦、陆宏基编：《敦煌社会经济文献真迹释录》（三），书目文献出版社1990年版，第7页。
② 同上书，第10、12页。
③ 同上书，第21页。
④ 同上书，第26页。
⑤ 同上书，第71、72页。
⑥ 同上书，第82页。
⑦ 同上书，第28页。

还有值得注意的是，文献中出现了铁的锁及钥匙。众所周知，中原汉人所用多为铜制，这种铜制锁在文献中出现亦频繁。而铁制锁及钥匙，从金属锻造习惯上，为吐蕃人所制的可能性更大些。S. 6829v《丙戌年（806）正月十一日已后缘修造破用斛斗布等历》中有"买铁四斤打钉"①。说明用铁钉已经成为寻常。

中原铁器多为生产工具，而在敦煌地区，铁器作为日常生活用具，与吐蕃有着密切关系。

铁质兵器，在敦煌文书 S. 2009《官衙交割什物点检历》中有较集中地反映：

（前缺）
1（前缺）□（后缺）
（前缺）□□花连袋子两个□（后缺）
（前缺）袋子两个，惠皮袋两个（前缺）

镔越斧一柄，又钿鍮石越一柄，铁越斧一柄，鸭阿朵三柄，钿鍮石阿朵一柄，竹柄大阿朵一柄，小阿朵三柄，内一柄在司后，铁炼锤三柄，铁鞭四柄，银缠刀一口，黑梢铁装刀三口，又刀铤一口，金刃铤一口在韩家□，大斧三柄，尖斧两柄章久员斧不关数内，漏斤两柄，银叶骨卓一个在令狐押衙身上，胡桃根阿卓一个在流住，□鍮石大骨卓一个，小鍮石骨卓一个，又胡桃根阿小骨卓一个，马头盘大小三面内一面□木在众官健，又华木马头盘一面，又柳木马头盘一面，熟铁瓶一口，温酒，铫子两口，小铁□一口，大白琵琶一面，又大琵琶两面，小琵琶三面内一面在吴安庆，细弓一十五张，粗弓一张，小弓一张，镔锒子二十只有鹞戎，大柳叶四十七只，钢锒子三十四只，两只在孔都保，又达坦钢锒杂箭三十四只，大钾脚二十一只，大

---

① 唐耕耦、陆宏基编：《敦煌社会经济文献真迹释录》（三），书目文献出版社1990年版，第146页。

锥头三只，小竹箅锥头两只，竹射箭拾具，内一具在憨溪，小
竹柳叶十一只，悉奴收心十只，大齐头十三只，马射用画竹锃
十四只，贴金行路神旗面一口，新火朱旗一面，又阿朵贵端铁
锃子十只，小钾脚十只狂皮七张，狼皮九张，野狐皮八张，□
朽皮四勒，牛尾两株，豹皮一张，熊皮两张，大虫皮一张，皮
一张，狢子皮一张，鹿皮八张，马皮三张半，牛皮八张，赤皴
皮一张，纸□十贴内十贴在人上。

（后缺）①

这件文书尚未确定时间。从文书中出现的各种金属、输石、动物皮等信息，显与唐朝的军事建制与器械不相符合，带有浓郁的吐蕃化色彩。如果此件文书可断为敦煌陷蕃时期的文书，则其铁制军事器械之丰富，与《汉藏史集》对吐蕃刀子进行的详细分类②异曲同工。

在上列文书中，铁制兵器的种类有镔越斧、铁越斧、铁炼锤、铁鞭、黑梢铁装刀、刀锃、熟铁瓶、小铁□、镔锃子、纲锃子、达坦纲锃杂箭等，这些都还是能够确切表明为铁制的物品。其中，镔铁、钢的使用，表明吐蕃的冶锻技术已经达到了相当的水平。

五 吐蕃金属铸造对丝绸之路文化的影响

吐蕃王朝时期，其金属铸造既有自身的发展轨迹，亦有对外来文化因素的吸收与融合，这已经是学术界的共识。其金属铸造及其艺术表现形式，在丝绸之路沿线有着重要的影响，有的甚至已经融

---

① 唐耕耦、陆宏基编：《敦煌社会经济文献真迹释录》（三），书目文献出版社1990年版，第53—54页。

② 达仓宗巴·班觉桑布著，陈庆英译：《汉藏史集》，西藏人民出版社1986年版，第138—140页。

合到地方文化，而无法分清彼此。但吐蕃对南亚锻铁技术与西方冷锻铁的加工技艺的学习与运用，无疑是留下了自身在相关领域的轨迹。有些已经深入当地的技术，已经无法辨清你我，但有些精密铁制品，却随着医用而在广大的丝绸之路地区产生深刻影响。

从前文可以探知，吐蕃铁器制造至少在以下几个方面值得认可。

第一，吐蕃铁器的加工与运用，汉族地区多于生产领域使用，吐蕃则扩大到生活器物的使用之中，换言之，较之使用铜制生活器具有农耕地区，吐蕃对于铁器使用的途径有更加广泛的拓宽，如铁炉子、铁镢、铁锁、铁秤等。

第二，吐蕃铁器在桥梁建造方面获得的突破，丰富了我国桥梁建造类型与技术，其应用范围向环青藏高原地区拓展，对当地多以渡口解决交通的方法，带来了新的内容。

第三，吐蕃冷锻法使其具有铁器精加工的条件，对吐蕃医学发展，也对吐蕃医学深入丝绸之路地区不同民族中，起到重要作用。

吐蕃人对外来文化的吸收，并融会到自身文化的发展之中，因此才形成了优秀的、可能影响深远的文化。而多民族间文化的相互交流，只有吸收外来先进的、优秀的文化，将先进的、优秀的文化融入自身的文化，才能形成真正有价值的传统文化，帮助和影响到更为广泛的区域。

唐代吐蕃受到多元外来文化的影响，得以较早地接触、制造和使用铁器。从文献记载与考古发掘可知，吐蕃人使用的铁器有日常生产、生活用品，有兵器、宗教器物，还有大型的铁桥制造和精密的医疗器械打造。在这些铁制器物中，兵器的制造工艺，特别是冷锻法，对青塘、川康地区有着较深的影响，这里保存了一些冶铁遗迹，反映出吐蕃人冶铁、制铁的技艺。吐蕃的铁桥技术，是吐蕃人将藤桥技术与冶铁技术完美地结合，其发展不仅波及青藏高原内部，还对环青藏高原地区——包括云南地区、关中地区和西域地区的桥梁制造产生影响。吐蕃医学也因较早地学习了中原医学与印度医学，采多家之长，在外科领域得到较高水平的发展。因此，精密的医疗器械也成为吐蕃冶铁技术与精工制造的直接反映，这一特殊技艺，对青藏高原与蒙古高原，以及汉藏交错地区的社会生活发挥了重要历史作用。吐蕃铁制金属制造，既保留了自身传统特征，又不断地融入了丝绸之路多元文化的特征，其开放性与包容性，特别是将优秀文化吸纳到自身的文化建设之中，正是其文化影响力的体现，而民族间文化的交流与融合，又成为丝绸之路沿线各民族社会生产生活共同受益的基础。

丝绸之路对塔里木地区宗教的影响

张安福 王玉平

(上海师范大学人文学院，200234)

环塔里木地区自古以来就是多民族的聚居地和多族群迁徙的经停地，多宗教并存是本地区宗教信仰的基本特点。汉唐时期，以丝绸之路为媒介的东西方政治、经济、文化交流频繁，带动了沿线地区多元宗教文化的繁荣，以环塔里木地区为代表的绿洲社会逐渐形成了以佛教为主的多宗教并存局面。唐宋以后，由于中原政权对西域统治的薄弱甚至缺失，使得绿洲丝绸之路逐渐陷入沉寂，亚欧大陆东西方文化交流受阻，中亚地区的文化传播主要为自西向东的单向传播模式，来自中原内地的生活方式、宗教思想、价值观念等对环塔里木地区的影响明显减弱，伊斯兰教一元宗教在该地区迅速传播，汉唐以来形成的多元宗教信仰局面逐渐走向瓦解。

一 环塔里木地区多元宗教信仰的现实需要性

环塔里木地区的宗教信仰深受该地自然、人文环境因素的影响。在沙漠与绿洲环境下，自然条件的恶劣及绿洲经济的脆弱性是本地区多元宗教传播的客观因素；频繁战争带来的恐慌及以丝绸之路为纽带带动的东西方宗教文化传播是主观因素。在地理范畴上，环塔里木地区是一个相对封闭的区域，北部为天山山脉，东部为阿尔金山，南部为昆仑山，西部为帕米尔高原，中间是浩瀚的塔克拉玛干沙漠，只有在沙漠周缘狭长的绿洲地区，才适合人类居住。同时，该地又是中亚各方势力频繁争夺的地区，战争带来的恐慌使本地区民众更容易倾向于从宗教中寻求依托。

生存环境越差、人口集约化程度越低的地区信奉宗教的人口比例越高[1]。塔里木盆地地缘辽阔，人口稀少，汉唐时期该地区人口在30万到40万人[2]，平均每平方公里还不到一人。而且，这里的居民主要集中于盆地边缘地带绿洲地区，绿洲被沙漠戈壁隔离，彼此相距遥远形如孤岛，一旦面临生存危机很难得到外界的援助。在这种恶劣的生存环境下，自然的变迁对当地居民的日常生活产生巨大的影响，人们无法改变自然环境，就很容易借助于超自然的力量来协调人与自然的关系，通过崇拜和信仰，祈求神明获得保佑，并从中求得生存和发展的勇气。

宗教信仰和宗教传播是在环塔里木地区脆弱的绿洲经济下的客观现象。绿洲经济环境下，城邦诸国经常面临河流改道、绿洲荒废等问题，如早期楼兰文明由于塔里木河的改道、孔雀河下游湖区生态环境的恶化等问题，最终消失在了历史的长河中。自汉代以来，"东西向的交通线路在和田河与克里雅河之间向南移动了200km左右；克里雅河与车尔臣河之间向南移动了100km左右；和田河以西移动了10—50km"[3]，早期的城镇聚落淹没在了沙漠之中，尼雅、丹丹乌里克等遗址中遗留的房屋显现了居民撤离时的匆忙和决绝。绿洲经济的脆弱性和不稳定性，使民众很容易从宗教中寻求解脱之路。

丝绸之路的畅通使东西方各宗教文化在环塔里木地区得以汇聚，从而形成了环塔里木地区在汉唐时期形成了多元宗教并行发展的局

---

[1] 陈麟书、陈霞：《宗教学原理》，宗教文化出版社2002年版，第254—257页。
[2] 赵文林、谢淑君：《中国人口史》，人民出版社1988年版，第32、57、91、171页。
[3] 熊黑钢、韩春鲜：《历史时期塔里木盆地南缘交通线路变迁与环境的关系》，《人文地理》2006年第6期。

面。东北部的高昌、楼兰,以及西南部的于阗、疏勒等地,扼守着丝绸之路中道和南道的进出口,对东西宗教传入和传出该地影响巨大。中原地区的汉传佛教、道教和儒家信仰通过楼兰、高昌等地传入塔里木地区,从目前的文化遗存看,楼兰、营盘墓地出土的汉式彩棺,吐鲁番阿斯塔那墓地出土的道教符箓、伏羲女娲图、随葬衣物疏等遗物,苏巴什佛寺发现的汉式楼阁佛塔,和田布扎克墓地出土的绘有道教四方神兽的彩棺,都体现了中原宗教对塔里木地区的影响;同样,于阗、疏勒等地是塔里木盆地进出中亚、西亚的关口,佛教、祆教、摩尼教、景教等,通过这些地区进入环塔里木地区,并沿着绿洲丝绸之路传入龟兹、焉耆、高昌、楼兰以及中原内地。现今在古丝绸之路沿线发现的大量佛寺及石窟遗址,在塔什库尔干地区发现的象征光明与黑暗的黑白石条墓,吐鲁番、焉耆等地发掘出土的祆教徒陶棺葬具,高昌故城寺院遗址内发现的景教文献,柏孜克里克、吐峪沟、胜金口发现的摩尼教洞窟及壁画,都是西方宗教在绿洲丝绸之路上传播的直接体现。

二 汉唐丝绸之路与塔里木多元宗教文化的繁荣

西汉时期开通的丝绸之路,集成了史前时期的"玉石之路"的文明,将中原文化的重心黄河、长江中下游流域,与河西走廊、塔里木盆地、西亚草原,直至罗马和北非连接起来,成为东西方文化交流与交融的纽带。塔里木盆地的丝绸之路,不仅繁荣了该地的商品贸易,更带来了多元的宗教文化。时至今日,环塔里木地区遗留下大量以佛教为主的宗教遗址,成为该地区多宗教文化的直接见证。

(一)丝绸之路促进了汉唐环塔里木地区多宗教文化的繁荣

汉唐时期是陆上丝绸之路最为繁盛的时期。丝绸之路南道,从楼兰沿昆仑山北麓至莎车、疏勒，途经今天的若羌、且末、于阗、皮山、莎车等地；丝绸之路北道（魏晋之后由于丝绸之路"新北道"的开辟，北道改为"中道"）从高昌沿天山南麓向西南至龟兹、疏勒，途经今天的焉耆、轮台、库车、喀什等地。"南道"与"北道"在今天的喀什地区汇合，再翻越葱岭进入中亚草原、南亚次大陆、西亚和欧洲等地区。自汉到唐，大量致力于中转贸易的商人及传经布道的僧侣游走于塔里木盆地的南北两道，促进了该地区多元宗教的繁荣。

丝绸之路又称"宗教之路"或"信仰之路"，一部商业发展史就是一部宗教传播史。商人是环塔里木地区绿洲丝绸之路上传播宗教文化的重要群体。商人一般来自不同的地区，宗教信仰不同，在丝绸之路上辗转逗留时，将自身的宗教信仰传播给当地的民众。如信奉祆教、摩尼教、景教的粟特人，是丝绸之路上典型的商业群体，在环塔里木地区经营商贸的过程中，将相关宗教传入该地。

更为重要的是，商人与传道的僧侣一直保持着密切的关系，正如羽田亨先生所说："以传播文化为目的的人，由于得到这些商人的援助，才能比较容易地从事这种艰难的旅行。"[1] 汉译佛典律藏中有大量关于商人与僧侣结伴旅行以及商人为佛僧提供物质帮助的记载，玄奘在沿着绿洲丝绸之路西行求法的途中，就经常与商人同行，[2] "商人除向寺院与僧侣布施外，还在佛经传递、译经、修筑寺庙等活动中发挥积极的作用"[3]，一则关于焉耆国"阿父师泉"[4] 的

---

[1] ［日］羽田亨：《西域文明史概论》，耿世民译，中华书局2005年版，第125页。
[2] 《大慈恩寺三藏法师传》中有玄奘团队与商人结伴而行的记载。一次在由高昌经银山道前往焉耆的途中，同行的数十名商胡为了抢先贸易，连夜赶往焉耆，不料途中遭遇盗贼动杀，无一人生还。一次是从葱岭揭盘陀国返回至疏勒的途中，玄奘团队与商人遭遇群贼，商人惊慌逃到山顶避难，遭此大劫后，玄奘与商人相依为命，渐行东下，冒寒履险，行八百余里，终于走出帕米尔高原。见《大慈恩寺三藏法师传》，孙毓棠、谢芳点校，中华书局2000年版，第25、118页。
[3] 姚潇鸫：《试论汉唐时期商人在佛教东传中土过程中的作用》，《史林》2014年第5期。
[4] 《大慈恩寺三藏法师传》，孙毓棠、谢芳点校，中华书局2000年版，第24页。

传说清楚地说明，商人是僧侣主要的衣食来源，而僧人是商人的精神依托。汉唐时期环塔里木地区绿洲丝绸之路上的商业贸易活动长盛不衰，这也是该地区多宗教得以持续传播的重要因素。

伴随着商业贸易活动的繁荣，许多来自安息、罽宾、天竺、大夏等地的高僧沿着绿洲丝绸之路不断来到中原地区译经布道，僧侣在绿洲各城邦游方巡礼、讲经译经的过程中，不断促进了本地区宗教文化的发展。另外，内地也有大量僧人西行求法。除玄奘外，其他高僧如僧人朱士行，于魏甘露五年（260）西渡流沙至于阗，求得梵本佛经；僧人法显，于晋隆安三年（399）与慧景、道整、慧应、慧嵬等西渡流沙，踰葱岭，经危履险，途经西域30余国，至天竺巡礼求法；刘宋僧人释昙无竭，于永初元年（420），召集沙门僧猛、昙朗等25人西行求法。渡流沙，途经高昌、龟兹、疏勒等，登葱岭，至罽宾，辗转至天竺。① 唐代西行求法的僧人也很多，据义净《大唐西域求法高僧传》记载，从贞观十五年（641）至天授二年（691）的50年间，唐朝西行求法的高僧就有57位，其中的21位可以确定走的是陆上丝绸之路。这些僧人在环塔里木地区各国讲经说法，促进了本地区宗教文化的繁荣。

（二）环塔里木地区多元宗教文化的表现

汉唐时期塔里木地区主要流行的宗教主要有佛教、祆教、摩尼教、景教和道教等，时至今日，这些宗教遗存在环塔里木各地区均有发现，呈现出遗存数量大、分布广、类型多样的特点。

1. 多元宗教遗存的广泛分布

据第三次全国文物普查统计数据，环塔里木地区（包括和田地区、喀什地区、阿克苏地区、巴音郭楞蒙古自治州）汉唐时期各类宗教遗址共计72处，其中石窟遗址31处，寺庙遗址41处。除此之外，还有很多寺庙遗址位于大型古城遗址内作为古城的附属建筑，

---

① 释慧皎：《高僧传》，汤用彤校注，汤一玄整理，中华书局1992年版，第23、88、93、145页。

其数量之多，难以统计。

汉唐时期佛教是环塔里木地区的主流宗教，于阗、疏勒、龟兹、焉耆、高昌、楼兰等崇信佛教，大量修建佛教寺院，至今遗存有达玛沟佛寺、莫尔佛寺、苏巴什佛寺、克孜尔石窟、七个星佛寺、柏孜克里克石窟、米兰佛寺等。

环塔里木地区的祆教遗存在疏勒、龟兹、焉耆、高昌等地均有发现，喀什是重要的传入地。在喀什地区的塔什库尔干发现有较早的祆教遗址——吉尔赞喀勒墓地。龟兹故城以及焉耆七个星佛寺附近墓地中出土的陶棺，是反映祆教徒丧葬习俗的典型遗物。高昌地区的祆教遗存主要为墓葬中出土的文物，如托克逊县的阿拉沟墓葬出土了祆教祭祀用品"青铜双兽铜盘"。

摩尼教遗存在和田、吐鲁番等地均有发现。于阗地区麻扎塔格遗址曾出土几件粟特语摩尼教文书，在龟兹地区克孜尔石窟曾出土一件陶祖，被认为是摩尼教"男根魔貌"教义的艺术品。吐鲁番地区的吐峪沟石窟、柏孜克里克石窟、胜金口石窟内还发现了大量摩尼教壁画。20世纪初，勒柯克在高昌故城内的两处遗址中发掘出大量的摩尼教文献和绘画残片，这两处遗址可能就是高昌回鹘王国的摩尼教寺院。这些都说明摩尼教在丝绸之路沿线有广泛的传播。

环塔里木地区的景教遗存主要分布于高昌、楼兰等地，景教寺院、景教壁画和景教文书均有发现。景教寺院位于吐鲁番地区的高昌故城内，遗址内还发现了大量的《圣经》残件及景教壁画。另外，据马可·波罗记载，环塔里木地区的喀什噶尔、莎车等地也有景教徒及教堂[1]，遗憾的是这些教堂遗址至今没有发现。

道教遗存在高昌、楼兰、于阗等地均有发现。位于环塔里木地区东部的楼兰和高昌曾一度实行与中原一致的郡县制，受汉文化影响较大，因此发现的道教遗存也比较多，主要为一些与道教相关的

---

[1] ［法］马可·波罗：《马可波罗行纪》，沙海昂注，冯承钧译，中华书局2004年版，第147、152页。

棺椁、绘画、织物、文书等。

2. 多元宗教遗存类型多样

环塔里木地区多元宗教遗存类型多样，总体上可分为遗迹和遗物，遗迹主要有寺院、石窟等，遗物主要有棺椁、绘塑艺术、文书、织物等。宗教建筑如寺院、石窟，主要为佛教遗址，也有少数祆教及景教遗址；宗教遗物包含的信息非常丰富，不仅反映佛教文化，还反映道教、摩尼教、祆教等宗教信息。

环塔里木地区的佛寺遗址数量较大，一个完整的佛寺一般由佛殿或佛塔、僧房、库厨等建筑组成。环塔里木地区佛寺的形制布局主要有分离式、庭院式等，佛堂以"回"字形布局为主。分离式布局指礼拜区和僧房区相分离，两者可能各自成院落，亦可能以佛塔或佛殿为中心，以其他建筑作为附属建筑。庭院式布局的最大特点是佛寺中心有一个较大的庭院，寺内建筑均围绕着庭院分布。

佛寺的象征性建筑——佛塔，在环塔里木地区也多有保存。佛塔源于古印度的"窣堵波"，环塔里木地区的佛教艺术既受到印度、犍陀罗地区的熏陶，又受到中原汉文化的影响，这一多元性的特点在该地区的佛塔建筑中表现尤其明显。总体来说，本地区的佛塔可以分为印度覆钵式塔和中原楼阁式塔两种，覆钵式塔在丝绸之路南道的疏勒、于阗、楼兰等地区比较常见，如尼雅佛塔、安迪尔廷姆佛塔、热瓦克佛塔、莫尔佛塔等；楼阁式塔在高昌、焉耆、龟兹等地区多有出现，如苏巴什佛寺遗址内的多处楼阁式佛塔、交河故城塔林遗址中的楼阁式建筑等。

环塔里木地区的石窟依据建筑形制与壁画艺术风格可分为龟兹石窟和高昌石窟。龟兹石窟主要有克孜尔石窟、克孜尔尕哈石窟、库木吐喇石窟、森木塞姆石窟等，高昌石窟有柏孜克里克石窟、吐峪沟石窟、胜金口石窟、雅尔湖石窟等。龟兹石窟最为典型的是中心柱窟，这也是环塔里木地区最具特色的洞窟类型。此类洞窟一般会在长方形直洞的底端两面开凿甬道，以通后室，使中间部位成为一个中心塔柱的样子。高昌石窟的中心柱窟较少，更多的是方形窟，这类洞窟一般为长方形或方形直洞，不分前后室，亦无甬道，构造比较简单。壁画方面，龟兹石窟窟顶中脊一般绘天相图，包括日天、立佛、金翅鸟、风神、月天等内容，中脊两侧多绘菱形格本生或因缘故事画；高昌石窟的顶部则大多绘千佛，构图紧凑而完整，缺少了龟兹石窟壁画的生动和活泼。另外，高昌石窟壁画还掺杂有祆教、摩尼教、道教等宗教内容，这也是其比较特殊的地方。

环塔里木地区宗教遗物种类繁多，反映的宗教信息也各具特点。棺椁是墓葬中出土的重要遗存，反映出来的是古代居民的丧葬习俗。环塔里木地区不同宗教信仰的民众有着不同的丧葬习俗，这在棺椁的形制、材质及表面绘制的图案上有具体表现。现今在吐鲁番等地出土的陶棺被认为是祆教徒的葬具，而罗布泊、和田等地的出土木质彩棺则与中原地区的道教文化有千丝万缕的联系。

绘塑艺术作为环塔里木地区民众智慧的结晶，也是本地区宗教文化的沉淀。现今发现的典型的宗教绘画主要包括绢质、纸质和麻质画，以及墓葬、佛寺、石窟内的壁画。墓葬壁画主要发现于吐鲁番地区，多反映的是汉式日常生活，绘画题材及内容颇具中原地区道教思想内涵。佛寺、石窟内的壁画及雕塑，主要反映的是佛教艺术与文化，同时也有少量反映摩尼教、景教的内容。环塔里木地区的佛教绘塑艺术集印度、犍陀罗、中原、回鹘、吐蕃及本地艺术成就于一体，是环塔里木地区佛教艺术的瑰宝。

涉及宗教相关的文字记载，是证明环塔里木地区宗教广泛传播的重要依据之一。佛教、摩尼教、景教、道教等都有供教徒诵读与研究的经卷，尤其是佛教经卷，可谓卷帙浩繁。环塔里木地区出土的大量文书残件中，就有许多佛教、摩尼教、景教经卷。同时，环塔里木地区还出土了许多记载僧侣日常生活的文书，包括一些文字织锦，都是反映宗教文化的重要遗存。

3. 多元宗教的并存与融合

汉唐时期的环塔里木地区多元宗教并存，多元宗教文化共同发展，不同宗教之间相互影响、相互融合，这些在现今的宗教遗存中都有直接的体现。

吐鲁番是环塔里木地区东部的文化重镇，保存至今的高昌故城，充分反映出这里曾经是一个多宗教并存的城市。高昌故城内佛寺林立，如高昌故城大佛寺、高昌故城东南佛寺等都是比较大型的佛教寺院。另外，20世纪初勒柯克曾在高昌故城的西北角、可汗堡南约300米处的一处遗址内，出土了许多摩尼教文书和壁画，其中一幅较完整的壁画被命名为"摩尼教及僧众"，壁画中出现的形象包括摩尼及摩尼教徒，摩尼头戴高帽，头顶有光圈环绕。同时，勒柯克还在高昌故城东门外遗址内发现了景教壁画，其中的一幅描绘了一位可能正在忏悔的女子，手持一根树枝，神情肃穆，身着回鹘样式的红色长裙。另一幅上半部描绘一个手持十字架的骑士，下半部绘有站立的三男一女，表现为一群手持棕榈枝的信徒簇拥着一位牧师，羽田亨考证此画实际上就是基督教的《棕枝主日》[1]。这些考古发现充分体现了高昌多元宗教信仰的情况。

古代于阗也是一个多宗教与多文化并存的地区。布扎克墓地是和田地区发现的唐五代时期的墓葬遗存，这里曾出土两具彩棺，彩棺上绘制有青龙、朱雀、白虎、玄武等道教四神。值得注意的是，在彩棺的主人身上还发现一件"如意宝珠"纹锦巾，这类宝珠图案常出现于存放佛塔舍利的塔刹之上。这两具彩棺的出土说明了古代于阗民众可能同时信仰道教和佛教。

吐鲁番出土的随葬衣物疏，内容也充分反映民众的多种宗教信仰的情况。随葬衣物疏一般列举的是死者随身衣物清单，数量较多，虽多为明器，但这种厚葬的理念与儒家思想中"事死如事生"的厚葬习俗一脉相承；后期的随葬衣物疏在物品清单之后还会有"大德比丘法海""五道""佛弟子""持佛五戒"等佛教祈福用语，这说明本地民众崇信佛教。同时，衣物疏的最后一般还会以道教神仙"张坚固""李定度"作为见证人，又有"青龙""白虎""朱

---

[1] ［日］羽田亨：《西域文明史概论》，耿世民译，中华书局2005年版，第19—20页。

雀""玄武"等道教四方神兽，还有"急急如律令"等道教用语，这些都是道教信仰的具体表现。衣物疏中体现出儒家思想、佛教思想、道教思想，充分体现出本地区多元文化与多宗教并存的局面。

三 唐宋陆上丝绸之路的沉寂与伊斯兰教一元宗教格局的形成

汉唐时期丝绸之路商业贸易主要动力来自中原王朝对西域大量的军事投入[①]，唐代以后一直到18世纪中叶，中原王朝在相当长的时期内失去了对西域的管辖权，直接导致中原物质、精神文化在西域的传播受阻，加之航海技术的进步及海上丝绸之路的兴盛，东西方经济文化交流以水路为主导的格局已很难被取代，陆上丝绸之路的衰落是必然的趋势。中原对塔里木地区的影响，逐渐式微，而以伊斯兰教为代表的宗教势力，在该地发展壮大，并在天山南北成蔓延之势。

唐朝势力自8世纪末退出西域后，吐蕃一度控制着河西走廊和西域，阻断了中原地区与西域的联系。唐末藩镇割据及五代十国时期，中原地区陷入战乱，同西域的经济文化交流甚少。有宋一代，辽、金、西夏等政权雄踞北方，与宋朝长期对峙，以丝绸之路为纽带的东西方交往几近断绝。宋神宗曾向于阗使节问道："道由诸国，有无抄略？"使节回答："惟惧契丹耳。"[②] 北宋雍熙北伐失败以后，对恢复汉唐丝绸之路失去了信心，自王延德于宋太宗年间出使高昌以后，宋朝基本放弃了经营西域的意图。于阗曾向北宋遣使数十次，但宋朝从未向于阗派遣使节，其对西域的基本态度不言而喻。事实证明，一旦中原王朝选择或被迫选择关闭交流的通道，丝绸之

[①] ［美］芮乐伟·韩森：《丝绸之路新史》，张湛译，北京联合出版公司2015年版，第10、134页。

[②] 《宋会要辑稿·蕃夷四》，上海古籍出版社2014年版，第9776页。

路必然走向衰落。

宋代之后,蒙古曾短暂统一中国,一度打通了东西陆路交通,13世纪初途经漠北的中西交通发展起来,但是以成吉思汗、忽必烈为代表的统治者,基于维护统治需要,对塔里木地区的伊斯兰教采取了宽容、利用的态度,对伊斯兰传教士免征税,来到中国的马可·波罗就曾意识到元朝统治者对伊斯兰教是"求其默佑"①的利用态度。蒙古帝国的其他统治者也极为推崇伊斯兰教,如忽必烈的孙子阿难答,被认为是"伊斯兰教的热情宣传者"②;东察合台汗国的秃黑鲁·帖木尔汗(1347—1362)曾利用可汗的权威强制推行伊斯兰教,环塔里木地区许多民众被迫改变了信仰。因此,在这一思想的影响下,即使元朝时期有着短暂的丝绸之路畅通和连接欧亚大陆为一体的优势,但是对于环塔里木地区多元宗教的发展几乎没有产生直接的影响,更有甚者,元朝的宗教政策助长了伊斯兰教在环塔里木地区的迅速发展。

明朝被认为是汉文化复兴的时代,但是从朱元璋开始,在西北边疆实行的是保守政策。与汉唐时期相比,明朝自建国以来就一直缺乏维持一个广泛文化网络的愿望。明朝向西最远只到达今天的哈密地区,明成祖之后,明朝连这个形式上的管理也逐渐放弃,将西北边界内缩到嘉峪关,从而引起丝绸之路萎缩,塔里木盆地的东部关口吐鲁番成为伊斯兰势力东进的目标。信仰伊斯兰教的东察合台汗国"黑的儿火者在位时,曾经举行过圣战进攻契丹(指吐鲁番等地)。他亲自攻占了契丹的两个边陲重镇哈剌和卓和吐鲁番,强迫当地居民皈依伊斯兰教,因此,这两个地方都被称为'达尔·阿勒·伊斯兰'"③。一般认为,从这次事件以后,伊斯兰教正式成为

---

① [法]马可·波罗:《马可波罗行纪》,沙海昂注,冯承钧译,中华书局2004年版,第305页。
② [法]勒内·格鲁塞:《草原帝国》,蓝琪译,商务印书馆2011年版,第380页。
③ 米儿咱·马黑麻·海答儿:《中亚蒙兀儿史——拉失德史》第一编,新疆社会科学院民族研究所译、王治来校注,新疆人民出版社1983年版,第225页。

环塔里木地区的主流信仰。伊斯兰教自10世纪传入喀什噶尔，到吐鲁番居民信仰伊斯兰教，经过500多年的时间，最终确立了其主流信仰的地位，环塔里木地区伊斯兰教一元宗教发展的局面最终形成。

结语

塔里木盆地周缘的绿洲小国，在地理单元上相对孤立，为弥补内部经济社会发展的天然局限，这些小国更倾向于同外界交往。环塔里木地区在地理格局上是一个相对封闭的单元，只有东北部的楼兰、高昌和西南部的于阗、疏勒可以对外交往，如果这几个地方被控制，那么环塔里木地区就成为一个封闭的单元。因此，今天的吐鲁番、喀什、和田对外保持畅通，对塔里木盆地的内外文化交流至关重要。

丝绸之路畅通的汉唐时期，塔里木盆地将东亚中亚、西亚连接起来，塔里木地区成为一个开放的区域，丝绸之路的僧侣、客商、军队、移民等，带来了不同地区的多元宗教。唐宋以降，西北绿洲丝绸之路被阻断，疏勒、于阗、吐鲁番先后被信仰伊斯兰教的势力控制，加之伊斯兰教教义中对其他宗教的排他性，环塔里木地区逐渐进入伊斯兰教一元宗教发展的局面，这种局面影响至今。

中外交流互动的一次完整记录
——陈诚《陈竹山文集》与盖耶速丁《沙哈鲁遣使中国记》

李建武

（廊坊师范学院历史系）

中西交流自古即有，到明朝时双方之间的交流与互动更加频繁，随之也留下了一定数量的历史记载。其中中国陈诚的《陈竹山文集》和波斯盖耶速丁的《沙哈鲁遣使中国记》是明朝最早的相关记录，二者之间亦有紧密的联系。陈诚三次出使西域诸国，每次都有大量的外国使臣跟随陈诚入朝进贡，建立两国之间的联系，盖耶速丁就是其中之一。而盖耶速丁对中国的观察及描写，可以极大地弥补明朝人因陷于常识而不予记载的缺陷，对了解宫廷生活、边塞制度、节假活动等都有重要的帮助。

一 陈诚与《陈竹山文集》

陈诚，字子鲁，江西吉安府吉水县人。洪武二十七年（1394）甲戌科中进士，选除行人司行人。行人司设有司正、司副及行人若干名，"职专捧节奉使之事，凡颁行诏赦、册封宗室、抚谕诸蕃、征聘贤才，与夫赏赐慰问、赈济军旅、祭祀咸叙差焉。"[1] 出外公干

---

[1] （清）张廷玉：《明史》卷74《职官志》，中华书局1974年版，第1809页。

是行人司的日常工作，陈诚亦多次出差，"往北平求贤，山东蠲租，安南谕夷，皆能不辱命"①。正是在多次外差的过程中，陈诚积累了丰富的出使经验。永乐初，升吏部验封司主事，寻升员外郎，验封司乃吏部四个清吏司之一，"验封之秩有郎中、员外郎、主事，其职掌曰封爵，曰荫叙，曰诰敕，曰散官，曰吏胥"②。

陈诚是非常著名的外交家，美国人很早已经注意到其外交活动，将其列为"明代到亚洲腹地的两位使者"之一做了介绍。其凡三次出使西域诸国，据其自叙《历官事迹》记载，永乐十一年（1413）八月以吏部验封司员外郎身份前往西域撒马尔罕哈烈等国公干，十三年冬回至北京，升吏部验封司郎中。永乐十四年仍往西域等国公干，十六年回至北京。十七年十月仍往西域诸番国公干，十八年十一月又回到北京。在其第一次出使回朝的时候，向朝廷奏进《西域记》一本、《狮子赋》一本、《行程记》一本。

关于陈诚所经历国家，有不同记载。《明太宗实录》卷一百六十九比较详细记载了陈诚第一次出使回朝的情况，记载："中官李达、吏部员外郎陈诚等使西域还，西域诸国哈烈、撒马儿罕、火州、土鲁番、失剌思、俺都淮等处各遣使贡文豹西马方物。诚上《使西域记》，所历凡十七国，山川、风俗、物产悉备焉。"③ 清初修《明史》亦沿用此说，"永乐十三年，陈诚自西域还，所经哈烈、撒马儿罕、别失八里、俺都淮、八答黑商、迭里迷、沙鹿海牙、赛蓝、渴石、养夷、火州、柳城、土鲁番、盐泽、哈密、达失干、卜花儿凡十七国，悉详其山川、人物、风俗，为《使西域记》以献，以故中国得考焉。"而何乔远《名山藏》卷59《陈诚传》记载："成祖使与中官达招谕西域，出肃州嘉峪关，历哈烈、撒马儿罕等，凡三年，历十八国，宣布威德，诸夷感悦。"陈诚所历地点列表如下：

---

① （明）余之祯：万历《吉安府志》卷19《列传》，明万历十三年刻本。
② （明）胡缵宗：《鸟鼠山人小集》卷13《南京吏部验封司题名记》，明嘉靖刻本。
③ （明）《明太宗实录》卷一百六十九，永乐十三年冬十月癸巳。

《明史》所载	《明实录》所载	《陈竹山文集》所载
哈烈	哈烈一名黑鲁	哈烈
撒马尔罕	撒马尔罕	撒马尔罕
别失八里	别失八里	别失八里
俺都淮	俺都淮	俺都淮
八答黑商	八答商一名八里	八剌黑
迭里迷	迭里迷	迭里迷
沙鹿海牙	沙鹿海牙	沙尘海牙
赛蓝	塞蓝	塞蓝
渴石	渴石	渴石
养夷	养夷	养夷
火州	火州	火州
柳城	柳城	鲁陈城
土鲁番	土鲁番	土尔蕃
盐泽	盐泽	盐泽
哈密	哈密	哈密
达失干	达失干	达失干
卜花儿	卜花儿	卜花儿
		崖儿城（并入土尔蕃）
		葱岭

最可信记载即是陈诚本人文集《陈竹山文集》所记载的，卷首刘同升所作序记载"及成祖幸北京，卤域哈烈国遣使来朝，先生奉命行报施礼，辙迹遍卤域，踰季始达，诸国一十六处，皆卤番畏兀儿回回鞑靼各族类，经行二万余里"[①]。在其自叙《历官事迹》中亦记载："永乐十三年冬回至北京，实经由西域诸国一十六处，皆西

[①] （明）刘同升：《叙》，《四库全书存目丛书》集部第26册，齐鲁书社1997年版，第312页。

番、畏兀儿、回回、鞑靼各色人氏,约经行之路二万余里。"①

该书的内容主要是记载陈诚出使途中的所见所闻,陈诚给皇帝所上奏疏仅言"凡数万程周览山川之异,备录风俗之宜",②王直序言"公则以其所历山川之险易,人民之多寡,土壤之肥瘠,赀畜之饶乏,与其饮食衣服言语好尚之不同,备录成书上之"③。刘同升叙言:"先生所过之地,考其山川,著其风俗,稽其物产,观其衣服,饮食,言语好尚,备录成书,纪之以诗。"④所记载地区以哈烈和别失八里最详细。哈烈所记字数约占全篇三分之一。包括地理、聚会、建筑、饮食、度量衡、税收、刑法、婚姻、服饰、信仰、风俗、交通、洗浴、水磨、土产、种植物等各个方面。

世人多关注陈诚的第一次出使西域,而对其永乐十四年和十七年两次出使则较少涉及,目前仅见洲塔《从〈竹山先生文集〉看陈诚第二次出使西域》一文,根据该文集中的纪行诗等资料探究了陈诚第二次出使西域的时代背景、出使经过等内容。

二 盖耶速丁《沙哈鲁遣使中国记》

沙哈鲁是帖木儿帝国的苏丹,类似于总督,是帖木儿第四子,1397年,受封于霍拉桑(伊朗的一个地名),驻跸赫拉特(阿富汗西北部,是赫拉特省省会)。1405年帖木儿死后,诸子争位。1409年,帖木儿之孙哈里勒·苏丹被叛将拘系,沙哈鲁趁机进军中亚,

---

① (明)陈诚:《陈竹山文集》内篇卷二《历官事迹》,《四库全书存目丛书》集部第26册,第356页。
② (明)陈诚:《陈竹山文集》内篇卷一《奉使西域复命疏》,《四库全书存目丛书》集部第26册,第315页。
③ (明)王直:《序》,《四库全书存目丛书》集部第26册,齐鲁书社1997年版,第310页。
④ (明)刘同升:《叙》,《四库全书存目丛书》集部第26册,齐鲁书社1997年版,第312页。

驱逐叛将，夺取撒马尔罕，平服内争，将撒马尔罕封予其子兀鲁伯。从此，原帖木尔帝国所辖地区，除波斯西部、伊拉克和叙利亚以外，波斯东部和河中地区均由沙哈鲁统一。他将国都南迁到赫拉特（旧译"哈烈"），便于控制波斯一带，故明朝史籍称"哈烈国"。

永乐十七年（1419），沙哈鲁派遣几百人的庞大使团访问中国。使团成员包括沙哈鲁的长子兀鲁伯王子、次子阿布勒法特·依不喇王子、三子贝孙忽王子，四子苏玉尔格哈特弥士王子和五子穆罕默德·居其王子的代表，大都是帖木尔帝国各省的省长。使团团长是沙的·火者，日程记录者是火者·盖耶速丁。

盖耶速丁宫廷画师，是作为沙哈鲁之子米尔咱·贝孙忽儿的代表，参加了沙哈鲁遣使中国的庞大的代表团，奉贝孙忽儿之命，用日记的形式记载了出使的过程。此前外国人都是在返回本国后才会把旅途中的见闻记录下来。而盖耶速丁在旅行前已奉命用日记题材把当日事记下来，因此他的记载更加可靠。

因信奉伊斯兰教，因此该书年月均是使用回历，其他数量单位如路程等也是使用本国用法。他们是1419年11月起程，1422年8月返回，共计两年十个月。他们的路线是哈烈→巴里黑→撒马尔罕→达失干→赛兰→阿失帕拉→比鲁格图→吐鲁番→哈剌和卓（火州）→苏菲阿塔→柯模里（哈密）→嘉峪关。

该书记载的范围非常广泛，对研究明代的城市建筑、警报制度、宫廷礼仪，乃至音乐、舞蹈、杂技、饮食、外宾的待遇等方面，都有重要的参考价值。

受伊斯兰教的影响，他们特别注意观察各地的宗教信仰，如到达吐鲁番，记载"这个城镇的大部分居民是异教徒，崇拜偶像"①。遇到清真寺和佛寺一般要记载下来，主要记载其寺院建筑，如甘州

---

① ［波斯］盖耶速丁：《沙哈鲁遣使中国记》，《中外关系史名著译丛》，何高济译，中华书局1981年版，第106页。

的大佛寺、正定的大佛寺。

盖耶速丁还特别详细地收集了很多军事材料。例如到达肃州前，遇到从甘州来迎接的王大人，记载了其军队野外扎营的方式：

> 军士按方形扎营，犹如用罗盘和尺子来规划。搭营帐时以帐索相互拧结，不给行人留下进入其中的空隙。该方阵的四面各开四门，在它的当中留下一大块空地，其中筑有一座大小为一扎里布的大台。在前场，按御营的样式，用两根中国式的竿子搭一座大帐，它的门帘卷起。那里支起一个有篷布的亭架，使一扎里布的地面完全被它遮住。①

还记载烽火制度：

> 烽火指的是一所高二十码的房子，在这座建筑物上总有十个人在守望。他们实际上把它建筑得高到从那里可以望见另一座烽火。倘若突然发生了意外的事，例如在边境地点出现了外国军队，他们马上点燃烽火。下一个烽火一发现烽火的信号，就照样行动。这样在一天一夜的时间中得知三个月旅程外发生的事。②

全书的描述重点是在进入北京城以后，由于停留的时间较长，遇到的事情亦较多，所以记载也非常广泛。首先描写北京的城池、城门、皇宫等，对皇帝接见外国使者的描写大概是全书最珍贵的史料之一。作者还注意到走在使臣前面的一些囚犯，他们是等候皇帝裁决的重囚。然后使臣受到了皇帝的接见，自古中西方会见，礼节都是容易起冲突的争议的地方，在面见明朝皇帝时，波斯使节同样

---

① ［波斯］盖耶速丁：《沙哈鲁遣使中国记》，《中外关系史名著译丛》，何高济译，中华书局1981年版，第108页。

② 同上书，第111页。

被要求按照明朝礼节行礼,翻译要求他们下拜,并以头三次触地。使臣们下拜,但并没有以前额接触地面,然后上交国书。随后成祖皇帝接见使臣,询问波斯国王的情况、波斯谷物的贵贱、道路安全,等等。

自古历代皇帝的长相一直是讳莫如深,虽有阎立本《历代皇帝画像》存世,但仍难以观其真貌。碍于皇帝尊严,一般士人亦不敢描绘皇帝的相貌,而作为外人的盖耶速丁则没有此方面的顾虑,他描绘明成祖朱棣:"皇帝是中等身材;他的胡须不是很多,也不很少;他的中须仍约有二三百茎,长得足以在他坐的椅上绕三四个圈。"①

该书用比较多的篇幅详细记载了守卫的军士、演奏的乐队及其他表演。中西方的比较研究是本书的特点之一,比如警报制度,描述中国驿夫传递之快,令其感叹"这些马夫那样快地在前头跑到下一个驿馆,在我们国内那怕急差都难以做到"②。例如关于妇女的服饰,伊斯兰教妇女都有戴面纱的习惯,当他看到中国妇女不戴面纱时就比较惊讶,进行了专门的描写:"御座的左右站着两个月儿般面孔的姑娘,她们把头发在头顶上打成一个结,她们的脖子和面孔露在外面,耳上戴着漂亮的大珍珠。"③

有一些记载可以印证盖耶速丁记载的准确性。例如他记载一名使者对他们说:"明天是新年,皇帝要往他的新宫。"④ 北京皇宫正是在永乐十八年(1420)修成的。《明太宗实录》卷二百二十九记载,永乐十八年九月己巳,"北京宫殿将成,行在钦天监言明年正月初一日上吉,宜御新殿受朝"。同书卷二百三十一记载:"上以明年御新殿受朝,诏天下曰:……"波斯使团正好见证了北京宫殿的

---

① [波斯]盖耶速丁:《沙哈鲁遣使中国记》,《中外关系史名著译丛》,何高济译,中华书局1981年版,第118页。
② 同上书,第112页。
③ 同上书,第118页。
④ 同上书,第125页。

修成。永乐十九年正月初一，明成祖以北京郊社、宗庙及宫殿建成，行祭祀礼毕后，"上御奉天殿受朝贺大宴文武群臣及四夷朝使"①。盖耶速丁亦有相关记载，"皇帝宴请他的大臣，他让使臣坐在他的御殿外"②。这些使臣来自契丹、摩泰、喀尔马克、吐蕃、柯模里、哈剌和卓、女真和沿海各地。

返程时记载相对简单，路线是平阳→哈剌沐涟河→甘州→肃州→合剌瓦勒→和阗→喀什噶尔→撒马尔罕→希萨尔撒德曼→巴里黑→哈烈。平阳是第一次到，所以记载稍微详细点。其余地方均无说明，但亦为研究中外使臣行走路线留下宝贵的资料。

三　上述二书的价值

上述两本书均是研究中外关系史的重要著作，并且是联系紧密的两部著作。中华书局曾以《中外关系史名著译丛》为名翻译过17种外文文献，包括［荷］威·伊·邦特库著、姚楠译《东印度航海记》，［意］利玛窦著、何高济译《利玛窦中国札记》，穆根来译《中国印度见闻录》，［英］阿·克·穆尔著、郝镇华译《一五五〇年前的中国基督教史》，［意］柏朗嘉宾著、耿昇译《柏朗嘉宾蒙古行记》，［法］克代斯编、耿昇译《希腊拉丁作家远东古文献辑录》，［法］费琅辑注、耿昇译《阿拉伯波斯突厥人东方文献辑注》，［罗马尼亚］尼·斯·米列斯库著、蒋本良译《中国漫记》、（阿拉伯）伊本·胡尔达兹比赫著、宋岘译注《道里邦国志》，［法］伯希和撰；冯承钧译《蒙古与教廷》，［英］G. F. 赫德逊著、王遵仲等译《欧洲与中国》，［法］费赖之著、冯承钧译《在华耶稣会士列传及书目》，［西］门多萨撰、何高济译《中华大帝国

---

①　（明）《明太宗实录》卷二百三十三，永乐十九年春正月甲子。
②　［波斯］盖耶速丁：《沙哈鲁遣使中国记》，《中外关系史名著译丛》，何高济译，中华书局1981年版，第126页。

史》，[瑞典]多桑著；冯承钧译《多桑蒙古史》，等等。

　　上述每一本均具有重要的史料价值。而陈诚《陈竹山文集》与盖耶速丁《沙哈鲁遣使中国记》则为提供了一次中西方互动交流的完整记录。他们从时间上非常接近，盖耶速丁及其使节团是陈诚出使西域诸国的辉煌结果。这两本著作从中、西两个角度记载了本次的交流与互动。双方抱着各自不同的目的，记载了不同的内容。整体来看，陈诚的记载更像是一种介绍，着重介绍西域诸国的地理位置，兼及重要国家的风土人情。而盖耶速丁的记载更像是考察报告，详细记载了他漫长旅途中所见所闻，政治、军事、法律、经济、建筑、信仰、节日、祭祀等各方面均在记载范围内。其观察的视角是明朝人所不具备的，所以对从世界看中国是一个很好的尝试。

　　引人深思的是，在陈诚的使团出发两个月后，郑和的船队开航，目的地是当时名义上隶属于帖木尔帝国的忽鲁谟斯。永乐皇帝从海路和陆路两个方向来加强与帖木尔帝国的关系，这有利于永乐皇帝制定、执行亲征漠北、经营边陲、巩固海防、和平友好的政策。陈诚的使西与郑和的这次下西洋似乎有一定的联系，但根据我们现有的资料却无法找到二者相关联的证据来。陈诚的这次使西活动可能有更为神秘的使命，那就是获取帖木尔帝国有关军事情报。

帕提亚和汉代中国的交往与丝绸之路的延伸[①]

王三三

（华南师范大学历史文化学院）

丝绸之路的开通是东西方世界双向拓进的结果。虽然汉代以前，中西方世界就已经有了直接或间接的各种交流。中国的丝绸在汉以前虽已通过周边的少数民族，"辗转流传"至西方，但要说丝路正式开通，却依然是张骞通西域以后的事。结合当时的历史而言，张骞及随行使者所踏足之地，实际上是"希腊化世界"的东部地区。其中以帕提亚，亦即安息"最为大国"。约公元前115年，帕提亚人"随汉使来观汉之广大"，此后陆续遣使来汉。丝绸之路上的两个大国由此建立了正式的外交关系，丝路亦因此得以进一步拓通、延伸。

一 帕提亚的建国与欧亚内陆的政治格局

亚历山大帝国解体后，伊朗及其毗邻中亚的部分地区渐处于塞琉古王国的治下。帕提亚的兴起与"希腊化"的塞琉古王国密不可分。亚历山大大帝去世后，在继业者对亚历山大帝国财产的争夺战中，其昔日部将塞琉古（Seleucus I Nicator）夺得亚历山大帝国东部

[①] 本文属国家社科基金青年项目"帕提亚与丝路文化交流研究"（15CSS029）的阶段性成果。

的领土。公元前305年，塞琉古采用"Basileus"头衔，开始称王。此时，帕提亚归属于塞琉古王国。公元前3世纪中期，当塞琉古王国处于安条克二世（Antiochus II，前261—前247/246）统治末期时，东部帕提亚行省总督安德拉戈拉斯（Andragoras）已在自己的领地内自行铸币，显现出独立的倾向。与此同时，居于里海东南奥库斯河（Ochus，即Tejend）流域的斯基泰达依部落联盟中的一支帕尔尼人（Parni），入侵了与帕提亚行省毗邻的阿斯塔纳奈地区（Astauene，今Quchan）。约公元前247年，帕尔尼人以该地阿萨克（Asaak，今Aterk河谷上游）为都，拥立阿尔萨息斯（Arsaces）为首领。约略同时，巴克特里亚总督迪奥多图斯（Diodotus）脱离塞琉古而自治。不久，安德拉戈拉斯亦起兵叛乱，以图自治。阿尔萨息斯便率众趁机闯入帕提亚，安德拉戈拉斯兵败被杀，阿尔萨息斯遂在帕提亚建国称王，历史上的帕提亚帝国即由此而来。[①]

从帕提亚立国时代的整体局势来看，自公元前3世纪中期前后，欧亚内陆世界的政治格局发生了几乎同步性的重整，随之而来的则是欧亚大陆一个帝国时代的诞生。公元前264—前146年，罗马共和国通过一系列的战争，发展为横跨亚非欧三洲的大国，确立了它在地中海世界的霸权。塞琉古王国在与埃及托勒密王朝和罗马的角逐中，国势渐衰，疆土日蹙。约公元前250年前后，帕提亚的东邻巴克特里亚独立。公元前141年，帕提亚国王米特里达提一世（Mithridates I，前171—前138/137）征服巴比伦，将帕提亚人的政治势力推进至两河流域，并与罗马隔河对峙。印度的孔雀王朝在阿育王（Asoka，公元前272—前231）之后，渐趋瓦解。公元前185年，巽伽王朝代之而起。在帕米尔以东，匈奴与秦汉帝国亦逐渐崛起，形成对峙之势。匈奴自公元前209年冒顿自立为单于后，中经

[①] 关于帕提亚立国之初的年代问题，学界历来争论颇多，但大体上多采用沃尔斯基的观点。如R. N. Frye、A. D. H. Bivar 和 V. S. Curtis 以及 J. D. Lerner 等人亦多采其说。J. Wolski, "The Decay of the Iranian Empire of the Seleucids and the Chronology of the Parthian Beginnings", *Berytus* XII (1956–7), pp. 35–52.

老上和军臣，成为从蒙古高原至阿尔泰山的"百蛮大国"。汉王朝自公元前202年刘邦建汉到前140年武帝即位的60多年里，历经惠、帝吕后和文景，与民休息，国势渐盛。可以看出，在公元前3世纪中期以后的百余年里，自地中海至黄河流域，罗马、帕提亚、匈奴和汉分别构成了"帝国时代前期"历史的主旋律。[①] 可以说，丝绸之路的拓通和形成正是汉与匈奴、帕提亚以及罗马相互关系的产物。

二 张骞西使与丝绸之路的开创

帝国时代前期的政治地图构成了张骞西使的历史背景。张骞西使是匈奴与汉特殊关系的结果，但武帝个人的因素也很重要。只需稍事回顾汉初与匈奴的关系，便可明确这一点。公元前230—221年的10年里，秦灭六国而统一天下，结束了自春秋战国以来数百年的战乱。但开国不久，匈奴便前来侵扰。公元前214年，蒙恬北击匈奴，"却匈奴七百余里，胡人不敢南下而牧马"。[②] 中原反秦之际，匈奴复渡河南（河套以南），"与中原界于故塞"。

公元前202年，汉朝统一中国，在继承了秦帝国的同时，也继承了秦帝国的外患，其中最主要的威胁就是匈奴的南侵。[③] 在高祖即位一年后不久，这一问题就发生了。公元前201年，匈奴南逾句注（今山西代县西）攻太原。第二年，高帝亲率大军至平城（今山西大同东北），为冒顿精兵40万围困于白登山（平城东北）。后用陈平之计，厚礼冒顿的阏氏才死里逃生。当时匈奴"控弦三十万"，

[①] 学者们常以"帝国时代"一词，指称公元前后的罗马、帕提亚、贵霜和汉王朝。但贵霜以前，匈奴亦曾称霸于北亚。为论述方便起见，拙文以"帝国时代前期"指罗马、帕提亚、匈奴和汉，而以"帝国时代后期"指罗马、帕提亚、贵霜和汉。

[②] （汉）贾谊：《新书校注》卷一《过秦论》上，中华书局2000年版，第2页。

[③] ［美］余英时：《汉代贸易与扩张》，邬文玲等译，上海古籍出版社2005年版，第19页。

严重威胁着汉政权。于是,高帝自平城归来后立即采取刘敬的建议,使其"往结和亲约"。① 吕后(前187—前180)时,冒顿骄慢无礼,为书羞辱吕后,曰:"陛下独立,孤偾独居。两主不乐,无以自虞。"② 吕后虽怒,但仍和亲匈奴。孝文元年(前179),继续和亲。并派中大夫出使匈奴,死于匈奴中。前174年,老上单于即位,文帝复遣宗室女公主为单于阏氏。前161年,君臣单于立,文帝复与匈奴和亲。前158年,匈奴绝和亲,南下扰边,杀掠甚众。前156年,景帝即位,匈奴扰边,汉遣御史大夫翟青谈和亲。前152年,汉遣公主嫁单于,继续和亲。前140年武帝即位,欲伐匈奴。但前135年,匈奴来请和亲时,接受了主和派建议,汉依然许之,直至两年后才彻底决定诉诸武力。很显然,和亲政策代价高昂,其实也只是一种消极的"纳贡",并不能解决匈奴对汉的根本性威胁。③ 至武帝时,这一"不平等条约"实在无法继续推行,主动出击的战略构想逐渐成为武帝时期汉廷对外策略的出发点。所以,当武帝问及群臣"匈奴降者",并得知"月氏遁逃而常怨仇匈奴"时,通使也就是很自然的尝试了。

张骞西使,目的在于对付匈奴以维持帝国秩序,但结果却是张骞回国后所作的报告引起了武帝通西域的决心。很显然,在"帝国秩序"这一目的下进行的"扩张"只是手段,但结果却是"贸易"。也就是说,"扩张为贸易开辟了机会"。④ 丝绸之路的开通显然只是武帝对匈奴政策的副产品,但它的"官方出生证",却是张骞

---

① (汉)司马迁:《史记》卷九十九《刘敬叔孙通列传》,中华书局1959年版,第2719页。

② (汉)班固:《汉书》卷九十四上《匈奴传》上,中华书局1962年版,第3755页。

③ 林干:《匈奴通史》,人民出版社1986年版,第52页。

④ [美]余英时:《汉代贸易与扩张》,邬文玲等译,第13页。从当时汉王朝与胡族的关系以及对域外的了解来看,很难说张骞的出使是一个突发的主张。不过也不能完全排除拉铁摩尔所说的这样的一种可能性趋势,即使得中国在贸易上的影响扩展到今日新疆的绿洲上趋势。参见拉铁摩尔《中国的亚洲内陆边疆》,唐晓峰译,江苏人民出版社2005年版,第312—313页。

通西域。①

　　张骞两次西使的经过,见于《史记·大宛列传》和《汉书·张骞传》。但两书记载皆存在不确切之处,以至于学者们关于两次出使的时间、路线以及所经过的国家等问题争论纷纷,因此我们只能知道一个大概。② 第一次于前139—138年出发,前126年返回长安,目的是要与大月氏夹击匈奴,但不得要领而归。其间往返都皆被匈奴留住,达十余年,中间经过了大宛、康居、大月氏和大夏等国;第二次于前119年出发,前115年还,旨在召回乌孙,与其结昆弟之好,以断匈奴右臂,但亦未完全成功,来回5年。其间所遣副使分别至大宛、康居、大月氏、大夏外,还去了安息和身毒。③ 归国不久便去世了,再过了一年多,他所遣的副使和各国所派出的使节一同返回汉朝。④ 作为外交使节,武帝两次给张骞的任务,都没有达到预期的目的,但是自张骞以后,西北诸国始通于汉矣!因此,司马迁称其举为"凿空"。

　　不论是从前2世纪中期欧亚内陆的政治环境,还是汉王朝与西域世界的关系,或者是从其历史影响来说,张骞西使在各方面都具有重大意义。后世虽以"空见蒲桃入汉家"讥之,但"武帝功绩,不得纯以文化经济为量"⑤。张星烺先生曾说"张骞西使,不过沿自

---

　　① [法] F.–B. 于格、E. 于格:《海市蜃楼中的帝国——丝绸之路上的人,神谕神话》,耿升译,喀什维吾尔文出版社2004年版,第51页。

　　② 施新荣、赵欣:《张骞西使研究概述》,《中国史研究动态》2001年第1期。

　　③《史记·大宛列传》云张骞在乌孙时所遣副使分别至大宛、康居、大月氏和大夏外,还有安息和身毒两国,但《汉书·张骞传》却未提及后两国。日知认为,似以《汉书》记载近实。《汉书·西域传》云"武帝始遣使至安息"。但阎宗临、孙毓棠和余太山等人皆认为,武帝时派遣至安息的使臣应该是张骞使乌孙时派至安息的副使。我比较赞同孙、余等人的观点。参见孙毓棠《安息与乌弋山离》,载《文史》第5辑,1978年;余太山《两汉魏晋南北朝正史西域传要注》,中华书局2005年版,第116页;日知《张骞凿空前的丝绸之路——论中西古典文明的早期关系》,《传统文化与现代化》1996年第4期。

　　④ 张骞去世的时间,普遍的意见如桑原、夏德、余太山皆认为是元鼎三年,即前114年,但亦有认为是前113年,见宿白《考古发现与中西文化交流》(宿白未刊讲稿系列),文物出版社2012年版,第28页。

　　⑤ 钱穆:《秦汉史》,生活·读书·新知三联书店2005年版,第152页。

古以来西行之道而走，无空可凿，亦无美足谈也"。① 此言虽不乏实，但单从道路交通层面论，难免偏颇。概括来说，张骞西使虽未召回乌孙，但亦与乌孙确立了盟友关系，给匈奴以重击，而且为汉与西域诸国间建立相互的外交关系奠定了基础。自此以后，大宛、康居、大夏、大月氏和安息、身毒皆与汉互使往来，外交关系确立；张骞西使，西域文化渐渐波及中原，对于汉及其以后中国文化产生极其重大的影响。同时，西域的物产亦被直接引入中原，影响至今；张骞的报告详细记载了西去诸国的路线和交通、西域诸国的物产和风俗，为汉及后世中国经略西域提供了可靠的资料，也从心态上鼓励了东西方不论是官方还是民间，互求交往的心理。从欧亚大陆东西方相互探寻的过程来说，正是张骞自东向西地沟通了欧亚内陆历史和地理的间隙。自此后，中国与中亚、西亚的正常交往建立起来了，而经过西亚转手的间接贸易也逐渐发展起来，将欧亚大陆东西两端的中国和欧洲联系了起来。②

张骞西使以前，中国与帕米尔以西已有交通和文化的接触，但不可否认的是，张骞的西使，"使得过去很可能是自发的、民间的、无组织的、接力棒似的交通联系转化成了在西汉王朝自觉努力下，运用政府力量进行强有力组织、建设、保护、管理的交通干线"③。亦如比丘林（Иакинф Бичурин/Nikita Bichurin，1777—1853）所言，张骞西使"在中国史上的重要，绝不亚于美洲之发现在欧洲史上的重要"④。如此，言其西使为"凿空"是合乎实际的。用现代学者形象的评论来讲，张骞西使给汉时期中国人的想象维度上凿出了一个孔洞，而从这个孔洞里让他们看到了他们从来就不曾想过，也

---

① 张星烺编著，朱杰勤校订：《中西交通史料汇编》第 1 册，中华书局 1977 年版，第 458 页。
② [美] 赫德逊著，王遵仲等译，何兆武校：《欧洲与中国》，中华书局 1995 年版，第 40—41 页。
③ 王炳华：《西域考古文存》，兰州大学出版社 2010 年版，第 46 页。
④ [美] B. H. 狄雅克夫等编：《古代世界史》，日知译，高等教育出版社 1954 年版，第 224 页。

不曾见过的东西——这就是异域的物产和文明。①

三　帕提亚通汉与丝绸之路的延伸

帕提亚早期历史资料极其稀缺，研究者在钱币和部分陶片材料的基础上，力所能及地复原了早期政治史的断链。目前大致认为，虽然帕提亚人是约在公元前 238 年才控制帕提亚，但阿尔萨息斯王朝的时间起点依然以公元前 247 年为起始。根据斯特拉波（Strabo，约前 64/63—公元 24）和查士丁（M. I. Justin，约生活于公元 2 世纪）等人的记载，帕提亚人建国之初，偏居一隅，两面受敌，国力贫弱。经过近 80 年的发展，到米特里达提一世时，拓展至两河流域和波斯湾一带，国力大增。及至米特里达提二世（Mithridates II，约前 124/123—前 88/87）时，帕提亚一跃为欧亚内陆帕米尔以西从印度到亚美尼亚的霸主，成为当时丝绸之路沿线最大的中介商。正是在米特里达提二世统治的初期，汉朝的使者跨过欧亚内陆的最大屏障，来到了张骞报告中的西域最大的国家——安息。②

结合前 2 世纪中后期帕米尔以西地区的历史来看，张骞两次西行，踏足之地其实是希腊化世界的东部地区。其中以其所听闻的国家帕提亚，亦即安息"最为大国"。虽然张骞第一次西行未至安息，但他在大夏居留一年多（约前 129—前 128），"传闻其旁大国五六"，其中就有安息。根据司马迁在《史记·大宛列传》中的记载，

---

① 南香红：《众神栖落新疆——东西方文明的伟大相遇与融合》，九州出版社 2011 年版，第 252 页。

② "安息"之名，始见于司马迁《史记·大宛列传》。经 19 世纪著名学者如金斯米尔、夏德等人的考证，两汉史籍中的安息应该就是西方古典文献中的帕提亚王国。张骞凿空西域，安息之名才传入中原。帕提亚人视阿尔萨息斯为其王朝的奠基者，两汉史籍中的"安息"（Ansik）即是"阿尔萨息（Arask）"一词的转译。F. Hirth, *China and Roman Orient: Researches into Their Ancient and Medieval Relations as Presented in Old Chinese Records*, Leipsic – Munich, Shanghai – Hong Kong, 1885, p. 139.

我们可以获得张骞印象中的安息。

> 安息在大月氏西可数千里。其俗土著，耕田，田稻麦，蒲陶酒。城邑如大宛。其属小大数百城，地方数千里，最为大国。临妫水。有市。民商贾用车及船行旁国，或数千里。以银为钱，钱如其王面，王死，辄更钱效王面焉。书革旁行以为书记。其西则条枝，北有奄蔡、犁轩。①

约公元前116年，张骞第二次西使至乌孙，同时也遣副使前往安息。由于此次西使"赍金币帛直数千巨万"，加之张骞早已闻安息最为大国，所以汉使带至安息的金币帛等数量当不少于其他国家。约公元前115年，汉使到达安息。《大宛列传》记载：

> 初，汉使至安息，安息王令将二万骑迎于东界。东界去王都数千里。行比至，过数十城，人民相属甚多。汉使还，而后发使随汉使来观汉广大，以大鸟卵及犁轩善眩人献于汉。②

根据现在学者的研究来看，第一条史料对于帕提亚的记载是合乎实际的。第二条史料相对简单，但其中"安息王令将二万骑迎于东界"，作何解释呢？是帕提亚国王听说汉使要来，专门派人去东界迎接呢，还是帕提亚人当时刚结束了东线的战事后而汉使在东界巧遇呢？塔恩认为，米特里达提二世时期帕提亚人东征扰边的游牧民，从而取得了木鹿，时间为公元前124—前115年。③ 这也就是说，在公元前115年时，帕提亚人正好收复东界的都城木鹿。若此，则说明正当帕提亚人"东征塞人接近奏功之际，大军云集东境，或

---

① 司马迁：《史记》卷一百二十三《大宛列传》，中华书局1959年，第3162页。
② 同上书，第3172—3173页。
③ W. W. Tarn, *The Greeks in Bactria and India*, Cambridge: Cambridge University Press, 1951, pp. 55, 89.

因此能以二万骑'迎'汉使入境"。①

那么，帕提亚人在此以前是否与中国有过往来，或者说他们是否也听闻过神秘的"Σ□ρεζ"国呢？我认为这种可能性是极大的，理由如下。第一，帕提亚国家诞生以前，中国与西亚和印度西北已有往来，这已为考古所证实。第二，从帕提亚人立国至米特里达提二世即位已百余年，这一时期的帕提亚已成为整个帕米尔以西的大国、西部丝路一线的大中介商，他对于周边国家或者草原地带的情况不会没有了解。比如从大月氏由敦煌祁连渐渐徙移至与帕提亚几乎相接的地带这一事件来判断，帕提亚人很有可能会通过西迁的大月氏间接了解到帕米尔以西的中国。再根据《史记·司马相如列传》，可知距安息不远的康居，在张骞首次西使自匈奴中得脱前已遣使汉廷，成为最早朝汉的西域国家。② 这意味着在汉使初至安息的 15 年前，安息邻国的康居亦开始了和汉的交往。而张骞在大夏居留一年有余，邻国安息很有可能也已知汉人西来的消息。第三，从"安息王令将二万骑迎于东界"一句中的"迎"字判断，正是安息已知汉或已与汉有间接的往来，所以安息王才会派人夹道相迎。德贝沃伊斯在论述汉使至帕提亚时也说，帕提亚和中国的贸易很可能在此前就已经展开了。③

不过正是在前 115 年，汉帝国的使臣与帕提亚的官方代表取得了联系，丝绸之路上最主要的两个大国确立了直接的外交关系。其历史意义不言自明，"换言之，伊朗和中国从这年起便绽开了友谊之花"④。自此以后，帕提亚便陆续遣使至汉，并赠礼汉廷以巩固双方关系。根据史籍记载，帕提亚遣通汉相关事件可表之如下：

---

① 孙毓棠：《安息与乌弋山离》《文史》第 5 辑，1978 年；余太山：《安息与乌弋山离考》，《敦煌学辑刊》1991 年第 2 期。
② 余太山：《两汉魏晋南北朝正史西域传要注》，第 6 页。
③ N. C. Debevoise, *A Political History of Parthia*, Chicago：The University of Chicago Press, 1937, p. 43.
④ 孙毓棠：《安息与乌弋山离》，《文史》第 5 辑，1978 年。

帕提亚通汉的文献记录表

时间	内容	出处
前110年 （武帝元封元年）①	遣使随汉使来观汉广大，以大鸟卵及犁轩善眩人献于汉。	《史记·大宛列传》
前108年 （武帝元丰三年）	大秦国贡花蹄牛。②	郭宪（光武帝时期）《别国洞冥记》卷第二
87年 （章帝章和元年）	遣使献狮子、符拔。符拔形似麟而无角。③	《后汉书·西域传》
88年 （章帝章和二年）	安息国遣使献狮子、扶拔。④	《后汉书·和帝刘肇》
94年 （和帝永元六年）	班超击破焉耆后，五十余国悉纳质内属，其条枝、安息诸国至于海濒四万里外，皆重译贡献。	《后汉书·西域传》

---

① 关于安息使者献大鸟卵及炫人的年代，各说不一。有元鼎五年即前112年（孙毓棠：《安息与乌弋山离》）、元封元年即前110年（余太山：《两汉魏晋南北朝与西域关系史研究》，中国社会科学出版社1995年版，第11页）、元丰五六年即前106—105年（张星烺：《中西交通史料汇编》第3册，中华书局1978年版，第73页）等诸说，今从余先生的说法。蒲立本似乎认为是106BC，见 E. G. Pulleyblank, "AN‐HSI", *Encyclopaedia Iranica*, http://www.iranicaonline.org/articles/an‐hsi‐middle‐chinese‐an‐sik‐name‐by‐which‐the‐parthian‐empire‐was‐known‐to‐the‐chinese‐a‐transcription‐of‐arsak‐the‐name‐of‐the‐parthian‐ruling‐house。

② 饶宗颐认为"此误以安息为大秦"，若此，正史以外又多了一条记载，今且备一说。饶宗颐：《由出土银器论中国与波斯、大秦早期之交通》，《华学》第5辑，2001年。

③ 这一条可能与上一条恐有出入。《和帝纪》所记来献发生在和帝即位初年，即88年的十月至年底期间，《西域传》所记来献约在章帝章和元年。章帝改元章和是在87年的七月，前后相差一年左右，试想安息国能连着两年分别进献狮子和扶拔吗？可能性不大，因此可能是史载有误。另《后汉书·章帝纪》云："是岁（即章和元年，87年），西域长史班超击莎车，大破之。月氏国遣使献扶拔、狮子。"所以很可能《后汉书·西域传》"安息国"条所载章和元年（87年）遣使来献者不是安息，而是月氏国。余太山先生亦持此看法，见《两汉魏晋南北朝与西域关系史研究》，第92页。

④ 公元88年二月，章帝死，太子肇立。据《后汉书》可知，安息国遣使至华，应是在十月以后。

续表

时间	内容	出处
101 年 （和帝永元十三年冬）	安息王满屈复献狮子及条枝大鸟，时谓之安息雀。①	《后汉书·西域传》

如果没有帕提亚与汉的积极往来，《汉书》和《后汉书》所记西亚和地中海世界的物产便不会传入中国。文献记载虽较简略，但综观两汉书所记，不难想象帕提亚与汉之间的交流肯定要比文献记

安德拉戈拉斯 1 斯塔迪尔金币（8.61 克），铸币场不明。正面为头戴发带面右胸像反面币图中，驱车者为尼克女神，安德拉戈拉斯紧站其后，身穿胸甲，头戴总督的帽子。下面的铭文为"［A］NΔPAΓOPOY"（(A) NDRAGORAS）。②

---

① 根据年代推断，满屈即帕提亚国王 Pacorus II（约 78—105）。伯希和认为，茹司第最早考证满屈为 Parorus II，后来夏德、沙畹皆承认这一结论。但伯希和说这一名字是巴利文中的 Mankura。藤田丰八认为："满屈之满，殆即蒲字之讹也。"伯希和：《那先比丘经中诸名考》，载普纪吕斯基等《佛学研究》，冯承钧译，商务印书馆 1930 年版，第 113 页；藤田丰八：《条支国考》，载藤田丰八等《西北古地研究》，杨炼译，商务印书馆 1935 年版，第 103 页。不过，近年来随着帕提亚钱币学研究的成熟，有人为满屈应为帕提亚的属国波西斯国王 Manchihr（Manuchihr）I，理由是在他的币文上有 m、n、ch、t、r 等字母。见 John E. Hill translated, *The Western Regions accordint to the Hou Hanshu*, Section 10, note 8. http：//depts. washington. edu/silkroad/texts/hhshu/notes10. html#10_ 8。

② http：//www. parthia. com/parthia_ coins_ pre – arsacid. htm.

载的频繁。近年来，国内出土的具有帕提亚文化因素的遗迹便很好地说明了这一事实。常言丝路自长安至地中海的罗马世界，但两汉时期中国与罗马始终未建立国家间正式的外交关系，彼此间仅仅是"朦胧"印象。相比而言，帕提亚的阿尔萨息斯王朝与汉王朝不仅早就确立了外交关系，且彼此相交于丝路一线长达 300 多年。因此我们认为，正是在帕提亚与汉建立正式外交关系后，丝绸之路才正式开通，也正是随着这两个大国彼此间的互通有无，沟通中西交流的"孔道"才进一步被拓通。

Sellwood 3.1　1 德拉克马银币（4.04 克），米特里达提堡—尼萨铸币场（?）正面为无须的阿尔萨息斯面左胸像，头戴游牧民族装束的风帽（bashlyk）。反面为无须牧人身穿斗篷，持弓面左坐像。左边的币文为阿拉米亚语"ןיוו"（含义至今不甚明确，塞尔伍德认为是 krny，即 karen，但这一假设并没有完全为学界所接受），右边的币文为希腊语"ΑΡΣΑΚ［ΟΥ］"（阿尔萨息斯）。[①]

[①] http：//www.parthia.com/arsaces1.htm#Type_ 3.

南亚与丝绸之路

唐诗中海上丝绸之路行旅*

石云涛

(北京外国语大学中文学院)

在中外文化交流和诗歌发展都形成高峰的唐代，海上丝绸之路的发展为唐诗创作提供了丰富的素材，唐诗作为社会生活的反映，对于认识丝路发展具有重要的参考价值。海上丝绸之路带来了商业贸易的繁荣，苍茫辽阔的大海引起人们对遥远陌生的世界的遐想，唐诗生动地反映了当时社会生活风貌。那些不畏风波之险远赴异域从事贸易的海商，还有经海路入华相貌奇异的外国人，往往引起诗人吟咏的兴趣，通过这些诗我们可以依稀看到活跃在唐代海上丝绸之路上往来人员的身影和行踪。

一 唐诗中从事贸易的"海客"和"海商"

从事海外贸易的商人被唐代诗人称为"海客""海贾""海商"。中国人很早就在太平洋和印度洋之间从事贸易活动。汉代商使已经到黄支国（在今印度）和已程不国（今斯里兰卡）;[1]东晋时法显从天竺至师子国（今斯里兰卡），在无畏山僧伽蓝见到佛像前有中国商人供养的白绢扇，[2]说明那时已有中国商人从事海外贸

---

* 本文是北京市哲学社会科学规划项目（编号：12WYB019）阶段性成果。
[1] （汉）《汉书》卷二十八下《地理志》，中华书局1962年版，第1670—1671页。
[2] （东晋）法显撰，章巽校注：《法显传校注》四，中华书局2008年版，第128页。

易。他从师子国和摄婆提国回国,都乘商贾大船,反映了中国与东南亚与南亚之间海上贸易的兴盛。唐代海贾出海远航进行贸易活动也很活跃。出海贸易是一项风险很大的活动,柳宗元《招海贾文》极力描写大海的危险,奉劝海贾珍惜生命,不要过分贪图钱财:"咨海贾兮,君胡以利易生而卒离其形?""咨海贾兮,贾尚不可为,而又海是图。死为险魄兮,生为贪夫。亦独何乐哉?归来兮,宁君躯。"在柳宗元笔下,这些海贾"东极倾海流不属,泯泯超忽纷荡沃。殆而一跌兮沸入汤谷,舳舻霏解梢若木"①。汤谷即"旸谷",神话中太阳升起之处。与虞渊相对,虞渊指传说中日落之处。《淮南子·天文训》云:"日出于旸谷(汤谷)","入于虞渊"。② 若木,神话中西极之地的神树。屈原《离骚》:"折若木以拂日兮。"王逸《楚辞章句》注云:"若木,在昆仑西极,其华照下地。"③ 作家用文学夸张的手法写唐代的"海贾"航行之远。唐代对出海贸易不曾有过禁令,在对外贸易发达的唐代,从事海外贸易的"海贾"应该数量众多,只是在重农抑商的传统社会,他们的活动很少受到史家的关注,但在唐诗里我们却可以看到他们的身影。

在唐诗里写到海贾们的活动,往往强调他们的远航和艰险。李白《估客行(一作乐)》诗:"海客乘天风,将船远行役。譬如云中鸟,一去无踪迹。"④ 估客即贾客,在这首诗里又被称为"海客",因为他们是从事海外贸易活动的商贾,远客异方。李白《同族弟金城尉叔卿烛照山水壁画歌》:"高堂粉壁图蓬瀛,烛前一见沧洲清。洪波汹涌山峥嵘,皎若丹丘隔海望赤城。光中乍喜岚气灭,谓逢山阴晴后雪。回溪碧流寂无喧,又如秦人月下窥花源。了然不觉清心魂,只将叠嶂鸣秋猿。与君对此欢未歇,放歌行吟达明发。却顾海

---

① 《柳宗元集》卷十八,中华书局1979年版,第508—510页。
② (西汉)刘安:《淮南子》卷三,《二十二子》本,上海古籍出版社1986年版,第1218页。
③ (南宋)洪兴祖:《楚辞补注》,中华书局1957年版,第46页。
④ 瞿蜕园、朱金城:《李白集校注》卷六,上海古籍出版社1980年版,第455页。

客扬云帆，便欲因之向溟渤。"① 这是一首题画诗，诗人看到画面上海商扬帆远行，便想象着可以跟他们驶向大海深处。刘昚虚《越中问海客》："风雨沧洲暮，一帆今始归。自云发南海，万里速如飞。初谓落何处，永将无所依。冥茫渐西见，山色越中微。谁念去时远，人经此路稀。泊舟悲且泣，使我亦沾衣。浮海焉用说，忆乡难久违。纵为鲁连子，山路有柴扉。"② 远离家乡从事海上贸易活动，除了自然风波之险，还有人为的灾难，比如战争和海盗。李群玉《凉公从叔春祭广利王庙》："龙骧伐鼓下长川，直济云涛古庙前。海客敛威惊火斾，天吴收浪避楼船。阴灵向作南溟王，祀典高齐五岳肩。从此华夷封域静，潜熏玉烛奉尧年。"③ 南海广利王是中国神话中四海龙王之一，居住在南海，地位仅次于东海龙王。当地方官浩浩荡荡的祭祀船队赴广利王庙时，那些海商惊恐地认为有战事发生，急忙移舶远避。黄滔《贾客》："大舟有深利，沧海无浅波。利深波也深，君意竟如何。鲸鲵齿上路，何如少经过。"④ 这首诗寓意跟柳宗元的《招海贾文》相同，讽劝海商重生轻利。陆龟蒙《奉和袭美吴中言怀寄南海二同年》："曾见凌风上赤霄，尽将华藻赴嘉招。城连虎踞山图丽，路入龙编海舶遥。江客渔歌冲白荇，野禽人语映红蕉。庭中必有君迁树，莫向空台望汉朝。"⑤ 皮日休《送李明府之任海南》："五羊城在蜃楼边，墨绶垂腰正少年。山静不应闻屈鸟，草深从使翳贪泉。蟹奴晴上临潮槛，燕婢秋随过海船。一事与君消远宦，乳蕉花发讼庭前。"⑥ "海舶""过海船"即海贾乘用的出海的大船。海贾出海远行，为诗歌中写离情别绪增添了新的题材。游子成为出海经历风波之险的贾客，思妇则是装束奇异的南蛮女子。张籍《蛮中》写蛮女思念远行的丈夫："铜柱南边毒草春，

---

① 《李白集校注》卷七，上海古籍出版社1980年版，第497页。
② 《全唐诗》卷二百五十六，中华书局1960年版，第2870页。
③ 《全唐诗》卷五百六十九，中华书局1960年版，第6599页。
④ 《全唐诗》卷七〇四，中华书局1960年版，第8094页。
⑤ 《全唐诗》卷六百二十五，中华书局1960年版，第7186页。
⑥ 《全唐诗》卷六百一十四，中华书局1960年版，第7081页。

行人几日到金麟。玉环穿耳谁家女,自抱琵琶迎海神。"① 为了祈求出海的丈夫平安归来,女子抱着琵琶去参加祭祀海神的活动。

当海贾经历风涛之险从海外归来,家乡亲人会举行仪式活动迎接他们。许浑《送客南归有怀》:"绿水暖青苹,湘潭万里春。瓦尊迎海客,铜鼓赛江神。避雨松枫岸,看云杨柳津。长安一杯酒,座上有归人。"② 白居易《送客春游岭南二十韵》:"已讶游何远,仍嗟别太频。离容君蹙促,赠语我殷勤。迢递天南面,苍茫海北漘。诃陵国分界,交趾郡为邻。蓊郁三光晦,温暾四气匀。阴晴变寒暑,昏晓错星辰。瘴地难为老,蛮陬不易驯。土民稀白首,洞主尽黄巾。战舰犹惊浪,戎车未息尘。红旗围卉服,紫绶裹文身。面苦桃榔裹,浆酸橄榄新。牙樯迎海舶,铜鼓赛江神。"③ 诗人所送客人远行至"诃陵",其地在今东南亚一带的大海洲中。④ 从诗人对"客"的叮嘱来看,此客当为贾客,所以诗人劝他:"须防杯里蛊,莫爱橐中珍,北与南殊俗,身将货敦亲。尝闻君子戒,忧道不忧贫。"⑤ 那些远航归来的海贾,了解了域外的信息,见多识广。李白《梦吟天姥吟留别》:"海客谈瀛洲,烟涛微茫信难求。"⑥ 元稹《泛江玩月十二韵》:"楚塞分形势,羊公压大邦。因依多士子,参画尽敦厐。岳璧闲相对,荀龙自有双。共将船载酒,同泛月临江。远树悬金镜,深潭倒玉幢。委波添净练,洞照灭凝釭。阗咽沙头市,玲珑竹岸窗。巴童唱巫峡,海客话神泷。已困连飞盏,犹催未倒缸。饮荒情烂熳,风棹乐峥摐。胜事他年忆,愁心此夜降。知君皆逸韵,须为应莛撞。"⑦ 他们都喜欢听海客谈论海外的奇闻。

从海外归来的海贾往往携中国丝绸出海,换取海外商货,这在

---

① 徐礼节、余恕诚:《张籍集系年校注》卷六,中华书局2011年版,第796页。
② 《全唐诗》卷五百三十,中华书局1960年版,第6062页。
③ 《白居易集》卷十七,中华书局1979年版,第353页。
④ 陈佳荣等:《古代南海地名汇释》,中华书局1986年版,第449页。
⑤ 《白居易集》卷十七,中华书局1960年版,第353页。
⑥ 《李白集校注》卷十五,上海古籍出版社1980年版,第898页。
⑦ 《元稹集》卷十一,中华书局1982年版,第129页。

唐诗中也有反映。首先是珠宝,古代中外传统贸易一个重要内容就是以中国丝绸换取域外的珠宝。陆龟蒙《奉和袭美太湖诗二十首·雨中游包山精舍》云:"包山信神仙,主者上真职。及栖钟梵侣,又是清凉域。乃知烟霞地,绝俗无不得。岩开一径分,柏拥深殿黑。僧闲若图画,像古非雕刻。海客施明珠,湘蕤料净食。有鱼皆玉尾,有乌尽金臆。手携鞞铎伕,若在中印国。千峰残雨过,万籁清且极。此时空寂心,可以遗智识。知君战未胜,尚倚功名力。却下听经徒,孤帆有行色。"① 海客施予高僧的是得自海外的"明珠"。李洞《送人之天台》:"行李一枝藤,云边晓扣冰。丹经如不谬,白发亦何能。浅井仙人境,明珠海客灯。乃知真隐者,笑就汉廷征。"② 其次是香料药物。项斯《寄流人》:"毒草不曾枯,长添客健无。雾开蛮市合,船散海城孤。象迹频藏齿,龙涎远蔽珠。家人秦地老,泣对日南图。"③ 从唐诗里我们还看到当时海上丝路上的奴隶贸易,有人把非洲和东南亚奴隶贩买到唐朝内地,称为"海奴"。杜荀鹤《赠友人罢举赴交趾辟命》:"罢却名场拟入秦,南行无罪似流人。纵经商岭非驰驿,须过长沙吊逐臣。舶载海奴镮硾耳,象驼蛮女彩缠身。如何待取丹霄桂,别赴嘉招作上宾。"④

从唐诗里我们还了解到,那些出海经商的人还经过长江水道和京杭大运河从事商贸活动,他们把内地商货和域外洋货进行倒卖,长江水道和运河上都有他们的樯桅帆影。阿拉伯人9世纪的地理学著作《道里邦国志》讲到唐代中国南方沿海广州、扬州、杭州等城市,说:"中国的这几个港口,各临一条大河,海船能在这大河中航行。"⑤ 唐诗中关于内河海船的描写可以与此相印证。周贺《留辞杭州姚合郎中》诗云:"波涛千里隔,抱疾亦相寻。会宿逢高士,

---

① 《全唐诗》卷六百一十八,中华书局1960年版,第7120页。
② 《全唐诗》卷七百二十一,中华书局1960年版,第8274页。
③ 《全唐诗》卷五百五十四,中华书局1960年版,第6414页。
④ 《全唐诗》卷六百九十二,中华书局1960年版,第7957—7958页。
⑤ [阿拉伯]伊本·胡尔达兹比赫:《道里邦国志》,宋岘译,中华书局1991年版,第72页。

辞归值积霖。丛桑山店迥,孤烛海船深。尚有重来约,知无省阁心。"① 诗人来杭州拜会姚合,临别之际,想象着自己行程中于深夜"海船"之上,还会盼望着践约再来。李端《古别离二首》其一:"水国叶黄时,洞庭霜落夜。行舟闻商估,宿在枫林下。此地送君还,茫茫似梦间。后期知几日,前路转多山。巫峡通湘浦,迢迢隔云雨。天晴见海樯,月落闻津鼓。人老自多愁,水深难急流。清宵歌一曲,白首对汀洲。"② 在长江水道见到"海樯",那是从事海外贸易的商船进入三峡前往巴蜀从事贸易活动。王建《汴路即事》:"千里河烟直,青槐夹岸长。天涯同此路,人语各殊方。草市迎江货,津桥税海商。回看故宫柳,憔悴不成行。"③ 当诗人乘船从扬州沿运河北上时,船上乘客来自四面八方,语言各异。因为船从扬州来,扬州是繁华的国际都市,那里海内外客商云集,因此政府在运河津渡桥口设卡征税。

二 唐诗中经海上丝路入华的外国人

在中外文化交流进入高潮时期的唐朝,世界上众多国家和地区与中国建立了友好交往的关系,海上丝绸之路上中外贸易十分兴盛,因此不同身份的外国人来到中国。在中国人的传统观念中,"远夷"朝贡是国家强盛四夷臣服的表现,他们为此自豪;外国人异于中国人的体貌语言会触发好奇的诗人写诗的兴趣和灵感,因此唐诗中有不少作品写到这些外国人。

这些诗反映了当时海上丝绸之路的繁荣景象。周繇《望海》诗:"苍茫空泛日,四顾绝人烟。半浸中华岸,旁通异域船。岛间

---

① 《全唐诗》卷五百〇三,中华书局1960年版,第5716页。
② 《全唐诗》卷二十六,中华书局1960年版,第352页。
③ 王宗堂:《王建诗集校注》卷五,中州古籍出版社2006年版,第226页。

应有国,波外恐无天。欲作乘槎客,翻愁去隔年。"① 当诗人泛舟海上时,眼见波光浩渺,茫无边际。虽然杳无人烟,却有外国船在附近海域行驶。他由此想象到远处岛屿间有异国存在,因为不能亲临其地,也只是想象而已。柳宗元《鼓吹铙歌十二篇·苞桢》序写唐初对南方地区的征服云:"梁之余,保荆衡巴巫,穷南越,良将取之不以师。为《苞桢》第六。"其诗云:"苞桢黑对矣,惟根之蟠。弥巴蔽荆,负南极以安。曰我旧梁氏,辑绥艰难。江汉之阻,都邑固以完。圣人作,神武用,有臣勇智,奋不以众。投迹死地,谋猷纵。化敌为家,虑则中。浩浩海裔,不威而同。系缧降王,定厥功。澶漫万里,宣唐风。蛮夷九译,咸来从。凯旋金奏,象形容。震赫万国,罔不龚。"② 在大唐文治武功昌盛的声威之下,海裔蛮夷纷纷臣服,九译入贡。

经过海路入华的外国人首先是贡使,东南亚、南亚各国都经过海路入华朝贡。刘长卿《送韦赞善使岭南》:"欲逐楼船将,方安卉服夷。炎洲经瘴远,春水上泷迟。岁贡随重译,年芳遍四时。番禺静无事,空咏饮泉诗。"③ 刘长卿《送徐大夫赴广州》:"上将坛场拜,南荒羽檄招。远人来百越,元老事三朝。雾绕龙山暗,山连象郡遥。路分江淼淼,军动马萧萧。画角知秋气,楼船逐暮潮。当令输贡赋(一作职),不使外夷骄。"④ 韦应物《送冯著受李广州署为录事》:"郁郁杨柳枝,萧萧征马悲。送君灞陵岸,纠郡南海湄。名在翰墨场,群公正追随。如何从此去,千里万里期。大海吞东南,横岭隔地维。建邦临日域,温燠御四时。百国共臻奏,珍奇献京师。富豪虞兴戎,绳墨不易持。州伯荷天宠,还当翊丹墀。子为门下生,终始岂见遗。所愿酌贪泉,心不为磷缁。上将玩国士,下以

---

① 《全唐诗》卷六百三十五,中华书局1960年版,第7292页。
② 《柳宗元集》卷一,中华书局1979年版,第19—20页。
③ 《全唐诗》卷一百四十八,中华书局1960年版,第1508页。
④ 《全唐诗》卷一百四十九,中华书局1960年版,第1529页。

报渴饥。"① 元稹《和乐天送客游岭南二十韵》:"我自离乡久,君那度岭频。一杯魂惨澹,万里路艰辛。……岛夷徐市种,庙觋赵佗神。鸢跕方知瘴,蛇苏不待春。曙潮云斩斩,夜海火燐燐。冠冕中华客,梯航异域臣。果然皮胜锦,吉了舌如人。风毹秋茅叶,烟埋晓月轮。定应玄发变,焉用翠毛珍。句漏沙须买,贪泉货莫亲。能传稚川术,何患隐之贫。"②"冠冕中华客,梯航异域臣"指的就是梯山航海来中华入贡的外国使臣。陈陶《赠容南韦中丞》:"普宁都护军威重,九驿梯航压要津。十二铜鱼尊画戟,三千犀甲拥朱轮。风云已静西山寇,闾井全移上国春。不独来苏发歌咏,天涯半是泣珠人。"③"九驿"当作"九译",诗写容南韦中丞赴任之地乃沿海地区,那些海港津渡停泊着大量外国贡使的船舶。东南亚国家通过海路入贡犀牛、驯象。储光羲《述韦昭应画犀牛》诗有:"遐方献文犀,万里随南金。大邦柔远人,以之居山林。"④ 白居易《驯犀》一诗写外国贡使进献犀牛的事件:"驯犀驯犀通天犀,躯貌骇人角骇鸡。海蛮闻有明天子,驱犀乘传来万里。一朝得谒大明宫,欢呼拜舞自论功。五年驯养始堪献,六译语言方得通。上嘉人兽俱来远,蛮馆四方犀入苑。"⑤ 元稹《驯犀》诗云:"建中之初放驯象,远归林邑近交广。兽返深山鸟构巢,鹰雕鹖鹊无羁靮。贞元之岁贡驯犀,上林置圈官司养。玉盆金栈非不珍,虎唅狴牢鱼食网。渡江之橘逾汶貉,反时易性安能长。腊月北风霜雪深,踡跼鳞身遂长往。行地无疆费传驿,通天异物罹幽枉。乃知养兽如养人,不必人人自敦奖。不扰则得之于理,不夺有以多于赏。脱衣推食衣食之,不若男耕女令纺。尧民不自知有尧,但见安闲聊击壤。前观驯象后驯犀,理国其如指诸掌。"⑥ 白居易诗里的"海蛮"即东南亚沿海国

---

① 陶敏、王友胜:《韦应物集校注》,上海古籍出版社1998年版,第215页。
② 《元稹集》卷十二,中华书局1960年版,第139—140页。
③ 《全唐诗》卷七百四十六,中华书局1960年版,第8479页。
④ 《全唐诗》卷一百三十六,中华书局1960年版,第1373页。
⑤ 《白居易集》卷三,中华书局1979年版,第69页。
⑥ 《元稹集》卷二十四,中华书局1982年版,第283页。

家林邑、真腊、诃陵等，他们都曾向唐朝进献驯犀，诗写了贡使入贡并受到朝廷厚遇的过程。

　　其次是经商的海胡、海夷。唐朝南方沿海地区地方长官努力维护对外贸易的顺利进行，并以强大的军事力量保证了海路的畅通，外国商人往来方便而且安全，正如熊孺登《寄安南马中丞》诗云："龙韬能致虎符分，万里霜台压瘴云。蕃客不须愁海路，波神今伏马将军。"①商人逐利而来，互通有无，促进了中外物质文化交流。杜甫《送重表侄王砯评事使南海》："廷评近要津，节制收英髦。北驱汉阳传，南泛上泷舠。家声肯坠地，利器当秋毫。番禺亲贤领，筹运神功操。大夫出卢宋，宝贝休脂膏。洞主降接武，海胡舶千艘。我欲就丹砂，跋涉觉身劳。安能陷粪土，有志乘鲸鳌。或骖鸾腾天，聊作鹤鸣皋。"②"南海""番禺"都指今广州，王砯以大理评事从朝廷出使广州，途经成都遇杜甫，杜甫写诗送别，其中写到广州"海胡舶千艘"，可见来到广州的海外商贾之多。刘禹锡《南海马大夫远示著述兼酬拙诗辄著微诚再有长句时蔡戎未弭，故见于篇末》："汉家旄节付雄才，百越南溟统外台。身在绛纱传六艺，腰悬青绶亚三台。连天浪静长鲸息，映日帆多宝舶来。闻道楚氛犹未灭，终须旌旆扫云雷。"③"映日"句写广州海上外国商船数量之多。刘禹锡《马大夫见示浙西王侍御赠答诗因命同作》："忆逐羊车凡几时，今来旧府统戎师。象筵照室会词客，铜鼓临轩舞海夷，百越酋豪称故吏，十洲风景助新诗。秣陵从事何年别，一见琼章如素期。"④在广州马大夫的宴会上，有"海夷"献舞。薛能《送福建李大夫》："洛州良牧帅瓯闽，曾是西垣作谏臣。红旆已胜前尹正，尺书犹带旧丝纶。秋来海有幽都雁，船到城添外国人。行过小藩应

---

①《全唐诗》卷四百七十六，中华书局1960年版，第5421页。
②（清）仇兆鳌注：《杜诗详注》卷二十三，中华书局1979年版，第2042—2047页。
③《刘禹锡集》卷三十五，上海人民出版社1975年版，第349页。
④ 同上书，第350页。

大笑，只知夸近不知贫。"① 福建观察使驻福州，诗写李大夫赴任福州，沿水路而行，近城时有外国人上船。上引元稹《和乐天送客游岭南二十韵》写到岭南"舶主腰藏宝，黄家砦起尘"。诗中自注："南方呼波斯为'舶主'。胡人异宝，多自怀藏，以避强丐。"② 周繇《送杨环校书归广南》："天南行李半波涛，滩树枝枝拂戏猱。初著蓝衫从远峤，乍辞云署泊轻艘。山村象踏桄榔叶，海外人收翡翠毛。名宦两成归旧隐，遍寻亲友兴何饶。"③ 翡翠毛是贵重物品，收取可售高价，这是海商的活动。

　　唐代与海外的宗教交流十分密切，不少外国僧人经海路到来传道，也有外国僧人经西域入华，再由海路回国。这些外国僧人首先是佛教僧人。崔涂《送僧归天竺》："忽忆曾栖处，千峰近沃州。别来秦树老，归去海门秋。汲带寒汀月，禅邻贾客舟。遥思清兴惬，不厌石林幽。"④ 此天竺僧欲归本国，乘贾客舟循海而行。无名氏："寄宿山中寺，相辞海上僧。"（齐己《风骚旨格》）⑤ 这"海上僧"可能也是指经海路入华的僧人。印度婆罗门教僧人也有经海路入华的。婆罗门教是印度古代宗教，现在流行的印度教的古代形式。因崇拜梵天及由婆罗门种姓担任祭司而得名。刘言史《送婆罗门归本国》："刹利王孙字迦摄，竹锥横写叱萝叶。遥知汉地未有经，手牵白马绕天行。龟兹碛西胡雪黑，大师冻死来不得。地尽年深始到船，海里更行三十国。行多耳断金环落，冉冉悠悠不停脚。马死经留却去时，往来应尽一生期。出漠（一作汉）独行人绝处，碛西天漏雨丝丝。"⑥ 可止《送婆罗门僧》："雪岭金河独向东，吴山楚泽

---

① 《全唐诗》卷一百五十九，中华书局1960年版，第6487页。
② 《元稹集》卷十二，中华书局1982年版，第140页。
③ 《全唐诗》卷六百三十五，中华书局1960年版，第7292页。
④ 《全唐诗》卷六百七十九，中华书局1960年版，第7776页。
⑤ 《全唐诗》卷七九十六，中华书局1960年版，第8963页。
⑥ 《全唐诗》卷四百六十八，中华书局1960年版，第5322页。

意无穷。如今白首乡心尽，万里归程在梦中。"① 有关唐代婆罗门教传入中国的文献资料很少，这两首诗有重要的史料价值。这两位印度婆罗门教僧人一位本想经西域中亚丝绸之路进入中国，但路途险阻难行，只好改由海道："地尽年深始到船，海里更行三十国"，经万里途程，终于实现到长安传经的夙愿，如今又要经西域回国。另一位经西域东来中国，曾经到中国南方传教。如今年迈力衰，归乡无望，也便打消了归乡之念。但梦中仍时时回到家乡。有意思的是这两首诗都用了"独"字形容婆罗门僧的行踪，反映了婆罗门教在中国遭受冷落的状况。

　　唐时东南亚国家还向唐朝入贡侏儒小黑人，阿拉伯、波斯商人到中国进行贸易活动，还从事奴隶贸易，他们把非洲、马来半岛的黑人、侏儒贩运到唐朝长安，成为达官贵人家庭奴仆。这样的人被称为"昆仑奴"或"昆仑儿"。《旧唐书·南蛮传》云："自林邑以南，皆卷发黑身，通号为'昆仑'。"② 这些肤色漆黑、言语特殊的昆仑奴引起汉地人的好奇，有的诗人很感兴趣，便赋诗咏叹。张籍《昆仑儿》诗云："昆仑家住海中洲，蛮客将来汉地游。言语解教秦吉了，波涛初过郁林州。金环欲落曾穿耳，螺髻长卷不裹头。自爱肌肤黑如漆，行时半脱木棉裘。"③ 这里的昆仑儿指的是随海舶到来的南洋诸岛的居民。这种体貌奇异的昆仑儿还引起画家的好奇，成为唐代人物画的题材。顾况看到一位杜姓画家画的昆仑儿，便激发了灵感，写了一首咏画诗《杜秀才画立走水牛歌》："昆仑儿，骑白象，时时锁著师子项。奚奴跨马不搭鞍，立走水牛惊汉官。江村小儿好夸骋，脚踏牛头上牛领。浅草平田攒过时，大虫著钝几落井。杜生知我恋沧洲，画作一障张床头。八十老婆拍手笑，妒他织女嫁

---

① 《全唐诗》卷八百二十五，中华书局1960年版，第9292页。一作清江诗，见《全唐诗》卷八百一十二，题作《送婆罗门》。
② 《旧唐书》卷一百九十七《南蛮传》，中华书局1974年版，第5270页。
③ 《全唐诗》卷三百八十五，中华书局1960年版，第4339页。

牵牛。"① 在中国人看来,昆仑儿属于丑陋一类,故用"昆仑儿"做比嘲笑相貌丑陋者或夸张某人的丑相。崔涯《嘲妓》其一:"虽得苏方木,犹贪玳瑁皮。怀胎十个月,生下昆仑儿。"其二:"布袍披袄火烧毡,纸补筕篥麻接弦。更著一双皮屐子,纥梯纥榻出门前。"②崔涯《嘲李端端》:"黄昏不语不知行,鼻似烟窗耳似铛。独把象牙梳插鬓,昆仑山上月初明。"③"觅得黄骝鞁绣鞍,善和坊里取端端。扬州近日浑成差,一朵能行白牡丹。"据说,端端得前诗,忧之。乃重赠此诗美化之,于是豪富之士复臻其门。当时有人戏之曰:"李娘子才出墨池,便登雪岭。"红楼以为笑乐。

  关于唐代海上丝绸之路的发展,有丰富的文献资料和考古资料。而从诗史互证角度看,唐诗中反映海上丝路的作品也有重要的史料价值,甚至具有某种重要的补充作用。在中外文化交流形成高峰的唐代,丝绸之路的发展为唐诗创作提供了丰富的素材,唐诗作为社会生活的反映,对于认识丝路发展具有重要的参考价值。本文通过疏理唐诗中有关通过海上交通中外往来的人物,从一个具体的方面揭示了这一现象。

---

① 《全唐诗》卷二百六十五,中华书局1960年版,第2946页。
② 《全唐诗》卷八百七十,中华书局1960年版,第9858页。
③ 同上书,第9859页。

"一带一路"背景下中巴经济走廊的建设和发展

朱安文

(廊坊师范学院)

在"一带一路"倡议出台实施前，中巴两国政府高层及智库机构就对中巴经济走廊开展了前期研究。从历史的视野看，中巴经济走廊自中国新疆喀什出发，一路奔向西南，至巴基斯坦的瓜达尔港，全长达3000公里，是"一带一路"倡议下的重要基石和旗舰项目，不仅承担着建设中国西南向经济走廊的重要任务，而且与巴基斯坦未来发展规划高度对接。2013年5月，李克强总理访问巴基斯坦时，综合以往中巴的战略构想，提出两国共同建设中巴经济走廊的蓝图，目前已展开了多领域的交流和合作。中巴经济走廊规划不仅涵盖通道的建设和贯通，更重要的是要以此带动中巴双方在走廊沿线开展基础设施、交通能源、金融、旅游、人文交流等多领域的合作，创立更多工业园区和自贸区等。

一 中巴经济走廊的初现

(一) 国际国内背景

首先，巴基斯坦是中国抓住南亚市场的重要盟友。20世纪90年代，在中国新疆尝试"走出去"的过程中，曾派遣代表团访问巴基斯坦，考虑巴基斯坦是否能作为新疆"走出去"的战略通道。而巴基斯坦作为南亚的重要国家，各方面基础差，经济弱，必须依靠外部投资合作发展本国经济，时任巴基斯坦总统穆沙拉夫也希望本国依托紧邻中国西部的地缘优势，成为西北边疆在印度洋地区的出海口和中国在西南方向的能源运输通道，之后巴基斯坦不断明确提议建设"中巴能源走廊"的构想。2013年，赢得大选后的谢里夫希望与中国"一带一路"倡议进行对接，他表示，希望抓住中国"向西开放"的机遇，中巴两国加强合作，推动中巴经济走廊建设，所以中国也逐渐引起重视。其次，中、美、俄三国在中西南亚的博弈不断加剧，竞争态势明显，地区格局发生调整，美国战略东移，压缩中国在东亚地区的战略空间，因此中国西部边疆安全与稳定出现新形势，必须加强与周边国家合作，营造共同的安全环境。因此，中方也呼吁与亚、欧、非各国共建"丝绸之路经济带"，使中国"向西开放"战略进入可操作阶段，这其中就包括中巴经济走廊。

（二）中巴经济走廊的基础条件

第一，突出的地缘优势。巴基斯坦地处南亚次大陆西北端，位于中亚、西亚、南亚的交会点上，它为中西亚国家提供了便利的出海通道，具有良好的地缘优势。对中国而言，巴基斯坦是中国西部通向中东和印度洋的国家，是我国对外开放一个重要的桥梁和枢纽。中国利用巴基斯坦的地缘优势，建设中巴经济走廊，经略印度洋，一方面有利于提升中巴经贸关系，密切双方文化交流，筑牢中巴友好基础；另一方面有利于打击宗教极端势力与民族分裂势力，维护我国边疆安全。

第二，良好的中巴政治人文外交。从地理学的角度看，巴基斯坦并非中国在西部出海的唯一通道，但自1951年两国建立外交关系后，中巴都着手拓宽双边政治和人文交流的渠道，努力成为友好邻邦。经过60多年两国的共同努力，不论是两国政治关系还是民族情感，中巴已经形成一种高度信任的双边关系——"全天候战略合作伙伴关系"。两国政治高度互信，高层互动频繁又深入，相互支持和促进，对积极推进中巴经济走廊建设的认识高度一致，政府间协调相关事宜有优越的条件。所以很大程度上影响着中巴共建经济走廊的决心和协作。中巴经济走廊正是在这一密切的双边关系的坚实基础上顺利发展起来的。

第三，坚实的经济技术合作基础。中巴两国之间的经济技术合作已经进行了几十年，中国企业在巴基斯坦承担工程项目类型多，时间长，成果显著，双方对彼此的认可度高，积累了丰富的交往与合作经验。中国企业对巴市场和社会并不陌生，参与中巴经济走廊建设的基础较好。2015年4月，国家主席习近平对巴基斯坦进行了为期两天的国事访问，双方签下了51项合作协议和备忘录，大半都涉及中巴经济走廊建设。在中巴经济走廊框架下，双方已启动了460亿美元的投资计划，其中，包括价值155亿美元的煤矿、风能、太阳能和水能等协议将于2017年正式启动，为巴基斯坦增加每年10400兆瓦特的供电。两国将在这一走廊上共同修建一条包括公路、铁路、油气管道及光缆覆盖的"四位一体"的通道。2015年4月"中巴经济走廊委员会"在伊斯兰堡成立，目的在于整合资源，会聚各界力量，为经济走廊建设提供支持，并推动中巴在技术等方面的交流与合作。[1]

二 中巴经济走廊的建设和发展

（一）中巴经济走廊交通基础设施的联通

中巴经济走廊建设的着力点主要集中在公路、铁路、管道建设和电信光缆建设。中巴两国逐步在公路、铁路、航空和油气管道等领域进行着密切的合作，而为中巴经济走廊提供源源不断动力的沿线基础工程也正紧锣密鼓地进行。1979年宣布建成、1986年正式

---

[1] 《巴中经济走廊委员会成立仪式在伊斯兰堡举行》，人民网，http://world.people.com.cn/n/2015/0409/c1002 - 26820417.html。

开放的中巴公路（喀喇昆仑公路），被称为公路建设史上的奇迹。该路段地质情况极为复杂，经常发生雪崩、塌方、积雪等地质灾害，难以通车，影响中巴经贸往来。随着中巴关系的不断发展，急需进一步地整修和扩建。2006年中巴确定正式启动中巴公路改扩建项目，2013年10月大部分路段都已交付使用，其路宽、运输能力、时速都大幅度提升，这条友谊公路从此承载着中巴经济走廊的龙骨。2013年6月，中巴计划建设修建瓜达尔至中国新疆喀什的中巴铁路，同时，为加强瓜达尔港与卡拉奇港和巴基斯坦现有铁路网的互联互通，双方还计划建造1750公里的新铁路。2015年3月签署了关于"中巴经济走廊铁路网的升级协议"。2015年10月26日，中国国际航空股份有限公司开通了北京—伊斯兰堡航线，这是首条连接北京和伊斯兰堡的空中要道。2014年，位于巴基斯坦最大城市卡拉奇东南37公里处的卡西姆工业园区，由中国投资和承建的2×660兆瓦火电站项目正式破土动工，这也标志着中巴经济走廊规划正式步入实施阶段。作为中巴经济走廊首要的开发项目，卡西姆港电站项目将进一步强化中巴战略合作，使巴实现光明的发展梦想。[①]能源供给紧张是巴基斯坦经济发展和国家安全上面临的突出问题，因此快速推进中巴能源合作项目油气管线是中巴经济走廊交通基础设施发展的重要部分。2015年12月，中巴经济走廊首个煤电一体化项目——塔尔煤田二区煤矿和电站项目在京签署融资协议，项目总投资超过20亿美元，是中巴经济走廊乃至巴基斯坦首个煤电一体化项目。[②]

（二）加强完善瓜达尔港的建设

瓜达尔港的建设是中巴经济走廊的重点项目。瓜达尔港是中巴经济走廊建设的重要支点和其通向印度洋的门户，地位非常独特，

[①] 《巴中经济走廊委员会成立仪式在伊斯兰堡举行》，人民网，http：//world.people.com.cn/n/2015/0409/c1002 - 26820417.html。

[②] 《为共同发展的梦想插上翅膀——中巴经济走廊建设述评》，《人民日报》，http：//cpc.people.com.cn/n1/2016/0202/c64387 - 28103718.html。

通过瓜达尔港开通中国新疆与巴基斯坦中东部地区的贸易走廊，将增进两国及本地区的贸易往来。2002年，中国正式向巴基斯坦提供资金和技术援助开始建设瓜达尔港，分两期建成。2013年中国海外港口控股有限公司正式接手经营瓜达尔港，获得该港40年的运营权。为提升瓜达尔港运营能力，中国公司正加紧修复港口相关设施。为帮助当地民众改善生活水平，中国政府和企业积极援助建设瓜达尔港小学、瓜达尔医院、瓜达尔技术职业学院，在自贸区建立职业培训中心，开展太阳能发电项目，为贫困家庭提供太阳能发电系统和LED灯等。① 2015年4月12日，巴基斯坦媒体报道称，瓜达尔港的基础设施建设已经基本完成，可投入使用。

（三）中巴经济走廊的民心相通

虽然中国和巴基斯坦交往初期的动力主要源于国际格局的变化和国家利益的需要，但随着中国对巴基斯坦人文交流的深入，两国人民逐渐增信释疑，中巴两国一直以"好朋友、好兄弟"彼此认知，在此背景下一旦对方国家发生灾难，另一方都能在心理上支持鼓励对方，帮助其尽快恢复到正常的生产生活秩序中，从而极大地促进了中巴之间的民心相通。在当前在"一带一路"的推动下，不断鼓励和深化两国民众直接往来的同时，随着中巴经济走廊建设过程中外来资本的投资势必使当地民众产生误解，特别是牵涉土地征集利用等方面，更多需要巴基斯坦民众的支持，而且巴基斯坦大多民众对于中国或中国文化的认知较为模糊，因此在中巴经济走廊建设中的民间交流亟待加强，包括周边国家在内的民间交流，提升理解和信任，相信中巴经济走廊互惠互利造福周边各国人民。

（四）中巴经济走廊面临的挑战

首先，大国博弈激烈，安全形势较差。中巴经济走廊主要面对美国的威胁，美国希望在瓜达尔港建立军事基地，一直通过军事和

---

① 《中国援助瓜达尔港建立职业培训中心》，中华人民共和国商务部，http://www.mofcom.gov.cn/article/i/jyjl/j/201602/20160201253619.shtml。

经济援助拉拢巴基斯坦，目的在于封锁中国通过巴南进印度洋的战略通道，此外，俄罗斯、日本、英国、伊朗和沙特等国对这一地区也非常关切。而且，巴基斯坦本国国内政治动荡，频繁更迭，影响了走廊的高效协作和顺利建设，投资环境亟待改善。此外，走廊经过地区"三股势力"都比较活跃，各种宗教极端组织、恐怖势力活动和武装冲突都不断加剧渗透，影响了走廊建设的顺利推进。然而，中巴双方对"三股势力"等相关问题的认识也并非完全一致。其次，巴基斯坦资金短缺，技术落后，建设难度和成本较高。比如，中巴经济走廊所涵盖的公路、铁路和油气管线都要穿过喀喇昆仑山脉，从瓜达尔港到新疆的距离较远、地形复杂，技术要求高，需要的资金多，修建的难度很大，不仅要修建许多隧道和桥梁，而且维护保养的费用也很高，总体建设成本太高，所以中巴经济走廊建设将面临巨大的资金、技术和成本压力。再次，巴基斯坦政府与社会各界对中国和中巴经济走廊抱有的期待和舆论宣传不太切合实际，巴将走廊视为地区"格局改变者"或巴的"命运改变者"，这容易过度拔高中巴经济走廊的作用，从而导致巴国内民众期待过高。

三 中巴经济走廊与"一带一路"的对接

中巴经济走廊位于"丝绸之路经济带"和"21世纪海上丝绸之路"交汇处，是"一带一路"框架下的新发展理念，对带动"一带一路"具有较强的示范效应。中国外长王毅就把"中巴经济走廊"描述为"一带一路"交响乐中第一乐章。2015年3月，由国家发改委、外交部、商务部三大部委联合发布的"一带一路"政策性文件中明确提到，把中巴经济走廊建设与国家"一带一路"战略实施紧密结合起来，以经济走廊为依托，推动与周边中亚、西亚国家的全方位合作，使中国与这些国家、地区在经济交流、政治互信、人文交流等方面上一个新的台阶。李克强总理提出的"中巴经济走廊"与习近平主席提出的"丝绸之路经济带"在中国新疆交汇,向西和向南都极大地拓展了经济发展的空间,而二者的交会贯通也将带动更大的市场,盘活经济,正是由于中巴经济走廊的存在也使"丝绸之路经济带"战略更为丰满,注入新的活力。巴基斯坦驻华大使马苏德·哈立德也表示,在过去几年,中巴在经济走廊总体框架下开展了很好的合作,有些项目已经能够启动,中巴经济走廊是一个非常重要的项目,也是"一带一路"的重要组成部分。同时,新疆作为"一带一路"战略中的"丝绸之路经济带核心区",对接中巴经济走廊更是具有独特的地缘、经济、宗教、社会等优势,是中巴经济走廊地方合作的优先载体。而且,"一带一路"战略构想的提出使中巴经济走廊有全新的活力和依托,它更像连接"一带一路"在中西部的焊条,使其更加坚固。

中巴经济走廊在西进战略框架下可以实现"一带一路"的中部联通,推动中国西部大建设,特别是进一步带动西北边疆区域经济发展,同时也可以促进巴基斯坦融入中国经济圈,这对巴基斯坦的长远稳定发展是有利的,能够发挥巴基斯坦作为地区贸易通道的作用。因此,建设中巴经济走廊利在中巴,惠及中西南亚及周边,增强中巴两国的战略协作能力,并将有效改善我国的对外贸易通道和能源进口渠道,拓展周边国家市场,推动区域经济发展和融合,促进整个地区的和平与稳定。

"丝绸之路的互动与共生"学术研讨会综述

翟少芳

(大连大学中国东北史研究中心)

一

2016年10月27—30日，由中国中外关系史学会、大连大学中国东北史研究中心和中外文化交流史专业委员会共同主办的"丝绸之路的互动与共生学术研讨会"在大连市仲夏花园酒店成功召开，来自全国各地的近80名专家学者参会。

在会议开幕式上，中国中外关系史学会前名誉会长、香港现代教育出版社高级经理陈佳荣先生，中外文化交流史学会会长、大连大学东北史研究中心主任王禹浪教授，中国中外关系史学会执行会长、中国社会科学院历史研究所万明教授、辽宁师范大学历史文化旅游学院赵毅教授、山东师范大学历史与社会发展学院朱亚非教授分别代表参会学者致开幕词并做主旨发言，其中万明教授首先对大连大学中国东北史研究中心为承办本次会议所付诸的努力表示衷心感谢，继而系统论述了金融货币视角下明代赋役改革的内容及其重要意义与价值，认为明代货币的白银化开启了中国金融制度近代化的开端。王禹浪教授则强调："以辽东半岛为中心，在欧亚大陆北纬35度至50度的纬度线上的东方，是古代丝路上东西方文明互动与共生的重要聚合区。黄河流域的大汶口文化、龙山文化、岳石文化的北上，红山文化、石峁石城文化、西域的金步摇饰、璎珞、金銙带的缂丝技术、佛教文化、粟特文化的东移，起源于中亚地区的岩画和来自叶尼塞河流域的青铜器文化的移动路线都经过内外兴安岭后，一支沿黑龙江流域东去，一支沿大兴安岭南下直达辽西和辽东地区。此外，经辽东半岛沿朝鲜半岛海岸线北上至俄罗斯滨海边疆区的东北亚沿海丝绸之路的存在与稻作文化的传播都是以辽东半岛为中心而形成独特的传播路线。尤其是自隋唐以来延至辽金元明清还存在着一条从中原经辽河平原、松嫩平原、三江平原到达黑龙江下游乃至库页岛，直达日本列岛的东北亚丝绸之路，史称'鹰路'、'站赤'，又称'海西东水陆城站'或'虾夷锦丝绸之路'。"他通过对近年来辽东半岛及东北亚区域考古新发现与研究热点问题的介绍，阐述了一系列最新的前沿学术动态，并呼吁学术界以更加广阔的"欧亚学"视角重新审视辽东半岛、中国东北乃至东北亚区域的文化与文明移动和变化。

二

本次会议共分为4个研讨议题，分别是"丝绸之路的历史互动研究""海上丝绸之路研究""丝绸之路与东西方文化交流"和"中外历史文化交流史研究"。

在"丝绸之路的历史互动研究"分组研讨中，华南师范大学历史文化学院张来仪教授的报告《丝绸之路的咽喉——帕米尔》论述了作为东西方交通要冲的帕米尔高原在中外经济文化交流方面的重要作用，同时总结了帕米尔的宗教文化特色，即多种宗教文化合流。渤海大学东北亚走廊研究院崔向东教授的报告《东北亚走廊与丝绸之路》阐述了东北亚走廊与丝绸之路在古代文明的起源与发展、族群迁徙与融合、文化交流与传播、经济来往与贸易、国家认同与边疆控制、中华民族与文化多元一体化、区域政治经济合作等方面发挥的重要作用,并呼吁在"一带一路"视野下,应以走廊与丝路为视角构建学术框架和体系,加强学科合作,拓展研究领域,全面深入推进东北亚民族走廊和丝绸之路的研究。华南师范大学历史文化学院王三三先生的报告《帕提亚的东征与丝路中段的拓展》论述了帕提亚的屡次东征和帝国秩序的确立之于丝路中段交通拓展的重要意义。大连民族大学东北少数民族研究院黑龙教授的报告《丝绸之路上的蒙古人》,认为草原丝绸之路的开通应晚于张骞通西域,并阐述了蒙古族在中原与西亚、中亚、欧洲之间贸易往来和文化传播中扮演的重要角色,以及卫拉特人的语言文字和宗教信仰对蒙古本土产生的重要影响。辽宁师范大学历史文化旅游学院白玉冬教授的报告《QatunSïnï"可敦墓"考》解读了"可敦墓"的含义以及 11 世纪初期契丹与中亚之交通。陕西师范大学中国西部边疆研究院王启明的报告《清代新疆"后沟路"研究》对后沟路在清代的道路名称、建设、使用与道路里程等情况逐一进行探讨,丰富了丝绸之路新疆段道路交通的基础研究。上海师范大学人文学院张安福教授的报告《丝绸之路对塔里木地区多元宗教的影响》阐述了丝绸之路的畅通与否对塔里木地区多元宗教的影响,丝绸之路畅通的汉唐时期,僧侣、客商、军队、移民等带来了不同地区的多元宗教;唐宋以降,西北绿洲丝绸之路被阻断,环塔里木地区逐渐进入伊斯兰教一元宗教发展的局面。廊坊师范学院历史系朱安文教授的报告《"一带一路"背景下中巴经济走廊的建设和发展》,首先强调了中巴经济走廊之于中国和巴基斯坦两国的重要意义,其次介绍了中巴经济走廊的初现、建设和发展及其与"一带一路"的对接,引起了与会学者对于中巴经济走廊重大意义的关注。陕西师范大学中国西部边疆研究院王超博士的报告《试论"一带一路"与中华文化传播模式》针对现学者多关注西方文化东来而缺少对中国文化西去问题的关注这一问题,提出了"中国文化是什么?""谁在丝绸之路上传播中国文化?""中国文化向外传播的模式是什么?""中国文化在外的发展趋势如何?"一系列值得我们思考的问题。中国社会科学院历史研究所赵现海研究员的报告《明清时期朝鲜士人的长城印象与观念——一项长城文化史的考察》通过介绍燕行录中关于长城的记述，反映出了朝鲜对明清两个政权在文化上秉持的截然不同的立场以及朝鲜对长城不同的称谓与定位。

在"海上丝绸之路研究"分组讨论中，华南师范大学历史文化学院周永卫教授的报告《汉唐岭南与东北亚地区的海上交通》探讨了汉唐时期沟通岭南地区与东北亚地区的海上丝绸之路的相关问题。广西社会科学院古小松研究员的报告《早期海上丝绸之路与东南亚最早国家的建立》阐述了海上丝绸之路的繁荣对扶南、占婆等东南亚国家的兴起起到了巨大的推动作用。辽宁师范大学历史文化旅游学院徐昭峰教授的报告《试论北方海上丝绸之路的形成》论述了山东沿海—辽东半岛—朝鲜半岛西海岸—日本列岛这一海上交通线的萌芽和形成。上海社会科学院历史研究所张晓东博士的报告《上海地区的港城发展与海上丝绸之路》将上海参与海上丝绸之路的历史分成了以上海县的出现为节点的前后两个时期，前者以港镇为支点，后者以港城为支点，并在此基础上和各位学者讨论了港、市、城三者耐人寻味的关系。暨南大学中外关系研究所马建春教授的报告《西域人与元朝海上交通的拓展》，认为元时由西域人参与的东西海上交通较为繁忙，市舶贸易繁荣，并在海上通道中产生了深远影响。福建社会科学院陆芸研究员的报告《全球视野下的16—18世纪海上丝绸之路——以漳州月港为例》以全球视野解读了海上丝绸之路之于沿线国家重大的经济意义。浙江大学历史系李庆博士的报告《晚明崖山与西方诸国的贸易港口之争》解读了晚明葡萄牙人，西班牙人和荷兰人为求通商，在崖山展开激烈贸易竞争的历史。郑州大学历史学院成思佳博士的报告《越南阮朝学者潘辉注的江流波之行——以其著述〈海程志略〉为中心的考察》认为潘辉注的江流波之行及其所代表的阮朝"外洋公务"活动，对于研究越南古代海洋史的发展、越南古人对西方文明态度的转变以及世界全球化历史进程大发展都有一定的历史意义和价值。

在"丝绸之路与东西方文化交流研究"分组研讨中，西北民族大学历史文化学院朱悦梅教授的报告《唐代吐蕃铁器制造及其对丝绸之路的影响》，利用汉藏文献探讨了中古时期及以后吐蕃铁器制造及使用情况，可以看出中古时期吐蕃铁器使用情况及其所受西域的影响。陕西师范大学韩香教授的报告《从波斯到中国——丝绸之路上来通角杯的传播与变迁》以陕西历史博物馆馆藏唐代玛瑙兽首杯为切入点，讨论了来通角杯在西方的起源、发展及传播过程。小组讨论下半场由浙江省宁波工程学院社会学部张天政教授主持，主要围绕政治外交等方面展开。四川外国语大学程玲教授的报告《巴拿马太平洋万国博览会上的中国形象探析》，梳理了1915年中华民国参加巴拿马太平洋万国博览会后西方的报刊、游记等材料，探析了美国民众眼中的中国形象。重庆四川外国语大学美国研究所张涛教授的报告《〈中国丛报〉与早期美国的孔子形象》则是选取了晚清来华传教士裨治文所创立的《中国丛报》为研究对象，探讨了19世纪前半期在华欧美传教士的中国观及西方人眼中的孔子形象。齐齐哈尔市社会科学院历史研究所孙文政研究员探讨了武装抗日的第一战——江桥战役的世界影响。

在"中外历史文化交流史研究"分组讨论中，学者们的研讨主要集中在中朝文化交流史方面，其次是有关中西文化交流和比较的研究。暨南大学中外关系研究所刘永连教授的报告《鲁认旅明文献与地方和民间视域下的中朝文化交流》，以韩国士人鲁认旅明所留下的《锦溪日记》和《锦溪先生文集》相关史料为基础，探讨了由其旅明活动所带动的中朝文化交流。鲁认的活动展示了地方和民间视域下中朝文化交流的盛况，不同于现在学界颇为关注的燕行使者活动。中国社会科学院世界史研究所孙泓研究员的报告《北京大兴新出土"乐浪朝鲜人韩显度"铭文砖相关问题研究》，围绕2014年北京市大兴城区北朝墓葬中所出土的铭文砖，探讨了乐浪郡朝鲜县的位置和变迁、墓主韩显度族属、韩显度祖先内迁时间三个问题。天津师范大学王臻教授的报告《清朝兴起时期的中朝政治秩序变迁探析》选取清朝兴起的 1583 年至 1643 年为时间断限，分 4 个阶段，以封贡关系嬗变为线索，以政治事件和外交关系为切入点，梳理并分析了中朝之间政治秩序的演变轨迹。中国社会科学院历史研究所乌云高娃研究员的报告《朝鲜司译院蒙学译官的培养及其语言能力》主要探讨了朝鲜司译院中蒙学译官的培养等方面问题，介绍了其推荐选拔所依据的"出身"条件，特别是重视经历的特点；统计并总结了其世代继任的情况；指出蒙学译官相对汉学译官人数较少，水平不高。河南大学犹太—以色列研究中心胡浩副教授的报告《犹太教与道教神学信仰之比较》，对西方犹太教与东方道教信仰各方面进行了文化比较，指出：关于神的观念和崇拜形式，存在一神与多神、偶像崇拜与反偶像崇拜等差异，亦有对终极力量的信仰、上帝与道教主神属性一致等相似之处；关于神人关系，犹太教以"约"观念保持了神人之间根本差异，而道教人神之间可以转化，不过两者皆重视生命和生活。东北师范大学历史文化学院王永杰讲师的报告《〈职方外纪〉成书过程及版本考》指出《职方外纪》底本与利玛窦进献万历皇帝的《坤舆万国图》无关，而是来自 1612 年传教士在福建所获的来自马尼拉的西方地图，并由庞迪我补全和说明。其版本有国内 1623 年闽刻等本及日本、意大利、法国等海外多种藏本，内容上差别很大，序跋也有增删和内容调整。廊坊师范学院社会发展学院王越旺教授的报告《试论罗马法的复兴对中世纪欧洲的影响》指出欧洲建立起的以罗马法为核心的统一的法律体系，打击了教会，加强了各国王权，有利于民族国家形成，导致了各国社会变革。暨南大学中国文化研究所陈广恩教授的报告《日本宗家文库所藏〈事林广记〉版本初探》介绍了日本宗家文库所藏《事林广记》比较流行的三种版本。廊坊师范学院程彩萍讲师的报告《明代滇、桂边境涉外法律规定与司法控制》以翔实资料介绍了明代政府所颁布的关于内外"夷"交往的相关禁令和处置措施，对经济贸易中实施的法律限制及其纠纷调解，在官方交往上的法律约束等。厦门大学马列主义学院王明前副教授的报告《南京国民政府时期内地省份的外交事务——以四川省为个案的考察》论述了地方政府处理外交事务的诸多情况，包括：（1）对于南京国民政府外交政策，在不触及自身独立和统治地位的前提下忠实贯彻；（2）对于省内涉外事件，则以地方本位主义原则决定处理策略，政治事件往往搪塞推延，而对商务事件反应迅速，有求必应。

在会议闭幕式上，暨南大学中外关系研究所马建春教授代表全体与会人员做了大会总结性发言。马建春教授称赞本次丝绸之路研讨会为"整合各条丝路全面关系的会议"，囊括了各条陆上丝绸之路和海上丝绸之路。此外，通过对东北亚丝绸之路这一重要问题的探讨，说明了这一交往通道的历史存在和意义，为会议增添了精彩内容。一些报告亦谈到了丝绸之路与"一带一路"的关系、丝绸之路与区域合作等问题，乃亦使本次会议在学术性之外，又体现出了其现实意义。

结语

大连作为环黄海海路与东北亚陆上丝绸之路最重要的地理节点，以丝绸之路为主题的学术研讨会在此召开，可谓意义重大。本次"丝绸之路的互动与共生学术研讨会"在大连的成功召开，不仅推动了学术界对丝绸之路互动、互联、互通的深入研究，深化了对国家"一带一路"战略构想的认识，也开拓了以走廊和丝路来进一步推动东北区域历史与文化研究的新视角，特别对深化东北亚丝绸之路的研究具有重要意义。与此同时，本次学术研讨会为东北的再振兴、特别是对东北的文化复兴也提供了一定的学术和智力支持。总之，在此次会议中，与会专家学者将历史和现实相结合，通过对历史上丝绸之路的研究，不仅重申了丝绸之路在人类文明史中的重要地位，而且明确了其对于当今社会重大的现实与创新意义。

2016 年中外关系史大连年会总结

马建春

暨南大学中外关系史研究所

各位师长、各位学者：大家好！

大会委托我做一大会总结发言，下面我就这次会议谈谈个人参会的感受和浅拙的一些认识。时光匆匆，好像去年我们在北京华文学院的年会还历历在目。虽然北国已入初冬时节，但我们学界新老朋友在美丽的海滨城市大连相聚，交流、切磋，内心依然充满暖意，并由衷地感到喜悦。正是在这样的好心情下，2016年中国中外关系史年会，在大会主办方、承办方的精心准备下，以及与会代表的共同参与下，至此已顺利完成了预定的学术日程。这次大会，时间紧凑，内容丰富，进展顺利，颇有成效，正如以上各位老师所总结的，会议中，与会学者就丝绸之路与中外文化交流领域诸多问题进行了深入的探讨和充分的交流。其中不少学者带来了他们最新的研究成果和对一些问题的深入思考，这些研究成果颇具深度，视野亦颇高远，加之论坛热烈的氛围，乃使本次会议学术研讨得以圆满完成。

此次参会论文充分反映了会议主题所指引的问题取向，即丝绸之路的互动与共生。论文不仅涉及传统的陆上丝路通道、海上丝绸之路、草原丝绸之路，还包括了历史上的东北亚丝绸之路等各个对外交往的通道，正如邀请书所言："在国家'一带一路'战略全面实施的新形势下，全国各地纷纷召开关于海上丝绸之路、陆上丝绸之路的会议"，但我们这次会议却是"整合各条丝路全面关系的会议"。而我们之所以能顺利举办这样的会议，是因为"中国中外关系史学会的会员涵盖了各条丝路的专家学者"。会上许多学者发表了丝绸之路与中外历史文化研究的诸多见解与观点，特别是有关东北亚丝绸之路问题的探究成为此次中外关系史研究的重要议题，也是本次会议许多学者的旨趣所在，递交学术论文达 15 篇左右，大家从不同视角加以论述，旁征博引，说明了这一交往通道的历史存在和意义，为会议增添了精彩。总之，所有与会专家学者在这次会议中的发言都体现出了良好的学风和学术规范，使本次会议彰显出浓厚的学术气氛。当然，一些论文亦谈到了丝绸之路与"一带一路"的关系、丝绸之路与区域合作等问题，乃亦使本次会议在学术性之外，又体现出了其现实意义。

由此次会议参会人员的构成看，地域来源广泛，包含了东北、西北、华北、西南、华南和华东各地学者，这说明中外关系史研究队伍在逐年扩展、壮大，大家根据地域优势、学科兴趣，相互交流，相互学习，各自受益匪浅。使我感受颇深的是：无论是我们的前辈学者，还是中青年才俊，他们都怀揣一颗对学术探究孜孜以求的心，亦即对学术的热爱前来参会。前辈学者踏实治学，他们的探讨往往具有独到的视野、深悉洞彻的思想和深邃的智慧，发挥了学术引领和垂范的作用。我们亦欣喜地看到，参会的青年学者也越来越多，他们思维敏捷，视野开阔，加之有良好的学术训练，是中外关系史研究未来可倚重的力量。

总之，大家递交给这次会议的论文，许多是各自心血的结晶，质量、水准较高，其中既有高屋建瓴的宏观阐述，又有具体问题的细微考证。论文填补了中外关系史研究的不少薄弱环节，充分地展示了学术实力，提升了研究层次。对中外关系史学术的推进做出了贡献，在这里我向所有与会者表示深深的致意和祝贺！

最后，深切希望各位代表能够一如既往地支持中外关系史学会的学术发展，并祝愿大家通过此次会议思想的碰撞，产生出高水准丰硕的成果。我们期待来年与大家的重逢，亦希望这次会议留给大家永久的回忆。

谢谢大家！